가슴으로 치유하기

영적인 깨어남의 4단계

가슴으로 치유하기

웬디 드 로사 지음 | 송지은 옮김

정신세계사

가슴으로 치유하기

ⓒ 웬디 드 로사, 2016

웬디 드 로사 짓고, 송지은 옮긴 것을 정신세계사 김우종이 2020년 12월 7일 처음 펴내다.
이현율과 배민경이 다듬고, 변영옥이 꾸미고, 한서지업사에서 종이를, 영신사에서 인쇄와 제본을,
하지혜가 책의 관리를 맡다. 정신세계사의 등록일자는 1978년 4월 25일(제2018-000095호),
주소는 03785 서울시 서대문구 연희로2길 76 한빛빌딩 A동 2층, 전화는 02-733-3134, 팩스는 02-
733-3144, 홈페이지는 mindbook.co.kr, 인터넷 카페는 cafe.naver.com/mindbooky 이다.

2020년 12월 7일 펴낸 책(초판 제1쇄)

ISBN   978-89-357-0445-3 03190

이 도서의 국립중앙도서관 출판시도서목록(CIP)은 서지정보유통지원시스템 홈페이지(http://
seoji.nl.go.kr)와 국가자료공동목록시스템(http://www.nl.go.kr/kolisnet)에서 이용하실 수
있습니다.(CIP제어번호: CIP2020048988)

차례

이 책의 활용법

당신이 이 책에서 배우게 될 영적인 깨어남의 4단계는, 이 땅의 모든 사람이 경험하고 있는 어려운 일들이 당신에게도 생길 때 영적인 강인함을 얻도록 도와줄 것입니다. 또한 힘든 경험을 실패가 아닌 영적인 확장의 발판으로 삼게 해줄 것입니다. 우리의 의식은 진화하고 있습니다. 그런 이유에서 영적 스승과 지도자들은, 우리가 몸을 갖고 태어난 '영혼'으로서 이 지구에서 사는 것을 감당할 수 있는 체계를 갖추도록 도와주기 위해 가르침을 널리 전파하고 있지요. 당신은 영적으로 전진하고 있는 영혼입니다. 따라서 언제든지 고통을 평화로, 두려움을 사랑으로, 혼란을 즐거움으로 바꿀 능력이 있습니다. 당신이 힘든 상황을 영적인 차원에서 이해하고 깊은 치유를 일으키도록, 이 책이 당신을 이끌어줄 것입니다.

이 책을 치유 도구로 활용하세요. 이 책에 소개된 명상과 치유 방법, 성찰 일지는 당신의 치유를 돕기 위해 고안되었습니다. 영적인 깨어남의 4단계를 당신의 삶에 비추어 보면, 그런 경험을 한 사람이 당신 혼자만은 아니라는 걸 곧 깨닫게 될 것입니다. 나는 당신을 돕기 위해 지침을 드리고, 각 장의 끝에서는 질문도 드릴 것입니다(질문은 4장부터 나온다. 역주). 당신은 그것을 친구나 가족, 동료들과 함께 나누면서 당신 삶에서 이 4단계가 어떻게 펼쳐지는지를 파악해볼 수 있습니다.

이에 덧붙여, 독서 모임을 만들거나 참여해서 이 책이 자신의 삶에 어떤 영향을 주었는지 서로 경험을 나누어보기를 권합니다. 비슷한 여정을 걷고 있는 사람들과 교류하는 것은 치유에 큰 도움이 됩니다. 치유 과정에는 지원 체계가 필요합니다. 독서 모임도 그중 하나인데, 그렇다고 해서 그런 모임의 리더나 참석자 모두가 당신의 깊은 치유 과정을 적절히 도와줄 수 있다는 뜻은 아닙니다. 따라서 필요한 경우에는, 심리치료사나 자격을 갖춘 전문가를 찾아서 치유 과정에 도움을 받기를 추천합니다.

웬디:

아이작Isaac,

'당신의 가슴을 여세요'(Expanding Your Heart, 이 책의 원제)가

어떤 의미 같니?

아이작(5세):

그건 내 가슴을 가장 밝은 태양처럼

행복하게 만든다는 말이에요.

서문

당신의 삶을 바꿔놓은 경험 때문에 삶의 중심이 흔들린 적이 있었나요? 갑자기 어떤 일이 발생해서 당신의 현실이 달라지고 유유히 흘러가던 삶에 혼란이 생겼나요? 안정적이던 삶이 뒤집혀 현실에 의문이 생기고 누구를 믿어야 할지 모르겠나요? 더 나아가, 삶의 의미까지 의심하고 있나요? 우리는 이혼이나 사별로 사랑하는 이를 잃었을 때, 직장이나 집을 잃었을 때, 건강이 좋지 않을 때, 사고나 자연재해를 당했을 때 인생이 산산조각 나는 경험을 하게 됩니다.

왜 내게 이런 일이 생겼는지, 내가 어쩌다 이렇게 됐는지 자문하고 있나요? 그런 일이 발생한 더 큰 이유가 있는지 궁금한가요? 이런 상황들 때문에 삶이 변하기 전, 인생의 방향을 바꾸려는 생각을 하지는 않았나요? 당신의 신념이 흔들리고 있나요? 모든 것을, 모든 사람을 의심하며 그 큰 고통과 아픔, 배신과 충격, 분노를 해결할 답을 찾으려 애쓰고 있나요?

이런 격변의 시기를 나는 너무나 잘 알고 있습니다. 나의 경우에는 공황발작이 큰 고통을 주었고, 결국에는 외로움과 분노, 우울증이 생겼습니다. 결과적으로 나는 아주 어두운 터널 속에 있었던 셈이죠. 나는 어릴 때 이런 일을 겪었지만 누구든지, 어떤 시기에 든 이런 경험을 할 수 있습니다. 나는 나의 경험을 통해 논리적으로 이해할 수는 없었지만 먹구름 속에도 한 가닥 희망이 있음을, 이런 삶의 고난에도 긍정적인 점이 있음을 알게 되었습니다. 삶을 바꿔놓는 이런 경험들은 우리가 가능하다고 생각하지도 못한 삶으로의 문을 열 수 있는, 매우 중요한 기회입니다. 우리의 경험을 '가슴으로' 이해할 때, 우리는 인간으로서의 자아(human self)가 무너지고 참자아(true self)가 나타나는 중대한 삶의 변화를 목격하게 될 것입니다.

나는 자아의 붕괴가 충만한 삶으로 가는 길을 선사할 뿐만 아니라 실제로 가슴이 깨지면서 열리는 것을 뜻하며, 이런 경험을 치유하려면 4단계를 거쳐야 한다는 것을 알게 되었습니다. 이 책에서 바로 그 '영적인 깨어남의 4단계'에 대해 이야기할 것입니다. 나는 어두운 터널에서 빠져나가기 위해 오랫동안 기도한 끝에 신과 연결되었고, 그 연결로 영적인 다운로드를 받아 이 4단계를 깨달았습니다.

이 4단계를 알게 되면 당신의 삶이 달라질 것입니다. 이 4단계가 당신에게 어떻게 적용되는지 알게 되고, 비극적인 일을 삶에서 가장 큰 힘을 주는 경험으로 변환하는 방법을 배울 수 있기 때문입니다. 나는 사람들에게 이 전략을 알려줬는데, 그들은 모두 이 4단계를 자신의 삶에 빗대어 보면서 더 큰 그림을 볼 수 있었고, 이전에 자신을 가로막던 것을 놓아버리고 앞으로 나아갈 수 있었다고 말합니다.

당신 역시 이 책을 읽음으로써 놓아버리고 전진할 수 있습니다. 이 책은 이혼, 상실, 위기, 비극과 같은 상황에 뒤따르는 '왜?'라는 질문을 이해하는 데 도움이 되기 때문입니다. 또, 혼란이 치유의 일부라는 것을 깨닫게 해주고, 비통함과 혼란에 뒤따르는 아픔과 고통에서 치유되는 과정을 안내해줄 것입니다. 삶의 고난처럼 '느껴지는' 부정적인 그 일이 당신의 참모습과 이 땅에 온 목적이 무엇인지, 충만한 삶을 사는 방법은 무엇인지 발견할 기회가 될 정도로 의식의 변화를 가져올 것입니다.

이 책이 이렇게 도움이 될 거라고 어떻게 확신할 수 있을까요?

나는 평생을 힐러로 살아왔습니다. 애초에 그걸 몰랐을 뿐이죠. 나는 열아홉 살에 신경쇠약에 걸린 후 나의 과도한 민감성이 이미 압도당한, 불안한 신경계에 영향을 주어 불안과 공황발작을 일으켰다는 것을 이해하게 되었습니다. 나는 근원적으로 내적인 붕괴를 겪고 있었던 것입니다. 그때 나는 신의 도움으로 천사를 만나는 경험을 했습니다. 천사를 만난 후로 나의 가슴이 열렸고, 나와 신 사이에 존재했던 모든 장벽이 사라졌습니다.

단지 나의 생각만으로는 나를 고통스럽게 했던 정신적인 장벽을 극복할 수 없었을 테고 공황발작을 일으킨 압박을 덜어내지도 못했을 것입니다. 하지만 천사를 직접 만난 순간 나의 불안은 즉시 치유되었습니다. 그다음 나에게 찾아온 것은 믿음으로써 내 가슴의 소명을 따르라는 사명이었습니다. 나는 이를 위해 수년에 걸친 혼란의 시기를 겪어야 했습니다. 내게 요구되는 일을 수행하기에는 내가 너무 어리고 미성숙하다고 느꼈기 때문이었습니다. 나는 나의 과도한 민감성이 재능이라고 생각했던 적은 없었습니다. 그러나 내가 힐러로서 보고, 듣고, 느끼고, 직관적으로 감지할 수 있는 것은 바로 나의 민감성 때문입니다. 나는 이러한 민감성을 어떻게 이용해야 하는지 배우지 않으면 그것이 곧 나를 괴롭게 할 것임을 깨달았습니다.

그래서 나는 에너지 힐링과 직관에 대해 공부하기 시작했습니다. 치유에 관한 공부를 정식으로 시작했을 때 나는 스물두 살이었습니다. 나는 몇 년간 치유를 배우고, 연습하고, 일하기도 했지만 힐러가 되고 싶지는 않았습니다. 진지하게 생각해보지 않았던 것이죠. 그러나 내게 주어진 재능을 보고 도망치기보다는 그것에 주목하라는 뜻에서 삶의 고난을 겪고 있음을 받아들이자 나의 삶은 극적으로 달라졌습니다. 나를 이끄는 길의 진실을 받아들이자 힐링 세션을 원하는 사람들의 전화가 끊임없이 걸려왔던 것이죠. 내가 서른 살이 될 무렵에는 내담자 수가 300명을 넘었습니다. 나는 사람들을 직접 만나거나 전화로 치유 세션을 해주었습니다. 나의 힐링센터는 오로지 입소문만으로 유지되었고 홍보는 하지 않았습니다. 그리고 내가 서른다섯 살 무렵, 고객 수는 500명이 넘었습니다.

그 후에 나는 《차크라를 통한 에너지 힐링》(Energy Healing Through the Chakras)이라는 책을 출간했고, 《다시 일어서기》(Bouncing Back)라는 책에 웨인 다이어Wayne Dyer, 브라이언 트레이시Brian Tracy 와 함께 저자로 참여했습니다. 온라인과 오프라인으로 직관을 발달시키는 프로그램을 진행하기도 했습니다. 또, 2011년에는 힐러 트레이닝 프로그램을 시작했습니다. 이것은 '빛과 함께'(Held in Light)

라는 치유법으로 힐러를 양성하는 과정입니다. 이 획기적인 프로그램은 미국 내 네 개의 도시에서 동시에 진행되었는데 지금은 온라인 프로그램으로 세계 각국의 사람들이 참여하고 있습니다. 에너지 힐링에 대해 텔레비전과 잡지, 라디오 인터뷰를 하기도 했는데 2013년과 2014년 WFSB/CBS TV의 베터 코네티컷Better Connecticut에 소개된 것이 대표적입니다.

이제 나에 대해 어느 정도 알게 되었으니 앞에서 했던 질문으로 돌아가보죠. 어쩌면 지금도 반문하고 있을지 모릅니다. 이 책이 당신을 고통에서 빠져나와 진실과 빛으로 향하게 도와줄 거라고 나는 어떻게 확신할 수 있을까요? 나는 시작부터 지금까지 줄곧 내 소명을 따라 일해왔기 때문에 확신할 수 있습니다. 자신의 빛을 발견하고 정신적, 감정적인 장벽을 허물고, 신과 더 연결된 삶을 살 수 있도록 도와주는 것이 나의 일입니다. 나의 의식이 확장됨에 따라 힐러로서의 역량도 더 강화되었고 발전했지만 나는 여전히 모든 일에 있어 내 가슴의 소명에 충실합니다. 이 책은 나의 재능을 표현하여 임무를 다하는 또 다른 방법일 뿐입니다.

어떤 분들에게는 영성적인 접근이 적절치 못한 것으로 느껴질 수 있음을 잘 알고 있습니다. 또, '에너지 힐링은 나랑 안 맞아'라고 생각하실 수도 있습니다. 어쩌면 아주 오랫동안 상처와 함께 살아왔고, 지금 그 상처를 열어보고 되새겨보는 게 두려울지도 모릅니다. 나는 이 또한 이해할 수 있습니다. 그러나 내가 치유했던 많은 사람들을 바탕으로 말씀드리자면, 실제로 치유 과정에서 맞닥뜨려야 할 그 어떤 것보다 더 나쁜 것이 바로 자신이 발견할 것에 대한 두려움입니다. 신의 사랑에 기반한 검증된 치유법의 도움을 받고 신체에 에너지가 어떻게 저장되는지를 이해하면, 그리고 당신의 영혼이 중대한 변화를 경험하도록 부르심을 받은 이유를 이해하게 되면 당신의 삶은 더 좋아질 수 있습니다.

인생은 경험의 연속입니다. 이 세상에는 많은 어둠이 존재합니다. 처리되지 않은 고통과 감정이 바로 그 어둠입니다. 고통이 처리되지 않으면 에너지 바디energetic body에 잠복하게 됩니다. 많은 이들이 고통을 다루고 그것을 넘어서기보다는, 고통 때문에 비이성적으로 행동합니다.

우리는 어둠 속에서 살아가거나 상처를 안고 살아가지 않아도 됩니다. 우리 인생의 사명은 우리 안의 빛을 발견하고 그 빛과 함께 사는 것입니다. 내면의 빛과 함께 사는 것은 진실 안에서 사는 것이며 각자의 빛은 이 세상을 변화시키기에 충분한 힘을 갖고 있습니다. 상처를 치유함으로써 당신의 비극적인 일은 삶에 힘을 부여하는 일로 변합니다. 가슴은 언제나 즐거움, 사랑, 평화, 받아들임, 충만함을 주는 삶의 경험들로 당신을 안내할 테니 말이죠. 두려움, 단절, 고통, 의심, 믿음의 부족은 당신을 가로막습니다. 두려움과 부정적인 감정들이 우리를 가로막지 않게 하려면 가슴에서 영적인 확장을 경험할 필요가 있습니다. 이 책을 쓴 목적은 여러분이 그 확장을 경험하도록 도와주기 위함입니다.

이 책을 읽는 동안 나는 영적 확장과 가슴 열림을 향한 여러분의 여정에서 안내자 역할을 할 것입니다. 이 과정을 지나는 데 필요한 것을 우리 모두가 갖고 있습니다. 내가 할 수 있다면 여러분도

할 수 있습니다. 놀라운 것은, 영적인 확장이 시작되면 이것이 일생 동안 계속된다는 점입니다. 삶에서 얼마나 깊이 있게 영적인 확장을 경험하는가는 자유 의지에 달렸습니다. 이 책에는 나의 경험뿐 아니라 영적인 깨어남을 경험한 다른 이들의 이야기도 담겨 있습니다. 당신은 혼란과 치유가 그들에게 어떤 방식으로 일어났는지 듣게 될 것입니다. 당신에게도 영적인 깨어남에 대한 당신만의 이야기가 있습니다. 당신은 혼란에서 빠져나갈 길을 찾고 있었거나, 그 혼란을 뚫고 나가 치유할 방법이 있다는 안도의 말을 찾고 있을지도 모르겠습니다. 나는 영적인 측면에서 비극적인 일과 실패를 재구성하는 법을 알려주고, 당신의 치유 여정을 안내할 것입니다. 이 과정에서 당신의 가슴은 그 어느 때보다 광대한 확장을 경험하게 될 것입니다.

가슴의 문 앞에서 걸어 들어갈 준비가 되었다면 당신은 이 책이 필요합니다. 어쩌면 두렵고 조심스러워 망설일 수도 있고, 이것을 시작해도 좋을지 확신이 서지 않아 허락이 필요한 듯 느껴질지도 모릅니다. 당신이 이 여정을 시작한다면, 그리고 치유의 여정을 한동안 걸어왔다면, 고통을 딛고 강해지는 법을 이 책에서 발견할 수 있을 것입니다. 힘들기도 하고 아프기도 할 테지만 이는 충분히 가치 있는 일이 될 것입니다. 이 책을 통해 영적인 깨어남의 4단계가 실제로 당신 안의 신성함(Divine)의 작용으로 발생한다는 것을 당신이 이해하게 되면, 트라우마가 된 삶의 경험을 재구성할 수 있을 것입니다.

시작할 준비가 되었나요? 당신의 삶을 치유할 준비가 되었나요? 무너지고 갇혀 있는 이 아프고 고통스러운 삶에서 나갈 준비가 되었나요? 참자아를 찾을 준비가 되었나요? 그렇다면 함께 이 여정을 시작해봅시다.

애정을 담아,

— 웬디 드 로사Wendy De Rosa

영적인 깨어남의 4단계란

2008년 어느 날 나는 하이킹을 하면서 지금까지의 삶을 되돌아보고 내 직관이 어떻게 발달하게 됐는지 돌이켜보았습니다. 하이킹을 할 때 나는 기도를 하면서 신과 연결되곤 했습니다. 하이킹이 나에겐 곧 걷기 명상이었던 셈이죠. 그러던 어느 날 영적인 깨어남의 단계와 내 소명을 어떻게 받아들일지에 대해 심오한 영적 '다운로드'를 받게 되었습니다.

내가 받은 정보에 의하면 영적인 깨어남에는 4단계가 있습니다. 많은 사람들이 이 4단계를 경험하지만 각 단계가 어떤 모습인지, 어떤 의미가 있는지 인식하지 못합니다. 그들은 우주가 자신에게 등을 돌렸다고 생각할 뿐만 아니라 자신이 그 환경의 피해자라는 생각에 빠지기 쉽습니다. 하지만 이 4단계를 인식하게 되면 실제로 피해자라고 느껴지는 상황에 힘을 부여하는 접근 방법을 찾게 됩니다. 삶의 고난처럼 보이는 일은 육체와 정신, 그리고 영혼이 신성한 가슴(Divine Heart)과 진정 하나가 되게 하려는 영적인 차원의 변화입니다.

이 다운로드를 받고 나서 내 삶을 되돌아보니 그것은 모두 사실이었습니다. 나는 그날 하이킹에서 받은 소중한 정보를 갖고 얼른 집으로 돌아와 영적인 깨어남의 4단계에 대해 다운로드 받은 내용을 기록해두었습니다. 내가 이 새로운 관점을 다른 이들과 공유했을 때, 친구들과 고객들 모두 이 4단계가 완전히 들어맞으며 자신이 겪은 어려운 일들을 이해하는 지침서가 되었다고 말했습니다. 여러분이 개인적인 진화의 과정을 통과하는 동안 이 4단계가 당신에게 힘을 부여하기를 기원합니다. 영적인 깨어남의 4단계는 아래와 같습니다.

가슴 열림 초기(Initial Heart Opening)

가슴이 열리는 초반에는 내면이 붕괴되는 것처럼 느껴질 수도 있는데, 이는 사실 드러남의 단계입니다. 이 단계에서는 진실이 드러나고, 시야를 가로막던 것이 사라지며, 그동안 얼마나 자신의 진실과 동떨어진 삶을 살아왔는지를 깨닫게 됩니다. 건강상의 위기, 관계의 파탄, 가정을 잃거나 사랑하는 사람을 떠나보내는 것 등이 이런 깨어남의 촉매제가 됩니다. 가슴이 열리기 시작할 때는 마치 땅이 꺼지는 듯한 느낌이 들지도 모릅니다. 트라우마적인 경험으로 인해 가슴이 열릴 때가 많지만 결혼이나 출산, 커다란 삶의 향상 등 즐거운 일을 통해 가슴이 열리기도 합니다. 가슴 열림 초기의 핵심은 당신이 영혼 차원에서 변화를 이루기로 결심했다는 것입니다. 이 결정은 기존 구조를 파괴하고 미지의 것을 탐구하도록 당신을 안내합니다. 당신 안의 신성함과 신의 천부적인 지성이 이런 경험들로 당신을 유도했다는 사실을 기억하는 것이 중요합니다. 초기 가슴 열림은 본질적으로 의식을 깨서 열어줍니다. 이는 신과 더 큰 합일을 이루기 위함입니다. 가슴 아픈 경험이 당신의 영적인 가슴을 가장 크게 열어줍니다.

혼란

가슴이 열리고 나면 혼란의 시기가 옵니다. 가슴이 열리기 전에 당신을 지지했던 구조가 사라져버리기 때문입니다. 이러한 혼란은 가슴 열림이 일어나기 전에 당신이 겪었던 내면의 상태일 수도 있습니다. 혼란 상태에서는 오랫동안 애착을 느낀 것들에서 멀어지면서 현실감이 없고 마치 안개 속에 있는 듯한 혼돈을 느낍니다. 미지의 것을 통과하는 것이 두려울 수도 있어요. 그러나 이전에 기댔던 외부의 안전 요소에 더는 기댈 수 없을지도 모르니 강한 자아감을 기르고 직관에 귀 기울일 필요가 있습니다. 이것이 바로 혼란이 주는 선물입니다. 혼란이 오면 영적인 힘을 기르기 위해 내면으로 향해야 합니다. 상황과 사람들에 연결되어 있는 에너지 코드^{cord}가 동요하기 시작합니다. 이 에너지 코드를 당겨서 당신 안으로 가져와 그라운딩 ^{grounding}(접지)시키는 것이 당신이 해야 할 일입니다. 코드란 에너지로 된 선으로서, 우리를 사람과 장소, 물건, 상황에 결속시킵니다. 이 코드는 내적 안정감이 더 강화될 때까지 우리가 안전함을 느끼도록 도와줍니다. 내적으로 강해지게 되면 불필요한 코드는 사라집니다. 자아감과 직관을 강화하면 신과 당신 사이에 더 깊은 차원의 믿음을 쌓는 것이 가능해집니다. 어떻게 안정을 찾을지도 모를 정도로 격하게 감정적이고, 두렵고, 혼란스러운 이런 때에 어떻게 이게 가능할까요? 3단계인 치유가 이것을 가능하게 해줍니다.

치유

사실 혼란과 치유는 동시에 일어날 수 있습니다. 치유는 혼란을 끝내기 위해 당신이 선택한 것이기도 합니다. 치유는 중대한 변화가 일어나는 단계입니다. 치유 단계에서 당신은 현재 당신이 처한 상황과 관련된 모든 것에 책임을 지게 됩니다. 자신을 피해자라고 생각하기보다는 삶의 경험을 통해 진화하고 있는 사람으로 보는 것이죠. 그러려면 오랜 상처를 직면하고 자신의 고통에 스스로 어떤 책임이 있는지 살펴봐야 합니다. 이것이 드러나면 용서의 힘과 진실의 힘, 도덕적 표준의 힘, 그리고 확고한 믿음을 발견하게 됩니다. 치유되려면 두려움 없는 신과의 연결, 강한 믿음, 세상에 당신의 빛을 발하며 살겠다는 다짐이 필요합니다. 치유할 때는 감정을 느끼고 과거를 내려놓으며 에고^{Ego}와 영혼을 분리하고 자신의 빛을 보려는 의지가 필요합니다.

관조적 존재

위의 세 단계를 통과한 후, 관조적 존재 단계에서는 향상된 인식과 확장된 가슴의 의식으로 살아가게 됩니다. 이 단계에서의 당신은 감정 및 삶의 과제를 다루는 개인적인 방법들을 더 많이 알고 있습니다. 또, 개인적인 수행과 일상적인 인식을 통해 참자아와의 연결, 신과의 연결이 더 강해집니다. 과거에는 수녀, 수도승, 사제, 요가 수행자, 수련자들이 이런 높은 의식 상태를 이루기 위해 수도자의 삶을 살았습니다. 그렇지만 지금 이 시대에는 우리 모두 관조적 존재로서 일상을 살아가도록 의식의 변화가 일어나고 있습니다. 이 단계에서 우리는 에고와 영혼의 분리를 이해하고 내면으로 들어가는 연습이 되어 있습니다. 영혼과 연결되면 우리가 내면의 상처, 우리의 인생사 그 이상임을 인식하게 됩니다. 의식을 고양함으로써 우리는 평화, 사랑, 연민으로 전 세계가 화합하는 데 공헌하고 있습니다.

관조적 존재란 신성과 연결된 삶을 사는 것입니다. 이는 성자가 되는 것을 의미하는 것이 아닙니다. 이것은 연결된 삶을 사는 것, 다시 말해 자신의 행동, 반응, 감정, 어두운 측면에 대해 스스로 책임을 지는 것을 말하죠. 삶 속에서 어둠의 작용을 목격하는 것과 빛으로 사는 것 사이에서 의식적인 균형을 잡을 만큼 치유된 상태가 관조적 존재 단계입니다. 이 상태는 자기사랑, 자기인식, 영적인 사랑, 인류에 대한 사랑을 포용할 만큼 가슴이 확장된 상태입니다. 관조적 존재 단계는 혼란, 치유 단계와 공존할 수 있어요. 그리고 이 네 번째 단계에서는 신이 강력한 닻의 역할을 해주어 어떤 장애물이 있어도 굳건히 살아갈 수 있습니다. 이 단계는 우리가 곧 신성한 사랑(Divine Love)임을 완전히 받아들이게 해줍니다. 관조적 존재 단계에서는 마음챙김(mindfulness), 원천(Source)과의 연결, 명상, 영성의 체현을 통해 확고한 영적 수행을 하게 됩니다.

나는 이런 일련의 것들이 삶에 어떤 연관이 있는지, 무슨 의미가 있는지 모르는 채로 삶을 겪어온 워크숍 및 힐러 양성과정 참가자들에게 이 4단계를 공유해주었습니다. 거기서 한 참가자는 자신의 끔찍했던 이혼 과정을 이야기했습니다. 그녀는 수년 동안 자신의 상황을 제대로 볼 수 없었고 혼란스러운 인생을 살았다고 말했습니다. 끔찍한 이혼을 겪기 전 그녀는 자신의 가능성을 모두 펼치지 못했었지만, 치유의 여정이 시작되자 신의 작용을 볼 수 있었고 왜 이혼이 필요했는지 이해하게 되었다고 합니다. 영혼은 자신을 버리지 않았고 고난을 겪는 동안 항상 함께하고 있었다는 것을 이해하는 시점에 이르는 건 경이로운 일입니다. 이때 사람들은 안도감을 느낍니다. 트라우마적인 상황처럼 보이는 일이 실패는 아니란 것을 인정하게 되었을 때 희망찬 느낌과 감사한 마음을 갖게 되었다고 말하는 사람들도 있었습니다.

영적인 깨어남의 4단계를 통해 여러분은 희망을 갖게 되고 이해와 평화를 알게 되며 새로운 깨달음을 얻을 수 있습니다. 이 4단계에 대해 읽는 동안 아마 여러분의 인생에서 가장 힘들었던 시간이 떠오를 것입니다. 그러나 이 4단계의 맥락을 이해하면 그 시절을 부정적으로 여기지 않게 되며 정신적으로, 육체적으로, 그리고 감정적으로 그 시기를 완전히 지난, 진정한 자신으로 현재를 살게 될 것입니다. 1장에는 이 단계를 통과한 내 개인적인 경험이 담겨 있습니다. 당신도 나와 비슷한 경험을 했을지 모르겠네요. 책을 읽는 동안에는 메모지를 곁에 두기 바랍니다. 책을 읽으면서 성찰한 내용, 새로 깨달은 것, 떠오른 기억을 적어두는 게 도움이 될지도 모르니까요. 생각을 기록하는 것은 정신을 맑게 하며 의식의 오래된 에너지를 처리하는 데에도 도움이 됩니다.

I장
나의 경험

"새는 답을 알고 있어서 우는 것이 아니다. 노래를 알고 있기에
우는 것이다."

— **마야 안젤루**Maya Angelou

20대 초반까지 나는 내게 힐러의 재능이 있다는 것을 알지 못했고,
남을 치유해주는 일을 업으로 삼게 될 거라고는 생각지도 못했습니다. 이런 일을 하려고 하진 않았지만, 힐러가 되는 건 나의 소명이었습니다. 나는 소명을 받아들이기 위해서 정말 소중한 것을 포기해야만 했고 이는 꽤 고통스러웠습니다. 나의 인생이 이렇게 펼쳐질 거라고는, 그리고 "네, 받아들이겠습니다!"라며 내 임무를 확언할 때마다 계속해서 열리는 삶을 나는 예상도 하지 못했습니다. 영적인 깨어남의 4단계를 분명히 통과한 나의 이야기를 읽으면서 당신의 인생도 이와 비슷하게 흘러온 건 아닌지, 이 책을 읽고 생의 다음 단계를 준비하도록 삶이 당신을 유도한 것은 아닌지 알 수 있을 것입니다.

애초에 나는 음악을 하고 싶었다

어린 시절부터 나는 가수가 되고 싶었고, 다섯 살 때 연주를 시작했습니다. 그리고 그때 처음으로 기타 레슨을 받았습니다. 1980년 어느 눈부신 봄날, 엄마가 오빠와 나를 교회의 기타 수업에 데려다주었습니다. 두 살 위의 오빠 데이브Dave를 따라 교실로 가면서 밖으로 새어 나오는 음악 소리를 들었던 기억이 나네요. 교실로 들어서자 서른 명이 넘는 사람들이 기타 연주를 하고 있었습니다. 그들은 커다란 글자가 쓰인 카드를 높이 들고 있는 남자를 보면서 따라 하고 있었는데, 그 글자가 코드를 의미한다는 것을 곧 알게 되었죠.

주변을 둘러보니 모두가 기타 줄을 튕기고 있었고 나는 혼자 남겨진 듯한 두려움과 창피함에 얼어붙어 버렸습니다. 기타를 만지는 사람들의 손가락 모양이 왜 그런지 알 길이 없었습니다. 눈물이 났습니다. 아마 그 어린 나이에 깊이 자리 잡은 지나친 성취욕 때문이었을 거예요. 나는 무언가를 할 줄 모르는 것을 싫어했습니다. 오빠를 제외한 나머지 사람들은 나보다 열다섯 살에서 쉰 살 정도 나이가 많았고, 나보다 기타 연습을 더 많이 했을 거라고는 생각도 하지 못했습니다.

눈에는 눈물이 고인 채, 같은 언어를 말하지 못하는 느낌에 압도당하고 있던 나였습니다. 나는 거기서 가장 어렸고 기타는 너무 커서 팔을 두르기가 힘들 정도였습니다. 교실 안에서 눈에 띄는 사람이었던 거죠. 나는 옆 사람이 하는 것을 보고 따라 하려 했지만 손이 너무 빨리 움직였습니다.

기타 연주를 어떻게 하는지 몰라 두려워하는 나를 구하러 온

천사처럼 다정한 여자분이 나와 오빠에게로 다가왔습니다. 그녀는
우리를 다른 방으로 데려가서 사람들이 연습하고 있던 코드를 가
르쳐주었습니다. 하지만 나는 손가락이 너무 작아서 연주를 할 수
가 없었습니다. 이것이 내 첫 번째 기타 레슨이었고, 이렇게 음악을
처음 접하게 되었습니다. 음악은 삶을 살아가는 동안 나를 치유했
고 또 그만큼 나를 아프게 했습니다.

무너지다

나는 여덟 명의 자녀 중 둘째이자 장녀입니다. 부모님은 이탈리아
분들로 가톨릭 신자였습니다. 우리 집은 시끄럽고 떠들썩한 가정이
었어요. 어렸을 때는 부모님이 어째서 아이를 여덟 명이나 낳았는
지 알 수 없었습니다. 내가 그것을 물어볼 때마다 엄마는 "누구를
되돌려보내고 싶은데?"라고 물었습니다. 물론 보내버리고 싶은 사
람은 항상 있었습니다. 2년마다 동생이 태어났고 나는 엄마 역할을
해야만 했습니다. 성장해서 자기 아이를 낳기 전까지 친구들 대부
분은 겪지 않는 일이었죠. 나의 성장 과정을 이야기하자면 책 한 권
이 될 테고 이 책의 저술 의도와는 완전히 다른 방향이 될 것입니
다. 힐러로서의 나의 자질과 돌봄 성향은 어린 시절, 나의 인격 형
성기에 이미 발달되고 있었다는 정도로만 이야기하겠습니다.

　나는 아주 민감한 아이였지만, 또한 결연한 아이였습니다. 나
는 방 안에서 느껴지는 감정을 완화시키고 주변에서 일어나는 일
을 돌봐주었습니다. 그러나 정작 내게 필요한 돌봄과 관심, 공간을
얻지 못해 힘들어하기도 했어요. 나는 나만의 조용한 공간을 찾아

서 내면으로 들어가 생각하고 상상하며 창의력을 펼치곤 했었습니다. 그러면서 작곡도 하게 되었죠. 과도하게 감정적인 가족으로부터 벗어나 내 고유의 감정을 처리하기 위해 내면으로 향할 때, 음악이 그 분출구가 되어주었습니다. 불안했던 기타 레슨을 뒤로 하고 피아노를 치면서 감정을 진정시키고 분출했습니다. 가족을 돌보는 역할을 하면서도, 나에게는 고집 세고 반항적인 구석이 있었습니다. 가족의 고통이 나를 억누르지 않게 하는 법을 본능적으로 알고 있었던 것이죠. 열 살에서 열일곱 살이 될 때까지는 오후가 되면 피아노 앞에 앉아서 내면으로 들어가 음악에서 위안을 받았습니다. 노래를 만들고, 나를 위로해주는 음악을 연주했습니다. 연주하는 동안 현실을 떠나 또 다른 곳으로 들어가는 느낌을 받은 기억도 납니다. 이는 천국과도 같았습니다. 그 당시 삶의 스트레스와 압박감은 내가 감당할 수 있는 것보다 더 큰 고통이었기 때문이죠.

나는 어린 시절의 대부분을 노래하고, 연주하고, 연기하면서 보냈습니다. 의욕이 넘쳤고 음악이 내 길이라고 확신했었습니다. 진실을 말하자면, 그렇게 의욕이 충만했던 이유는 고통에서 벗어나야 했기 때문입니다. 당시 나는 크게 상처 입은, 유순한 아이였고 수면 위로 드러나지 않는 것까지도 볼 수 있었습니다. 하지만 파장을 일으키면서까지 남들에게 수용되거나 진정으로 이해받으려 하지는 않았습니다. 친절함을 유지하면서 남들의 감정과 필요를 존중해주는 것이 나의 목소리를 내는 것보다 더 안전했기 때문이죠.

대가족의 장녀로서 나에게는 형제자매들을 돌봐야 한다는 커다란 책임이 부여되었습니다. 나는 조숙한 아이였고 어린 나이에 남들을 위해 사는 것을 배웠습니다. 일곱 살 때 이미 기저귀 가는 법을 알고 있었어요. 열두 살 때는 동네 이웃의 보모로 일하기 시작했습니다. 열네 살이 되자 보모로 일한 집이 스물한 곳에 달해 여동생에게 일을 나눠주었습니다. 나의 주된 스트레스는 아이가 될 수 없다는 것이었습니다. 대신에 나는 변덕스러운 감정과 경계 침범, 과도한 책임을 부여하는 가정에서 자랐습니다.

성인이 된 지금은, 부모님이 당시 상황에서 할 수 있는 최선의 노력을 다했다는 것을 이해하게 되었습니다. 내가 겪은 고난이 현재의 나를 만들었습니다. 부모님은 사랑이 많은 분들입니다. 우리가 겪은 어려움도 이 사실을 바꿔놓진 못했죠. 이런 나의 이야기를 하는 이유는 나의 영적인 성장 과정이 어떻게 펼쳐졌는지 보여주기 위해서입니다.

수없이 긴 시간 동안 내 감정을 삼키고 남들의 감정을 떠맡으면서 나는 육체적, 감정적으로 풍선처럼 부풀어 올랐습니다. 나는 활동적이었는데도 뚱뚱했고 이렇게 이례적인 사실에 낙담했습니다. 감정적인 무게와 보호라고밖에는 설명할 수가 없겠네요. 나의 민감성은 점점 더 강해져서 더 이상 차량들과 소음, 많은 사람들, 커다란 음악 소리, 폭력적인 영화를 감내할 수가 없었습니다. 음악이 나의 분출구였긴 했지만, 고등학교 후반에는 연주를 많이 하지 않았습니다.

1993년에 나는 대학 진학을 위해 코네티컷Connecticut을 떠나 보스턴Boston으로 이주했습니다. 그러나 피아노를 가지고 갈 수는 없었습니다. 합창단에 들어가긴 했지만 더 이상 감정처리에 필요한 도구가 없었지요. 나는 때때로 불안했지만 악화되는 증세를 인식하지 못하고 있었습니다. 하지만 2년 뒤 압도당하는 느낌이 극에 달했습니다. 과도하게 부풀려진 풍선처럼 나는 터져버렸습니다. 이것이 내 첫 번째 가슴 열림이었습니다. 지금은 이렇게 설명할 수 있지만 그 당시에 그것은 공황발작이었습니다.

나는 부서졌습니다. 어느 날 방이 회전하기 시작했고 숨이 가빴습니다. 학교에 상주하는 정신과 의사를 찾아가니 프로작Prozac을 처방해주었습니다. 혼란스럽고 감정적인 상태였던 나는 처방에 따라 2주간 약을 복용했습니다. 며칠이 지나자 분별력을 되찾았고 의사가 내게 무슨 일이 있었는지 물어보지도 않은 채 약을 처방해주었다는 게 걱정되었습니다. 내게 필요한 건 약이 아니었습니다. 누군가 대화할 상대가 필요했죠. 안전한 장소에서 내게 떠넘겨진 모든 것을 버리고 싶었습니다. 실컷 울고 싶었고 내 이야기를 들어줄 사람이 필요했습니다. 열아홉 살의 나는 주식투자에서 모든 것을 다 잃은 50대들만 이렇게 무너지는 줄 알았습니다. 어떻게 나한테 이런 일이 생길 수 있는지. 나는 약 복용을 중단하고 학교를 그만두어야겠다는 생각을 하게 되었습니다.

대학에 다니는 동안 우리 가족에게 가장 큰 시련이 닥쳐왔습니다. 부모님과 동생들로부터 전해 들은 나쁜 소식이 내가 무너진 원인이기도 했죠. 시련에서 벗어날 방법이 있다는 것을 본능적으로 알고 있었으니, 내 힘으로 방법을 찾아 다른 방향으로 나아갈 단계를 밟아야 했습니다. 콜로라도Colorado주 볼더Boulder에서 온 내 친구역시 보스턴에서 지내며 불안정함을 느끼고 있었고 언제나 볼더가 얼마나 좋은 곳인지 이야기하곤 했습니다. 그 친구를 볼 때면 청량하고 맑은 산의 공기와 파랗게 높은 하늘이 연상되었습니다. 내게 있어 그 친구는 언덕 위의 집이 주는 자유로움과 무한한 희망을 상징했습니다. "내가 원하는 게 그런 거야!"라는 생각이 들었습니다. 도시 생활을 견딜 수가 없었기 때문이었죠. 나라는 존재 자체가 콜로라도에 끌렸고, 그래서 이주를 결정했습니다. 이성적으로는 도무지 말이 안 되는 결정이었습니다. 이것은 전적으로 소명에 따른 것이었습니다.

천사를 만나다

회복된 후의 어느 날 저녁, 룸메이트와 나는 보스턴에 있는 뉴베리 Newbury 거리를 산책하기로 했습니다. 쌀쌀한 날씨였지만 힘든 일을 겪은 뒤라 산책하는 게 좋았습니다. '학기를 마무리하는 게 좋을까, 아니면 이대로 그냥 떠날까? 공황발작도 겪었는데' 하고 고민 중이었지요. 감정적으로 그렇게 무너지고 난 뒤인지라 결정을 내리는 게 스트레스로 다가왔습니다. 합리적인 결정을 내릴 수가 없었던 것이죠.

이렇게 마음속으로 고민하고 있을 때 우리에게 우쿨렐레를 들고 있는 한 남자가 다가왔습니다. 그는 노래를 한 곡 불러줄 테니 잔돈이 있으면 달라고 했습니다. 우리는 "아니에요. 어쨌든 고맙습니다" 하고 그의 제안을 거절했습니다. 그 남자는 나를 바라보며 친절하게 말했습니다. "이 노래 들어보는 게 좋을 거예요. 돈은 안 줘도 괜찮아요." 순간 나는 그 남자의 존재감에 매료되었습니다. 그는 단순한 옷차림에 빨간 재킷을 걸치고 있었습니다. 엷은 갈색 머리카락에, 후광이 비추는 듯 머리 주변에서 빛이 나고 있었습니다. 그리고 갑자기 주위의 세상이 희미해졌습니다. 도로가 사라지고 내 눈에는 머리에 천사 같은 후광이 비치는 이 사람만 보였습니다. 그는 자기 이름이 아리아스^Arias라고 했습니다. 그러고는 노래를 시작했습니다. "버팔로가 배회하는 언덕 위의 집… 언젠가 당신은 콜로라도에 갈 거예요…." 나는 노래 가사를 듣고 충격을 받았습니다. 마치 내가 어떤 이유로 힘들어하는지 그가 알고 있는 것 같았기 때문이죠. 그리고 그가 말했습니다. "웬디(그가 내 이름을 불렀습니다), 아직 떠날 시간이 아니에요. 그곳에 가게 될 테니 조금만 더 견뎌봐요." 그는 내 볼에 키스를 하고 우리 등 뒤로 사라졌습니다. 나와 룸메이트는 믿기지 않는다는 표정으로 서로를 쳐다보았습니다. 우리는 그 사람이 어디로 갔는지 보려고 뒤를 돌아보았습니다. 그는 어디에도 없었습니다. 우리는 거리를 샅샅이 뒤지며 상점 안을 둘러보았습니다. 하지만 그는 완전히 사라지고 없었습니다.

우리는 믿기 어려운 경험에 신이 났습니다. 의심의 여지 없이 천사를 만난 것이었습니다. 나는 엄마에게 전화를 했습니다. 엄마는 열심히 기도하는 분이었고 당시 내 이야기를 믿어줄 만한 유일한 사람이었습니다. 엄마는 "웬디, 엄마가 기도하면서 천사를 너에게 보냈단다. 네 수호천사 이름은 아리아스야"라고 말씀하셨습니다.

내가 천사를 만났건 그렇지 않건, 그날 밤 기적이 일어났습니다. 아리아스를 만난 후로 내가 겪고 있던 내면의 고통이 사라진 것이죠. 나는 치유받았습니다. 나는 새로운 에너지와 신의 도움에 감화되어 학기를 무사히 마쳤습니다. 그 시점부터 나는 보살핌을 받고 있다고 느꼈습니다.

가슴 열림의 시작

3학기를 끝내고 나는 부모님이 계신 코네티컷으로 돌아갔습니다. 상황을 돌아보고 앞날을 계획하기 위해서였습니다. 그러나 부모님과 함께 몇 달을 보내고 나니 내가 자란 그 집에선 당시 내게 필요한 환경을 기대할 수 없다는 것을 깨달았습니다. 여름이 되어 나는 로드아일랜드Rhode Island로 가서 친한 친구의 아이를 돌봐주었고 선착장에서 보트를 그리기도 했습니다. 중대한 과도기를 겪고 있었던 내게 그곳은 휴식을 취하기 좋은 곳이었죠. 나는 심각하게 무너진 뒤 회복할 시간을 갖는 중이었습니다. 지금 생각해보면 그것은 가슴 열림의 첫 단계였습니다. 내 영혼이 가슴을 통해 내게 자신의 존재를 알리고 있었지만 그때는 뭘 어떻게 해야 할지 몰랐습니다.

나의 가슴 열림은 완전히 끝난 것이 아니었기에 콜로라도에서 가슴 열림이 더 많이 진행되어야 했습니다. 그러나 콜로라도에 가야 한다는 소명과 함께, 내게는 미지의 것(콜로라도로 이주하는 것)에 대한 예기 불안과 두려움이 있었습니다. 그래서 로드아일랜드에서 일부러 휴식기를 가졌고, 그곳에서 처음으로 요가를 시작했습니다. 요가가 나를 살렸습니다. 치유를 위해 예전의 도구를 다시 찾기도 했습니다. 바로 음악이었죠. 악보를 보고 피아노를 연주하면서 습득한 지식으로 기타를 독학했고 나는 다시 음악을 하게 되었습니다.

콜로라도에 가겠다는 생각을 한시도 잊은 적이 없었습니다. 로

드아일랜드에서 지내는 동안 일하고, 돈을 모으고, 감정적으로 회복하고, 친구들과 어울리면서 시간을 보냈고 앞으로의 전략을 세웠습니다. 결국 이주를 할 수 있었던 건 로드아일랜드에서 남자친구를 만나게 되면서였습니다. 겨울에는 콜로라도에서 살고 여름에는 로드아일랜드에서 지내는 친구였습니다. 부모님의 만류에도 불구하고 나는 새로 사귄 남자친구와 함께 가을에 콜로라도로 이사하겠다고 말했습니다.

콜로라도: 가슴이 이끄는 곳으로 가다

콜로라도로 떠난 건 1995년 9월이었습니다. 난생처음 서쪽으로 이주하면서 내가 마치 개척자가 된 것처럼 느껴졌습니다. 전통적인 마차 대신 1987년 형 스바루Subaru 자동차를 타긴 했지만, 장엄한 로키Rocky산맥의 경이로운 풍경이 수평선 넘어 점점 가까워지는 모습은 개척자들과 내게 비슷한 영향을 줬을 거예요. 로키산맥의 경탄할 만큼 멋진 모습은 내 마음에 강렬하게 각인되었습니다. 이제 세상으로 나아간다는 내 의식적인 선택을 보여주는 것이었죠. 스무 살의 나는 영혼이 정화되는 듯한 경험을 하고 있었습니다. 잔디로 덮인 평원을 지나며 내가 겪은 모든 일을 정리했습니다. 나 자신을 위해 새로운 인생을 살기 위해서였습니다. 존 덴버John Denver의 〈Rocky Mountain High〉의 가사가 뼛속까지 와닿았습니다.

지금 생각해보면 내가 신경쇠약에 걸렸던 게 어떤 의미가 있는지 완전히 이해가 됩니다. 어린 여자아이에겐 필요한 것과 자신의 감정이라는 게 있습니다. 하지만 내 삶의 어떤 것도 내게 필요한 것을 인정하거나 내 감정을 느끼도록 허락하지 않았습니다. 다른 사람들의 감정을 떠맡으면서 나 자신의 감정을 억눌렀고, 내 가슴은 이를 더 이상 감당할 수가 없었던 것입니다. 가슴이 깨지면서 열려야만 했습니다. 그래야만 '내' 삶을 살 수 있었을 테니까요. 그 당시에는 인식하지도 못했던 내 재능을 발견하는 것도 포함해서 말이죠. 하지만 극심한 고통을 겪는 동안에는 그렇게 무너지는 게 어째서 좋은 일인지 알 수 없었습니다. 시간이 많이 지나서야 나 자신의 감정을 느끼면서 내가 얼마나 성장했는지 알게 되었습니다. 그러고 나니 무너짐을 겪은 후 얻은 강인함에 감사하게 되었습니다. 신경쇠약을 겪은 뒤에는 예전처럼 무의식적으로 에너지를 감내하는 일이 없어졌습니다. 내 몸이 더 이상 그렇게 하지 않아요. 타인의 에너지까지 감당하라는 프로그램이 더 이상 작동하지 않기 때문입니다.

동부에 사는 가족들을 떠나 나는 서부로 이주했습니다. 내 생명력을 억누르면서 모든 사람을 돌봐주고 주변 상황을 처리해주었던 예전의 삶으로 다시는 돌아가지 않을 거라는 아주 확고한 내면의 다짐과 함께 말이죠. 신경쇠약을 겪은 건 내 가슴이 깨지면서 열렸기 때문이었습니다. 이것이 첫 번째 가슴 열림의 경험이었습니다. 몇 년이 지나고 보니, 고통스러웠던 그 경험은 사실 내가 생명력을 가지고 삶을 잘 살 수 있도록 도와준 변화의 기폭제였음을 알게 되었습니다. 당시에는 그 모든 경험의 의미를 아직 현실적으로 이해하지 못하고 있었죠. 이때는 혼란과 치유가 동시에 일어나고 있는 듯 느껴졌고 아주 오랫동안 이런 상태가 지속되었습니다.

나는 콜로라도에 있는 스팀보트 스프링스Steamboat Springs로 떠났습니다. 그곳에서 1년 동안 안정을 취하면서 새로운 환경에 익숙해 졌지요. 산속에서 휴식을 취하고 커피숍에서 일하면서 새로 만난 친구들과도 어울렸습니다. 어쩐 일인지 사람들과 어울릴 만한 여유가 더 있는 듯했죠. 산에서는 시간과 공간이 다르게 작용하는 듯했어요. 나를 서부로 데려온 남자친구와의 관계가 끝이 났을 때 나는 두 번째 가슴 아픔을 경험했습니다. 그렇다고 산에 가는 것을 그만두진 않았습니다. 대신에 나는 하이킹을 하면서 자연에게 위로를 받았고 친구들이 큰 위안이 되었습니다.

학생이 준비되었을 때 스승이 나타난다

대학 생활을 다시 시작하기 위해 1997년 가을, 볼더로 이사를 하고 콜로라도 대학교에서 수업을 듣기 시작했습니다. 다시 대학 생활을 시작하니 혼란스럽기 그지없었죠. 우선 진로를 정하는 데 어려움을 겪었습니다. 그리고 둘째로, 직관적인 재능이 깨어나고 있음을 느꼈지만 이것이 내 진로와 연관이 있다는 생각을 미처 못하고 있었습니다. 나는 타인의 감정 에너지를 너무나 잘 감지했고, 그래서 다수의 사람이 모인 곳에 있기가 힘들었습니다. 또, 공부에도 어려움이 있었습니다. 나는 과제를 하면서 혼란스럽고 당황스러웠으며 감정적인 상태가 되곤 했습니다. 두뇌가 정보를 계산하지 못하는 느낌이었습니다. 나는 아주 다정했지만 사람들이 친해지려고 다가올 땐 물러나곤 했습니다. 되돌아보면 아마도 사교적인 면에 서툴렀던 것 같네요. 이런 내가 대학 교육을 받으려고 했던 것은 그것을 기대하는 사람들이 있었기 때문입니다. 그러나 내 안에 있는 진정한 재능을 계발하는 데 필요한 교육은 그게 아니었습니다. 이제 나는 사람들이 각기 다른 방식으로 무언가를 배우며 대학은 내게 맞는 길이 아니었음을 알고 있습니다. 내 길이기를 바랐지만 그렇지 않았죠. 나는 졸업을 하려고 학교로 다시 돌아가기까지 했지만, 나의 힐링센터가 너무 잘되고 있었고 가슴이 원하는 것에 충실한 방향으로 이끌렸습니다. 대학을 졸업하지 않은 것을 후회하지는 않습니다. 나를 삶의 목적으로 이끈 더 거대한 일이 날 기다리고 있었고, 이를 발견한 것이 대학 졸업장보다 더 값진 것이기 때문입니다. 불운한 상황이 결국에는 내 재능을 키우는 완벽한 기회가 되어주었습니다.

스물세 살 때, 교통사고로 목뼈가 손상되어 척추 지압을 받게 되었습니다. 나는 회복을 위해서 마사지를 받았는데 마사지 치료를 해준 사람 역시 나처럼 직관이 발달된 사람이었습니다. 마사지 치료사는 "우리 엄마를 만나보면 좋을 것 같네요. 직관적인 재능이 있으셔서 힐러로 일하고 계세요. 웬디한테도 그런 능력이 있는 것 같으니 만나보면 도움이 될 거예요"라고 말했습니다. 그리하여 나는 그녀의 어머니를 만났고 결국 그분께 치유에 대해 배우게 되었습니다.

부드러운 말투에, 나이보다 젊어 보이는 여성분이 내 스승이 되었습니다. 슬하에 여섯 명의 자녀와 네 명의 손주를 둔 그녀는 뛰어난 직관력의 소유자로, 그녀의 겸허한 존재감에서 지혜로움이 묻어났습니다. 호기심 어린 부끄러움을 간직한 그녀는 온화하고 자상했습니다. 길고 짙은 머리카락이 부드럽고 흰 얼굴을 감싼 모습은

백설공주와 지혜로운 현자를 연상시켰죠. 치유 세션을 받으러 찾아간 날 그녀는 내가 가진 재능을 확인해주었을 뿐만 아니라 곧 진행할 수업에서 직관적 재능이 있는 사람으로 살아가는 법과 내가 가진 재능을 사용하는 법을 가르쳐줄 수 있다고 했습니다. 나는 신이 나서 수업에 등록했습니다.

나는 스승님께 배우면서 내 성격적 특성과 기질, 그리고 예전에 나를 고통스럽게 했던 대처방식을 재구성할 수 있었고 이는 내게 큰 힘이 되었습니다. 예를 들어 어린 시절의 내 극심한 민감성과 에너지를 흡수하는 성향은 내가 초민감인(empath)이라는 것을 보여주었습니다. 나는 그 수업에서 내 직관적 재능을 이용해 다른 이들을 도울 수 있는 기술과 도구들을 배웠습니다. 또한 남을 도와주면서 그들의 에너지에 부정적인 영향을 받거나 기진맥진하지 않는 방법도 익혔죠. 그 수업에는 다섯 명의 학생이 더 있었고 우리는 스승님 밑에서 2년간 공부했습니다. 나는 그 시간 동안 지금 내가 하는 일에 필요한 교육과 통찰력을 얻었고 치유의 본보기와 체계를 알게 되었습니다. 그리고 마침내 훈련을 마쳤을 때는 치유에 대한 기본적인 노하우와 윤곽이 잡힌 느낌이었습니다. 하지만 그것을 내 것으로 완전히 소화하려면 거기에 내 가슴과 영혼을 담아야 했습니다. 내 고유의 빛이 표현되어야 하기 때문이죠. 그렇게 힐러로서의 내 색깔을 담는 데에는 6년이 걸렸습니다. 그렇다고 가슴 아픈 일이 끝난 건 아니었습니다. 나는 수많은, 가슴 아픈 인생 경험을 겪어야만 했고, 그런 뒤에야 완전히 가슴과 연결될 수 있었습니다.

힐러가 되기 위한 수업을 받았다고 해서 음악가의 꿈을 포기한 것은 아니었습니다. 이때 나는 스물세 살이었고 기타를 치며 노래하는 싱어송라이터였습니다. 커피숍이나 콘서트장에서 공연을 하기도 하고, 때로는 다른 음악인들과 함께 연주하기도 했습니다. 음악은 여전히 내 생각과 느낌을 다루는 주요 방법이었습니다. 그렇게 5년 동안 음악을 하며 힐러 일도 병행했습니다. 2002년, 나는 샌프란시스코San Francisco로 거주지를 옮기기로 했습니다. 음악이 나를 어디로 이끄는지 알아보고 싶어서였죠. 이런 결정이 나를 많이 힘들게 할 것이며 결국 음악 때문에 가슴이 아프게 될 것이라곤 꿈에도 생각하지 못한 채 말입니다. 나는 이 땅에 온 목적을 이루기 전에 어떤 역경들을 감내해야 하는지 알지 못했었습니다.

　음악을 할 수 없다면 죽을 것 같다고 말하는 음악인들이 있습니다. 이것은 과장된 말이 아닙니다. 실제로 그렇게 느껴지니까요. 나 역시 그랬습니다. 하지만 내 경우에는 가슴이 인제 그만 음악을 놓으라고 알려주었습니다. 다른 어딘가에서 나를 더 많이 필요로 하니까 말이죠. 상상해보세요. 당신의 가슴이 인제 그만 꿈을 접고 더 좋은 무언가를 위해 자리를 내주라고 한다니! 당시 나는 내 가슴의 소리를 듣기가 힘들었습니다. 연주하고, 투어를 다니고, 출연자로 계약하고 홍보하느라 정말 열심히 일했고, 그러면서 무척이나 신이 났기 때문이죠. 그건 완전히 내 에고였습니다. 당시에는 절대 인정하지 않으려 했겠지만 나중에 되돌아보니 음악가가 되겠다는 것은 내가 가슴으로 원하는 게 아니었습니다. 그것보다는 나 자신이 가치 있다는 것을 증명하려 애쓰던 것이었죠. 우리가 가슴의 소리를 부정할 때면 일이 잘 풀리지 않다가 진실이 드러나게 됩니다. 나 역시 연주를 할 때면 실망스럽고 혼란스러운 일이 계속 생기기 시작했고 이 때문에 눈물짓곤 했습니다.

특히 나는 두 가지 사건으로 인해 내 인생에서 가장 중요한 놓아버림(letting go)을 경험하게 되었습니다. 첫 번째 사건은 차에 있던 기타를 도둑맞은 것입니다. 그동안 만든 노래의 악보와 새로 작곡하려고 기록해둔 노래들, 코드와 케이블도 사라져버렸습니다. 나는 그 후로도 몇 년 동안 이 이야기를 할 때마다 목이 메었습니다. 내겐 정말 트라우마적인 일이었기 때문입니다. 단번에 모든 것을 잃어버리는 건 충격적일 뿐 아니라 이해할 수도 없는 일이었습니다. 나는 그 일이 상징하는 의미를 이해할 수가 없었습니다. 나는 아직 건강하고 죽은 것도 아니라며 좋게 생각하려 노력해도 심장이 뜯겨나간 것처럼 느껴졌고, 그 결과로 목소리를 잃었습니다. 말 그대로 목소리를 잃어버렸습니다. 3년 동안 인후염을 앓았고 목쉰 소리가 났습니다. 후두염에 걸릴 때도 있었죠.

이때 나는 풀타임으로 힐러 일을 하고 있었습니다. 치유 일에 충만감을 느끼면서 아주 행복했던 시절이었습니다. 하지만 여전히 음악을 포기할 마음은 없었습니다. 에너지 힐링으로 사람들을 도와주는 것에 큰 기쁨을 느끼긴 했지만, 아직 음악을 하고 싶은 마음이 남아 마치 바늘로 내 눈을 찌르는 것처럼 스스로 눈을 멀게 하고 있었죠.

깨어나다, 그리고 제자리로 돌아오다 — 나 자신에게로

나는 기타를 도둑맞고 얼마 되지 않아 텍사스^{Texas}주 오스틴^{Austin}에서 열리는 음악 행사에 참여했습니다. 토요일 밤 자정이 다 된 시간에 친구와 6번가 거리를 걷고 있었지요. 아니, 사실 당시 진짜 상황은 이랬습니다. 거리엔 술 취한 사람들이 가득했고 두 골목 정도 되는 거리를 클럽의 불빛과 안에서 새어 나오는 커다란 음악 소리가 꽉 메우고 있었습니다. 술집에서 풍기는 쾨쾨한 냄새가 길에서도 났죠. 범퍼카에 타고 있는 것처럼 술 취한 무리를 피해 한쪽으로 가면 다른 한쪽에서 또다시 사람들과 부딪혔습니다. "내가 지금 여기서 뭘 하고 있는 거지?" 하는 생각만 들었어요. 그때였습니다. 진실이 나를 덮쳤습니다! 한 커플이 손을 잡은 채 내 쪽으로 걸어왔습니다. 나는 부딪치지 않으려고 옆으로 비켜 가려 했습니다. 내가 비켜 간 순간 남자가 여자의 손을 잡아끌면서 말했습니다. "자기야, 이쪽으로 와봐. 보여줄 게 있어…." 남자가 손을 잡고 여자를 자기 쪽으로 가까이 당기는 순간 그 남자의 손이 내 코를 쳐버렸습니다! 얼굴을 맞은 것이죠!

물론 그 커플은 미안해했고 정중한 태도로 누누이 사과했습니다. 나는 맞은 코가 얼얼한 채로 하늘을 올려다봤습니다. 그리고 신과 천사들, 고대의 선조들, 그리고 하늘에 있는 그 누구든, 나를 보며 웃고 있을 이들에게 말했습니다. "알았어요. 알았어요. 알았다고요. 알겠어요." 신호는 분명했습니다. 나는 하늘의 메시지를 이해했습니다. 그것을 깨달으려고 얼굴을 맞아야 했지만 결국은 이해했지요.

나는 오스틴을 떠났습니다.

나는 음악을 그만두었습니다.

나는 혼란을 끝냈습니다.

샌프란시스코로 돌아온 뒤에는 치유 일에만 매진하며 음악으로 성공하겠다는 꿈을 접었습니다. 음악을 완전히 접은 뒤에는 그동안 외면했던 목소리에 귀를 기울였고 가슴의 소명에 완전히 응했습니다. 그러자 힐링센터가 정말로 바빠지기 시작했습니다. 다른 사람들의 성장을 도우면서 나 역시 성장하고 있었어요. 나는 내 가슴이 말하는 것에 "예스"라고 한 것을 되돌아보며 후회한 적이 없습니다. 몇 년 후 나는 음악을 다시 삶 속에 들여놓았습니다. 이번에는 어떤 의도도 없이 그저 연주하는 게 좋았기 때문이었습니다.

내가 이런 이야기를 하는 이유는 이질적으로 보이는 것들이 모여 결국에는 하나의 짜임으로 완성되었기 때문입니다. 여기에는 가슴 아픈 일, 혼란, 그리고 치유에 이르기까지의 이야기가 담겨 있습니다. 의미 있는 영적 확장을 이루는 데 이 모든 것이 중요한 요소가 되었습니다. 내 영적인 깨어남의 시작은 이러했습니다. 하지만 이게 끝이 아니었습니다. 영적인 확장은 매일 계속되니까요.

여러분에게도 나와 비슷한 이야기가 있을지 모르겠습니다. 당신에게도 가슴의 소리에 귀 기울여 진정한 영적 확장을 이루도록 도와준 천사, 신의 은총, 메시지, 무너짐의 경험이 있지 않았을까요. 어쩌면 앞뒤가 맞지 않는 일이 있어 기나긴 혼란의 시간을 보낸 듯 느껴질 수도 있겠지요. 당신은 이 책을 읽으며 가슴의 소리를 듣고 거기에 주의를 기울이는 법을 알게 될 것입니다.

2장

영혼의 탐색

"에고가 말하기를, 모든 게 제자리를 찾을 때 비로소 내가 평화
로워질 것이다. 영혼이 말하기를, 평화를 찾으라. 그러면 모든
것이 제자리를 잡을 것이다."

— 마리안 윌리엄슨 Marianne Williamson

영적인 확장 이해하기

에너지 힐링과 요가에 매진하며 내 직관적 재능을 온전히 인정하
고 받아들이자 힐링센터는 더욱 성장했습니다. 나는 2003년부터
우울증, 감정적인 어려움, 질병, 상실, 혼란, 트라우마에 직면한 고
객들을 도와주었는데, 이들은 더욱더 연결된 삶을 사는 것에 대한
질문과 끊임없이 씨름했습니다. 나는 내담자들의 육체적, 감정적인
어려움에 내재된 패턴을 살펴보았고 이들이 고통받는 주된 이유는
참자아와 신성에 더 깊이 연결되고자 하는 자신의 바람을 알아차
리지 못했기 때문임을 알게 되었습니다. 나는 사람들이 얼마나 가
슴을 열고 싶어하는지, 그리고 신성한 가슴과 하나된 느낌을 얼마
나 원하는지를 보고 또 보고 있습니다. 그러나 그들은 자신이 실제

로 찾고 있는 것, 찾음의 발단이 되는 그것이 바로 이것임을 알지 못하고 있습니다. 처음에 그들은 그저 기분이 더 나아지기만을 바라지요.

내담자의 질문만 봐도 알 수 있습니다. "내 삶의 목적이 무얼까요?", "제가 속한 곳은 어디일까요?", "이 상황을 어떻게 헤쳐나갈 수 있을까요?", "어째서 이런 일이 나한테 생기는 걸까요?" 이런 질문들은 그가 자신의 영혼과 신 사이의 긴밀한 연결을 탐색하고 있다는 명백한 신호입니다. 삶의 목적을 궁금해하기 시작했다면 그 사람은 영적인 길로 들어선 것입니다. 영혼의 목적에 대한 질문에 답하려면 마음을 고요히 하고 가슴 깊은 곳까지 들어가야 합니다. 우리는 가슴에서 진정한 답을 찾을 수 있으며 이러한 질문들은 가슴 안으로 들어가는 관문이 되어줍니다.

여기서 말하는 가슴은 인간의 흉부 중심에서 피를 펌프질하는 근육질의 장기를 뜻하는 게 아니라 가슴의 영적인 차원을 뜻하는 것입니다. 영적인 상태로 존재하는 가슴의 영역 말이죠. 각자의 영혼이 인간으로서 충만함을 느끼려면 이성적인 사고만으로는 충분치 않을 수 있습니다. 충만함을 느끼는 것은 영혼의 경험이므로 정신은 결코 만족할 수가 없는 것이죠. 우리는 가슴을 통해 만족감과 존재감을 이해합니다.

에고 vs 영혼

영적인 탐구가 순전히 즐겁지만은 않다는 것을 이해하는 게 중요합니다. 가슴이 이끄는 영적인 길이 계속해서 행복하기만 하지는 않을 것입니다. 하지만 이 길은 언제나 정직합니다. 영혼과 에고가 상충하는 이중성(duality)은 우리 삶의 영적 확장에 필수적인 것입니다.

에고는 소아小我의 이미지이며 삶의 상황과 경험이라는 외부의 자극에 반응하여 형성된 성격입니다. 이러한 에고는 우리의 삶 속에서 건강한 모습 또는 상처 입은 모습으로 나타날 수 있습니다. 건강한 에고는 본질적으로 타인이나 자기 자신에게 존중받음으로써 생겨납니다. 이러한 건강한 에고는 세상 속에서 우리의 참자아를 표현할 수 있게 해줍니다. 반면 상처 입은 에고는 삶에서 받은 상처가 발현된 것입니다. 연약한 자신이 해를 입지 않도록 보호하기 위해 우리 안에 존재하게 된 방어적인 모습, 프로그램, 두려움, 신경증이 상처 입은 에고라고 할 수 있습니다. 상처 입은 에고는 안전함을 느끼기 위해 건강하지 못한 감정적 애착을 불러옵니다.

반면 영혼은 우리의 대아大我로, 우리 안의 신성한 의식의 일부입니다. 영혼, 참자아, 상위 자아(higher self)는 모두 우리 안의 신성한 의식을 묘사하는 말입니다. 나는 이 책에서 영혼의 깨어남과 확장이 일어나려면 영적 자양분과 에고의 상처 치유가 필요하다는 것을 보여주려고 합니다.

이 책을 쓰는 동안, 나는 명상을 하다가 직관적인 이미지를 보았습니다. 사람들이 영적인 길을 걸어가는 동안 경험하는 뚜렷한 4단계를 말입니다. 이 단계를 지나면 영적인 가슴이 열리게 됩니다. 이 4단계는 일상적인 삶의 모습이라고 오해받기 쉽지만 그 이면에는 영혼이 인간의 삶과 통합되는 과정이 일어나고 있습니다. 이 단계들은 영적 세상과 물질적 세상이 만나는 지점입니다. 또한 이러한 단계들은 삶의 고난에도 목적이 있으며 사실은 모든 게 신의 질서에 의한 것임을 알 수 있는 맥락을 제공해줍니다. 이 얘기는 가슴에 대한 이야기를 이어가면서 후에 더 자세히 다루도록 하겠습니다.

원천(source)과의 연결의 중요성

살면서 겪는 여러 상황들의 의미, 그리고 왜 그런 일이 일어나는지 묻는 사람들을 찾기는 어렵지 않습니다. 그러나 이러한 질문의 답을 찾기 위해 믿음을 통한 신과의 연결로 치유받으려는 사람은 찾기 힘들지요. 내게는 인생의 문제들을 해결하고자 도움을 청하는 사람들이 종종 있습니다. 내가 그들에게 치유에 도움이 되는 영적 수행을 하고 있는지 물어보면 "아니오", "그다지", "가끔요" 같은 대답이 돌아옵니다. 힐러로서의 내 숙련도와 상관없이 나는 사람들의 치유 과정을 어느 정도 선까지만 이끌 수 있습니다. 치유의 더 큰 부분은 각자의 영혼과 신 사이의 아주 개인적이고도 친밀한 만남입니다. 나는 사람들을 만남의 장소로 이끌어줄 수는 있지만, 믿음을 갖고 치유가 일어나도록 하는 건 치유를 원하는 그 사람에게 달려 있습니다. 우리를 변화로 이끄는 치유와 가슴 열림이 일어나려면 인간의 의지와 신의 의지 사이에 참된 믿음이 필요할 뿐만 아니라, 무엇보다 그런 믿음을 허락하는 내려놓음(surrender)이 필요합니다.

우리의 영혼은 신성한 빛에서 태어난다

신성한 빛 안에는 어떤 고통도 존재하지 않으며, 영혼은 그 안에 머물기를 원합니다. 영혼은 빛이 되고 싶어하고 빛을 느끼길 원하며 언제나 그 자연적인 상태로 돌아가려고 분투합니다. 하지만 영혼은 인간의 형태로 있는 동안 인간이기에 갖는 조건, 즉 과민한 정신, 감정적인 갈등, 안락에 대한 잘못된 인식, 물질적, 감정적 애착의 제한을 받게 됩니다. 감정을 부정하거나 감정에서 분리된 삶을 살면 삶이 좀 쉬워질지도 모르지만 이것은 그저 자아를 감정에서 구분해내는 것일 뿐입니다. 감정이나 고통에서 자유로워지는 것과는 전혀 다르죠. 이렇게 회피한 감정은 타인에게 감지되어 타인에게 영향을 미칠 수 있습니다. 회피한 감정은 에고의 그림자(shadow), 즉 무의식에 자리합니다. 치유 작업은 에고가 우리의 참자아가 아님을 깨닫는 것도 포함하고 있습니다. 참자아란 우리들 각자의 내면에서 반짝이는 신성한 빛입니다.

평범한 인간의 삶을 살아가면서 우리는 신성한 빛 안에서 느꼈던 자유와 기쁨이라는 영혼의 기억을 잊고 지냅니다. 하지만 이런 단절이 실제로 우리가 누구인지를 기억하고 참자아의 원천을 다시 찾게끔 동기를 부여합니다. 빛에서 분리되어 있는 한 우리는 고통받습니다. 어쩌면 이 때문에 인간으로서 우리가 불만족스러운 것인지 모르죠. 신성한 기쁨을 신성하지 않은 외적 요인에서 찾으려 하니 말이에요. 가슴을 통해 신과 더 깊이 연결되면 당신의 영혼이 찾고 있는 기쁨과 만족이 순조롭게 삶으로 찾아들 것입니다. 에고는 상처받은 기억을 불러오지만, 영혼은 당신 안에 내재한 신성한 빛이 주는 깊은 사랑을 가져다줄 것입니다.

영적 치유에서 감정의 역할

세상에 빛과 그림자가 있듯 가슴도 모순되는 감정을 담고 있습니다. 기쁨의 눈물을 흘려본 적 있다면 그것이 어떤 느낌인지 아실 겁니다. 너무나 행복해서 눈물이 나죠. 여기엔 슬픔과 경외심이 동반됩니다. 기쁨과 슬픔은 동시에 존재할 수 있습니다. 이러한 상반되는 감정의 표현이 정신을 혼란스럽게 하긴 하지만 이런 감정들은 가슴에 쉽게 담깁니다. 가슴은 이성적인 공간이 아닙니다. 이런 이중성을 느낀다는 건 사실 아주 건강하고 확장된 가슴을 가졌다는 신호입니다. 우리의 이성적인 사고는 긍정적인 느낌에만 집중하려 합니다. 그러나 진정한 영적 성장은 가슴에 존재하는 강렬하고 무거운 느낌을 느낄 수 있을 만큼 용기를 낼 때 일어납니다.

처음에는 이러한 강렬한 느낌에 압도되는 감각을 느낄 수도 있고, 이러한 압도되는 감각과는 별개로 그 느낌 자체를 인식하지 못할 수도 있습니다. 또, 이것이 단순히 소용돌이치는 감각으로 나타날 수도 있어요. 이런 상태에서는 무슨 일이 벌어지고 있는 건지 생각해보려 애쓰는 것은 도움이 안 됩니다. 느낌을 합리화할 수는 없어요. 오히려 신체의 감각에 집중하고 몸이 압도된 감각을 처리할 수 있을 때까지 호흡하는 것이 좋습니다. 느낌이나 감각에 '호흡을 불어 넣는' 것입니다. 이렇게 하다 보면 감각과 느낌을 분리할 수 있게 되고 감정과 기억을 연결할 수 있을 거예요. 가슴에서 일어나는 대조되는 느낌들은 사랑하는 사람이나 어떤 상황과 연관이 있을지도 모릅니다. 과거의 감정을 느끼고 화해하면 지키고 싶은 것과 놓아주고 싶은 것을 의식적으로 결정할 수 있습니다.

어린 시절 우리가 얼마나 많은 것을 목격하고 내면화하며 흡수했는지 정말 놀라지 않을 수가 없습니다. 오래된 감정에 호흡을 불어 넣어 이를 방출하고, 신체에 저장된 감정 에너지를 움직여 불러옴으로써 현재의 삶을 더 잘 살 수 있도록 하는 것은 실제로 가능합니다.

힘들더라도 과거를 되돌아보고 오래된 감정들을 놓아주면 정말 자유로워집니다! 수치심, 당혹감, 분노와 화해하고 이것들을 내 시스템 밖으로 내보내면 자기사랑과 평화, 현재의 삶에 대한 만족감이 자리할 공간이 생깁니다. 이것이 치유된 삶의 본질입니다. 오래된 상처와 고통에 짓눌린 채 과거를 살기보다 과거의 앙금 없이 현재를 사는 것, 어두운 감정을 직면하고 사랑이 자리할 더 많은 공간을 만드는 것은 상당한 용기가 필요한 일입니다. '용기(courage)'라는 말은 고대 프랑스어인 corage에서 파생되었는데 이 단어가 '심장, 깊은 내면의 느낌'을 뜻한다는 건 그리 놀랄 만한 일도 아닙니다. 가슴의 느낌을 다루며 고심하다 보면 두려움과 연약함을 느낄 수도 있습니다. 하지만 아는 것이 힘입니다. 이 책을 읽으면서 당신은 영적 치유와 감정 치유의 방법을 배우게 될 것이고, 감정을 어떻게 다루는지 알고 나면 감정을 느끼는 게 그렇게 두렵지 않을 것입니다. 그럼 계속해서 가슴에 대해 더 알아보도록 하죠.

3장

신성한 가슴

"모든 종교의 본질은 선한 마음이다. 때때로 나는 사랑과 연민을
보편적인 종교라 부른다."

— 달라이 라마

가슴 이해하기

영적인 깨어남의 4단계를 알아보기에 앞서 가슴의 복잡한 특성, 특
히 영적 중심인 가슴의 역할을 이해하는 것이 중요합니다. 이것은
내가 힐러로서 오랫동안 가슴의 신성한 공간 속에서 작업하며, 수
년간 요가를 하며 알게 된 내용입니다. 열여덟 살 때부터 내 삶에
있어 요가가 얼마나 중요했는지를 앞서 언급하지는 않았지만, 나는
요가를 공부하면서 직관과 에너지 바디에 대한 상당 부분을 인식
하게 되었습니다.

가슴의 세 가지 측면

가슴은 다음의 세 가지 측면으로 구성되어 있습니다.

♥ **신체적인 측면**: 흉부에 있는 신체 근육으로, 몸속 장기에

피를 펌프질합니다.

- ♥ **감정적인 측면**: 공감, 연민, 슬픔, 분노를 경험하는 '느낌'의 중심지. 가슴의 감정적인 측면은 우리에게 인간으로서의 의식이 있으며 자신과 타인에 대한 느낌을 가질 수 있음을 알려줍니다. 감정적인 측면에서의 가슴은 인간관계와 긍정적인 느낌을 원합니다. 그러나 감정적인 상처로 인해 이를 느끼지 못할 수도 있습니다.
- ♥ **영적인 측면**: 신과 인간의 의식이 영혼으로 합쳐지는 곳. 우리의 영혼은 내재된 신의 지성을 잠재의식에서 의식으로 전달합니다.

이 책은 주로 가슴의 영적인 측면을 다루지만 전반적인 건강을 위해서는 이 세 가지 측면 모두 굉장히 중요합니다. 가슴의 신체적인 측면을 여기서 자세히 다루지는 않을 것입니다. 하지만 이 책을 읽는 동안 가슴에 담긴 감정을 치유하고 가슴의 영적인 확장을 경험하는 것이 가슴 건강에 영향을 미친다는 것을 염두에 둘 필요가 있습니다.

영적인 가슴의 보편성

가슴을 '영혼의 자리'로 묘사하는 건 독창적인 개념이 아닙니다. 이것은 여러 시대를 거친 다양한 영적 가르침에 이미 기록되어 있습니다. 나는 명상과 여러 인생의 경험으로 가슴이 열렸지만 종교와 영적 수행에서 식견을 얻기도 했어요. 내게 가장 큰 울림을 준 건 베다Vedas와 가톨릭이었습니다. 내 영적 뿌리는 가톨릭이지만 10대

후반에는 가톨릭을 거부하고 요가를 배우기 시작했습니다. 그리고 지금의 나는 교파와 상관없이 신성한 신의 에너지와 은총에 뿌리를 두고 거기에 열정을 갖고 있어요. 어떤 영적 수행을 하고 어떤 종교를 믿는지는 중요하지 않아요. 신성한 가슴의 경험은 모두에게 열려 있습니다. 종교에 소속되지 않아도 됩니다.

베다의 관점에서

베다는 지구상에 현존하는 가장 오래된 문헌으로, 힌두교의 성서입니다. 요가의 전통적 가르침에 따르면 영적인 가슴의 이미지는 상위 자아를 뜻하는 아트만Atman의 중심, 즉 흐리다야Hridaya라고 불립니다. 아트만 혹은 상위자아가 가슴의 중심에 자리할 때 브라만Brahman과 결합하게 됩니다. 브라만이란 만연해 있는 완전한 의식으로, 우주 또는 신이라 여겨지기도 합니다. 상위 자아가 가슴에서 브라만과 일체를 이룰 때 모크샤Moksha, 즉 해탈에 이릅니다. 모크샤는 신성한 빛과 화합하는 영혼의 자유를 말합니다.

좀 복잡하게 들릴 수 있는 얘기들이라 더 자세히 말해보자면 다음과 같습니다.

흐리다야 역시 고통에서 자유롭지 못합니다. 흐리다야는 우리의 고통에 대한 내적 앎(어쩌면 우리의 의식적, 무의식적 기억)에도 연결되어 있기 때문입니다. 이 철학에 따르면 카르마Karma(삶 속에서의 우리의 선택이나 행동)와 삼스카라Samskara(본유의 고통)는 인간이라는 존재의 일부라고 합니다. **이것은 영혼이 신과 하나되어 가슴의 중앙에 자리한다는 기독교의 개념과 동일합니다.** 가슴의 중심에 자리하고 있을 때 자아는 자유롭습니다. 이는 2장에서 언급했던 빛으로 돌아가는 것을 의미합니다. 게다가 가슴은 슬픔과 즐거움이라는 상반된 감정을 동시에 담을 수 있습니다. 이런 모순을 베다에서는 흐리다야(영적인 가슴)가 카르마로 인한 고통과 자유 둘 다의 원천이기 때문이라고 해석합니다. 우리는 영적 수행을 통해 인간이기에 겪는 고통으로부터 자유와 평화를 가져오는 법을 배울 수 있습니다. 요는, 많은 종교 전통들에 따르면 영적인 가슴이 인간의 고통(감정)을 극복하는 경험을 선사하여 자유를 느끼게 해준다는 것입니다.

요가는 가슴의 결합이다

영적인 가슴으로 내면의 평화를 이루려면 깊은 명상을 하고 생각하는 정신을 잠재워야 합니다. 이런 목표에 도움이 되는 방법 중 하나가 요가입니다. 요가는 단지 자세를 취하고 몸을 이완시키는 것 이상의 의미가 있습니다. 요가Yoga는 산스크리트어로 '함께하다', '결속시키다'라는 뜻입니다. **'존재의 조각난 부분들의 결합', '가슴에서 통합 이루기', '영혼의 거주지'**로 요가 수련을 정의하기도 합니다. 이 개념의 21세기판 번역은 '과거의 경험에서 오는 고통을 치유하는 것'인데, 약간 덜 시적으로 들리긴 하지만 그렇다고 그 심오함이 덜하진 않습니다. 치유되지 않은 상처가 있다면 당신 영혼의 일부는 그 경험에서 벗어나지 못하고 있으므로 분열을 가져옵니다. 따라서 현재의 순간을 사는 동안에도 당신 영혼의 일부는 치유되지 않은 상처를 지닌 채로 과거의 경험 속에서 살고 있습니다. 상처와 연관된 감정에 호흡을 불어 넣고, 그 일과 관련된 사람들을(자신도 포함해서) 용서하며, 그 상처를 떠나보내는 법을 배운다면 상처로 인한 고통을 치유할 수 있을 것입니다. (주의사항: 상처가 매우 깊거나 상당히 커서 혼자 감당하기 어려울 경우, 인내심이 요구될 뿐만 아니라 심리치료사, 의료인, 에너지 힐러의 도움이 필요합니다.)

파탄잘리Patanjali는 〈요가 수트라Yoga Sutras〉에서 정신을 고요히 잠재우는 것, 영혼 및 신과 '합일'된 삶을 살기 위해 수련하고 이를 자각하는 것의 중요성을 강조했습니다. 진실된 삶을 살며 매일 수행하는 것이 이러한 합일을 이루는 길입니다. 요가 아사나Yoga asana, 즉 요가 포즈는 에너지 바디의 경락 시스템을 정화하도록 고안되었습니다. 에너지 바디에 흐름이 막힌 부분이 있을 수도 있습니다. 신체가 정화될 때 정신이 안정됩니다. 따라서 에너지 바디에 있는 에너지 블록block을 제거하고 신체를 정돈하며 생각을 잠재우면 영혼이 가슴으로 들어올 공간이 만들어집니다.

에너지 해부학과 가슴 차크라

베다 이론의 해부학에 따르면 우리의 현묘한(subtle) 몸은 에너지적 종선縱線의 그물망인 나디스nadis, 압통점인 마르마marma, 파워 센터인 차크라chakra(에너지 바퀴)로 구성되어 있습니다. 차크라는 이제 서양에도 알려져 많은 서양인들에게 형이상학적 힐링의 일환으로 친숙한 개념입니다. 여러분도 이런 것에 익숙하다면 이 책에서 언급하는 가슴이 바로 가슴 차크라를 의미한다는 것을 알아차리셨을 겁니다. 가슴 차크라는 영적인 사랑과 인간의 사랑이 합쳐지는 곳입니다. 우리는 가슴 차크라를 통해서 영혼과 연결됩니다. 가슴 차크라와 비슷한 흐리다야(영적인 가슴)는 생명력의 중심이자 영혼이 자리하는 곳입니다. 하지만 흐리다야는 만연해 있는 완전한 의식인 브라만과 연결되는 원천이기도 합니다. 브라만은 우리가 모든 것과 화합하며 사는 것을 가능하게 해줍니다. 다시 말해 상위 자아가 생각하는 정신을 고요히 잠재워 영혼이 가슴에 자리할 수 있을 때 조건 없는 사랑과 삶의 모든 것에 연결된 느낌, 깊은 깨달음이 일어납니다. 이것이 바로 합일의 상태, 우주 만물과 하나된 상태입니다.

신성한 가슴

나는 우리가 너무나 많은 종교 갈등을 겪고 있다는 것이 참 흥미롭습니다. 가슴의 차원에서 보면 수많은 종교와 영적 수행의 핵심이 결국 같기 때문이죠. 앞서 베다의 관점에서 설명한 내용은 기독교에서 말하는 신성한 가슴(Sacred Heart)의 개념과 같습니다. 이것은 내가 가톨릭 집안에서 자라며 배운 내용이었는데 훗날 영적인 깨어남에 대해 공부할 때 선명하게 기억이 되살아났습니다. 나는 인류에 대한 예수의 너그러운 사랑, 궁극적으로 십자가에 못 박히게 된 예수의 인류애를 상징하는 것이 곧 신성한 가슴이라는 것을 알게 되었습니다. 베다의 관점에서 아트만이 가슴에서 브라만과 합일되었을 때와 유사하게, 예수의 신성한 가슴이 신의 빛으로 가득하게 되자 그는 모든 존재를 보편적으로 사랑하게 되었습니다. 신성한 가슴의 이미지를 보면 붉은 심장과 가시로 된 월계관, 십자가, 타오르는 불꽃이 있는데 이는 십자가에 못 박힌 예수와 인간의 고통, 내면의 빛과 사랑을 상징합니다. 그리고 신성한 가슴의 심장에서 뿜어져 나오는 금색 빛은 가슴 차크라가 몸 전체에 빛을 뿜어내는 이미지를 연상시킵니다. 이런 이미지에 묘사된 조건 없는 사랑은 성서에 나오는 그리스도의 십자가형에서도 나타납니다. 다시 말하지만 가슴에서는 모순되는 경험을 하게 됩니다. 십자가에 못 박힌 그리스도의 이야기는 고통이 있었고, 고통에서 해방되었음을 말해줍니다.

한 번은 신성한 가슴의 상징이 내 내담자에게 나타난 적이 있었습니다. 그녀가 그 단계의 영적인 사랑으로 부름을 받았기 때문이었습니다. 그녀는 예전에 명상을 하면서 신성한 가슴을 인식하게 되었지만 부름에 주의를 기울이지는 않았다고 합니다. 그러나 그녀가 내게 힐링 세션을 받으면서 다시 이것이 떠올랐고 이번에는 관심을 집중하기로 했습니다. 나는 어렸을 적 이후로는 가톨릭 신자가 아니었고 신성한 가슴의 이미지가 내게 나타난 적도 없었습니다. 하지만 이 고객과 마주 앉아 있으니 신성한 가슴의 강한 존재감으로 인해 우리 두 사람 모두 그것의 의미를 절실히 깨닫게 되었습니다. 그녀는 이 신성한 상징의 강한 부름을 감지하면서도 그것이 자신의 삶과 어떤 관련이 있는지 이해하지 못했던 것입니다. 신성한 가슴은 친절을 베풀고, 치유하며, 인간의 고통에 연민을 느끼는 신의 사랑에 비유됩니다. 그녀 자신만의 십자가를 지고 살아왔음을 깨달은 그녀는, 그 후 불필요한 짐을 내려놓고 내면의 부름에 귀 기울이기 시작했습니다. 드디어 들을 준비가 된 것이었죠. 힐링 세션 후에 그녀는 삶의 작은 변화를 이뤘습니다. 직장을 바꾼 것입니다. 그보다 더 큰 변화는 그녀의 내면에서 일어났습니다. 그녀는 신성한 가슴의 이미지에 감화된 후에 신의 은총으로 충만해진 느낌을 받았다고 합니다.

나에게 신성한 가슴이란 가슴에서 일어나는 영적인 깨어남의 압축된 이미지입니다. 가슴은 신과 영혼, 모든 삶의 전달자이며 우리는 가슴으로 직관과 신의 부름을 경험합니다.

영적인 가슴으로 사는 법을 배우려면 자신의 고통, 또는 자신만의 십자가형을 통과해야 할지도 모릅니다. 고통을 회피하면서 고통에서 자유로워질 수는 없기 때문입니다. 신성한 가슴의 만연한 사랑 또는 모크샤(해방)의 자유를 위해서는 가슴의 영역과 우리의 삶에 이중성(고통과 자유처럼 상충하는 듯 보이는 것들)이 항상 존재함을 이해할 필요가 있습니다. 이를 이해하고 평화를 찾으면 자신의 고난에 연민을 갖게 되고, 영혼의 보다 깊은 요구와 부름을 듣고 주의를 기울일 수 있게 됩니다.

십자가형의 상징은 우리 삶에서 다양한 방식으로 나타날 수 있습니다. 집이나 사랑하는 사람을 잃기도 하고 파산하거나 감옥에 가기도 하며 몸이 아프거나 이혼을 하고 또 다른 형태의 예상치 못한 큰 변화를 경험하기도 합니다. 이런 일이 생기면 세상이 무너진 것 같고 신이 당신에게 벌을 주는 것처럼 느껴질 수 있습니다. 하지만 이것은 그렇게 사적으로 여길 일이 아닙니다. 당신은 삶의 이중성을 겪고 있는 것입니다. 이런 일들은 인간의 감정을 불러일으키고 고난을 초래하는 한편, 고통을 극복하고 강해져 신과 더 진솔하게 연결될 기회가 되기도 합니다. 우리는 대개 난관에 봉착했을 때나 세상을 이해할 수 없을 때 신을 저버리거나 신에게 기대곤 합니다. 신에게 기댈 때면 우리는 자신의 고통에 연민을 갖게 됩니다. 또, 믿음을 갖고 살면 고통에도 목적이 있음을 이해하게 되지요. 우리가 위기를 맞았을 때 용기 있게 삶을 살아나가는 대신 믿음을 저버린다면 곧 '배움의 순간'이 다시 찾아오는데, 이 배움의 상황은 교훈을 얻을 때까지 계속 반복될 수도 있습니다.

　다음 장에서는 영적인 깨어남의 4단계와 각 단계에서 자신을 돌보는 법을 구체적으로 설명하겠습니다. 이 책을 읽으면서 현재 자신이 책에 설명된 일정 단계에 이르렀음을 발견하게 될지도 모릅니다. 성장의 4단계 중 3단계에 걸친 예를 담고 있는 내 개인적인 이야기는 가슴이 열리는 경험을 나타냅니다. 그리고 나의 네 번째 단계는 신과 연결된 삶을 살면서 계속 진행 중입니다. 각 단계는 몇 개월 또는 몇 년에 걸쳐 일어날 수 있습니다. 4단계를 모두 통과하는 데 몇 년이 걸리기도 하지요. 처음의 3단계는 마지막 단계가 일어나기 전에 여러 번 반복되기도 합니다. 따라서 여러분은 지금 이런 경험이 적어도 하나 이상은 있을 것입니다. 영적인 깨어남의 4단계를 겪는 동안 일어날 수 있는 어려움을 헤쳐나갈 때 도움이 되는 명상과 실천사항을 이 책에 담았습니다. 여러분이 치유되고 내면을 정돈하여 신과 연결되는 데 필요한 자원을 제공하고 싶은 마음에서입니다.

4장

가슴 열림의 시작

"진정한 영적 삶이 요구하는 바와 같이, 내면이 깊이 열리려면
엄청난 용기와 강인함이 필요하다. 일종의 무사 정신이 요구되
는 것이다. 이런 무사의 강인함은 가슴 안에 있다."

— 잭 콘필드Jack Kornfield

'가슴 열림'이라는 말을 접한 당신은, 이것을 사랑에 마음을 닫고
지내다가 '다시' 마음을 열었다는 뜻의 표현으로 생각했을 수도 있
겠습니다. 아니면 내면에서 자유를 느끼거나 감정을 더 완전히 느
끼도록 마음의 문이 열리는 거라고 생각할 수도 있겠죠. 가슴 열림
은 이렇게나 다양한 측면이 있지만 이 책에서는 '영적인' 측면을 다
루고 있습니다. 영적인 가슴 열림은 신성한 영혼이 육체와 교감할
때 일어나며 삶에 대한 관점의 변화가 일어나는, 즉 의식이 깨어나
는 순간이라고 할 수 있습니다.

의식이 가슴과 동조할 때가 바로 깨어남의 순간입니다. 깨어남
후에 우리는 더 깊은 지식과 가슴에 기반한 인생 경험, 신과의 연결
을 탐색합니다. 가슴 열림은 '명확해지는 순간', '진실을 보게 되는

것', '자신의 소명을 깨닫는 것', '아하! 하는 깨달음의 순간'으로 자주 묘사됩니다. 반대로 일종의 실패나 비극, 주의를 환기시키는 일 이후 진실의 순간을 맞기도 합니다. 가슴이 처음 열리고 나면 보통 삶에 큰 변화가 생깁니다. 직업의 전환, 거주지의 이동, 영성의 추구, 성지 순례, 건강하지 못한 관계의 정리, 생활 환경의 변화 같은 것들 말입니다.

캘리포니아California에 사는 사회복지사 카르멘Carmen의 가슴 열림 이야기를 들어보죠.

카르멘의 이야기

몇 년 전에 나는 생애 가장 큰 가슴 열림의 경험을 했습니다. 그 당시의 남자친구와 헤어지면서 가슴이 열린 것이죠. 많은 이들이 경험하듯, 나는 남자친구와의 이별로 나락까지 떨어졌어요. 이렇게 깊은 바닥으로 추락하는 게 어떤 기분인지 공감하는 사람들이 많을 겁니다! 그건 마치 땅에 고정되어 있는 듯한 느낌이었어요. 이별의 고통이 나를 현재의 순간에 단단하게 그라운딩grounding(접지)시켜 주었습니다. 나는 정말 소중했던 사람을 잃어버려 슬펐을 뿐만 아니라, 그와의 관계에 감춰져 있던 나의 오랜 상처가 이별로 인해 드러났습니다. 내 정체성과 삶의 목적이 흔들리는 경험이었죠. 나는 산산이 부서졌고, 그러면서 가슴이 활짝 열렸어요. 마침내 나는 고통에서 벗어났고 가슴이 열리게 되었지만 그 당시에는 그저 하루하루를 보내는 게 내가 할 수 있는 전부였습니다.

우리는 1년을 만났습니다. 그는 심각한 우울증이 있었고 알코올 중독 상태였지만 마음이 넓고 심성이 고운 사람이었습니다. 나는 그와 만나는 동안 정말 많이 노력했습니다. 운전을 해서 그를 만나러 갔고 빨래와 청소를 해주었어요. 매일 밤 그가 좋아하는 술집에서 일과 삶이 자신에게 얼마나 해로운지 이야기하는 그의 말도 귀담아 들어주었죠. 우리는 서로를 부여잡으며 이 세상에 존재했습니다.

그때 내가 깨닫지 못했던 것은, 그에게 쏟은 내 에너지가 내 안에 자리한 절박함을 가리고 있었다는 것입니다. 나는 외로움과 싸우고 있었고 세상에 내 가치를 증명하려 애쓰면서 나를 필요로 하는 사람이 있고 나는 사랑받을 자격이 있다는 것을 입증하려 정말 많이 노력했어요. 그가 나를 사랑하고 나와 함께 있다는 사실로 그걸 입증하려고 했죠. 하지만 그와의 관계에서뿐만 아니라 이런 방식의 존재 및 믿음 체계는 사회복지사로서의 내 업무에도 스며들어 있었고 친구들과의 관계에서도 드러났습니다. 가족들과의 관계에서도 이런 믿음이 원동력으로 작용하고 있었죠. 나는 세상에 내 가치를 증명하고 신에게 내 가치를 입증해야 했습니다. 나 자신을 완전히 내주는 법을 알고 있기에 내가 가치 있는 인간이라고 느꼈어요. 또, 남의 문제를 해결해주면서 그들을 도와야 한다는 의무감을 느꼈고 일을 잘 해결해주었는지, 남들이 나를 사랑해주는지에 내 가치가 달려 있었습니다.

우리가 헤어진 날 나는 혼자 집으로 돌아와 소파에 앉아 울부짖었습니다. 그리고 신에게 이젠 끝이라고 말했어요. 이런식으로는 더 이상 살 수 없었습니다. 말 그대로 이렇게 큰 외로움 속에서 살아가는 것을 끝내고 싶었죠. "신이시여, 더는 못하겠어요. 너무 피곤해요. 이렇게 세상에 존재하는 건 그만할래요. 이제 돌아갈래요." 큰 소리로 이렇게 말했던 기억이 납니다. 나는 커다란 슬픔을 느꼈습니다. 33년간 사랑을 얻으려 그토록 애썼던 나를 애도하는 슬픔이었죠.

내 몸은 2주 동안 충격 상태에 있었습니다. 밤에는 잠을 잘수가 없었고 어쩐 일인지 잠이 필요하지도 않았어요. 잘 먹을 수도 없었습니다. 내 시스템이 완전히 혼란에 빠진 것이죠. 결국 나는 웬디에게 에너지 힐링을 받게 되었습니다. 그녀에게 힐링 세션을 받으면서 들은 조언은 내 인생을 완전히 변화시켰습니다. 그 조언인즉, 내 영혼은 보살핌이 필요하며 그와의 관계가 나쁘기만 했던 건 아니라는 것이었죠. 하지만 그를 만나는 동안 내 영혼에 자양분을 주는 것들로 가슴 에너지를 보충해줬어야 했습니다. 나는 그녀에게서 교회에 나가고 에너지 힐링을 받으면서 필요한 도움을 받으라는 조언을 들었습니다. 나는 그 조언을 받아들였고 내가 바라는 게 무엇인지 정말로 마음을 다해 듣기 시작했습니다. 내 가슴의 소리를 듣기로 한 것입니다.

나는 일주일에 두 번 영성치유센터에 갔습니다. 나는 친구들과 격의 없이 지내고 있었기에 내가 얼마나 힘든지를 알리고 도움을 받았습니다. 그리고 매일 아침 일어나 신에게 세 쪽 분량의 글을 썼어요. 또, 영성 책을 컴퓨터에 내려받아서 출근길 차 안에서 들었습니다. 회사에서 일하는 동안에는 우주의 에너지를 잘 받을 수 있도록 자세를 펴고 앉았죠. 긍정적이고 힐링이 되는 것들로 나를 흠뻑 적셨어요. 수요일 밤 거품 목욕이 하고 싶으면 욕조에 몸을 푹 담갔습니다. 화요일에 저녁으로 초코아이스크림이 먹고 싶으면 아이스크림을 먹었습니다. 예전에는 그래 본 적 없던 내가 직관에 귀를 기울였습니다. 가슴에 완전히 집중한 것이죠. 그리고 나는 가슴에 사랑을 주었어요. 이렇게 깨어나면서 내 가슴은 점점 더 강해지기 시작했습니다. 전에는 가능하다고 생각지도 못했던 신과의 관계를 이렇게 발견했습니다. 나는 마음이 가벼워지고 즐거움을 느끼게 되었어요. 내가 올바른 길로 가고 있으며 사랑받고 있다는 신호가 곳곳에 있었습니다.

나는 넓은 가슴을 가진다는 것은 곧 나 자신을 과하게 내주는 것이라는 무의식적인 믿음이 강했는데 이를 미처 깨닫지 못하고 있었습니다. 남들이 나를 얼마나 필요로 하는지를 보면 내 넓은 마음이 입증된다고 생각했습니다. 이를 두고 종속적인 사랑이라 말하는 이들도 있을 테죠. 나는 이것을 '고통스럽게 내 가치를 증명하는 것'이라 불러요. 나는 이별 후의 어둡고 외로운 시점에 이르러서야 내가 얼마나 스스로를 고통스럽게 만들었었는지 돌아보게 되었습니다. 나 자신의 마음에 동조하지 않는 건 고통스러운 일이었습니다. 그러나 나는 내 마음을 돌아보면서 정말 큰 기쁨을 발견했어요! 사랑을 받는다는 건 어떤 순간이든 내 안에, 내 주위에 있는 사랑에 동조하는 것, 기도에 동조되는 것임을 알게 되었습니다. 이것은 내 가슴을 향해 있는 진실된 존재를 뜻하는 것이었습니다. 나는 내 안의 사랑을 확장시키고 나를 감싸는 신의 사랑에 다가가면서 에너지를 되찾기 시작했습니다. 다시 예전으로 돌아갈 순 없었어요. 나는 가슴 안에서 신을 발견했습니다. 신의 사랑은 외부에 있지 않았습니다. 나는 내 가치를 누구에게 증명할 필요도 없었습니다. 나는 내 가슴 안에서 완전히 사랑받고 있었습니다. 나는 이제 내 가치를 증명하려는 의도도 없이, 원천에 더 깊이 연결되고 사랑으로 가득 찬 내 가슴으로 나눠줄 사랑이 있습니다. 이 사랑은 자양분을 받은, 확장된 사랑입니다. 나는 돌아갈 곳을 찾았습니다.

카르멘의 이야기는 자기 자신과 더 친밀한 관계를 가지며 발견한 더 깊은 차원의 사랑과 보살핌을 보여줍니다. 이전에 그녀가 파트너와의 관계에서 충족시키려고 했던 부분은 결국 자신의 가슴으로 향하는 여정에서 진정으로 충족되었습니다. 그런 충만함이 있었기에 카르멘은 진실한 가슴의 소리를 들을 수 있었던 것입니다.

가슴 열림의 시작을 이해하려면 우리의 영혼이 때로 이성적인 마음에서 오는 것과 반대되는 고차적 지혜와 직관을 지니고 있음을 이해하는 것이 중요합니다. 이성적인 마음을 우리가 인식하는 행동과 신념들로 구성된 의식적 마음으로 이해할 수도 있습니다. 이는 무의식과 대비되는데, 무의식은 우리를 움직이는 원인인데도 우리가 의식하지 못하는, 우리 존재의 일부분입니다. 나중에 직관에 대해 더 설명하겠지만 프로그래밍된 생각이 잠재의식에서 어떻게 작용하는지 알아두는 것 역시 중요합니다.

잠재의식 ─ 상처 입은 에고 vs 영혼

잠재의식이 반드시 뇌에 자리하는 것은 아닙니다. 잠재의식은 사실 에너지장에서 전달되는 지성(intelligence)인데, 세포로 정보를 전송합니다. 심신의학을 정당한 과학연구 분야로 떠오르게 하는 데 상당히 기여한 캔더스 퍼트Candace Pert 박사에 의하면, 세포에는 지성이 있으며 우리 몸은 세포로 이루어져 있으므로 정신이 두뇌에만 있다고 할 수 없습니다. 오히려 정신은 육체에 있다고 합니다. 이는 특정한 반응과 행동, 믿음이 과거 경험의 결과로 몸의 세포에 프로그래밍될 수 있으며, 때로는 이런 반응과 행동, 믿음이 우리가 의식적으로 의도하는 것과 반대되는 행동을 야기할 수 있다는 뜻입니다.

무의식적 프로그래밍의 시초

잠재의식이 우리에게 미치는 영향에 대해 쉬운 예를 들어보겠습니다. 어린 여자아이가 학교에 갔습니다. 아이는 선생님의 질문에 답하기 위해 열심히 손을 들었습니다. 정답을 알고 있다고 생각했기 때문이었죠. 하지만 아이가 생각했던 건 정답이 아니었습니다. 교실에 있던 다른 아이들이 여자아이를 비웃었습니다. 그 순간 이 여자아이의 시간은 정지되었습니다. 아이는 얼어붙어 버렸습니다. 창피를 당한 것입니다. 아이의 몸에서 신체 반응이 나타납니다. 얼굴이 빨개지고 근육이 경직됩니다. 바위 밑으로 기어들어가 죽어버리고 싶은 기분입니다. 이 순간은 아이의 신체에 각인되고 다음과 같은 프로그램이 아이에게 기록으로 남습니다. "창피당할지도 모르니까 발표할 때 조심해야겠어." 심한 경우에는 질문을 해도 다시는 손을 들지 않을 수도 있습니다. 비웃음거리가 되거나 수치심을 느끼고 창피를 당할까 봐 두렵기 때문이죠. 이런 잠재의식의 프로그래밍은 이 여자아이뿐만 아니라 그 누구에게도 이롭지 않습니다. 이 이야기는 정보가 신체에 어떻게 각인되는지를 보여주는 전형적인 예시입니다. 이런 경험을 통해서 잠재의식은 창피함에 대해 필요한 정보를 획득하고 창피당하지 않기 위한 전략과 전술을 만들어내지요. 미래에 이 여자아이가 질문에 대답하기를 원하고 정답을 알고 있다고 확신하더라도 창피당할지 모른다는 잠재의식 안의 두려움을 극복하기 전까지는 대답을 하지 않을 것입니다. 어째서 우리가 의식적인 의도에 반하는 행동을 하는지를 이 예가 잘 보여주고 있습니다.

이런 경험에 기반해서 잠재의식은 지속적으로 의식에게 경고를 보냅니다. 상처가 되는 일을 겪는 동안 우리가 쌓아둔 두려움과 의심을 되살려주는 것입니다. 결국 우리가 자신을 어떻게 생각하는지는 잠재의식에 저장된 이런 경험들의 산물입니다. 잠재의식에 기록된 상당한 양의 정보가 부정적이거나 가슴과 영혼에 보존된 진실에 반하면, 결국 진실이 가려지고 머릿속이 복잡해지며 의심과 두려움 속에 살게 됩니다.

에고

잠재의식에는 두 가지 측면이 있습니다. 에고와 상위 자아(영혼)입니다. 이 두 가지 측면의 차이점, 그리고 가슴이 열리기 시작할 때 이들이 하는 역할을 알아두는 것이 좋습니다.

먼저, 에고는 물질 세상에 감정적인 애착을 가진 우리의 일부분으로서 생존을 위해 예전의 조건과 상태에 우리를 결속시킵니다. 어린 시절에 사랑이 많고 나를 지지해주며 용기를 북돋아주는 긍정적인 유대관계를 맺었다면 **건강한 에고**(healthy ego)가 형성됩니다. 건강한 에고는 물질 세상에서 참자아를 발현시킵니다. 건강한 에고를 통해서 우리는 잠재적인 에너지를 물질적인 실재로 만들기 때문입니다. 영혼은 세상에 우리의 참자아를 발현시키기를 원하고 건강한 에고는 전진하며 삶을 살아가라고 우리를 격려합니다!

반면 **상처 입은 에고**(wounded ego)는 주로 두려움에 기반하며 머릿속을 복잡하게 만들고, 때로는 피해의식에 빠지게 합니다. 상처 입은 에고는 역사적, 생물학적으로 치유되지 않은 부분과 표현하지 않은 감정에 기반하여 작동합니다. 상처 입은 에고의 역할은 어린 시절 경험한 사랑과 지지의 유대관계에 우리를 연결시키는 것입니다. 그렇게 해야 소속감과 생존이 보장되기 때문입니다. 어린 시절 생각했던 사랑이라는 것이 충족되지 않고 버려짐을 경험했다면 상처 입은 에고가 타인을 신뢰하지 못하게 할 것입니다. 또다시 버려지는 게 두렵기 때문입니다.

잠재의식의 또 다른 측면은 **상위 자아**, 다른 말로 하면 **참자아**, 혹은 **영혼**입니다(나는 이 용어들을 서로 대체해서 사용하곤 합니다). 우리의 이런 측면은 신과 연결되어 있으며 인간으로 존재함에 있어서 더 선한 게 무엇인지를 알고 있습니다. 상위 자아/영혼은 우리 안에 있는 능동적인 신의 지성으로 우리를 신성한 진실과 합일되게 합니다. 이를 도덕적인 잣대에 비유해서 생각해볼 수 있습니다. 예를 들어 주변의 누군가가 삶의 어떤 부분 때문에 힘들어하고 있다는 것을 알고, 위로해주고 싶은 마음에 꽃을 선물했다고 해보죠. 대가를 바라지 않고 하는 이런 행동은 친절과 배려를 보여주는 것입니다. 당신의 도덕적 잣대가 올바른 방향을 알려준 거라고 볼 수 있습니다. 어린아이의 순수한 행동처럼 이런 행동은 인간의 내재된 친절함을 보여줍니다.

이번에는 당신의 친구가 고통스러워하는 것을 보고 비난하는 경우를 예로 들어보죠. "쟤는 대체 왜 저래? 그냥 털고 일어날 순 없나?" 이러한 비난은 상처 입은 에고에서 온 것입니다. 아프고 힘들었던 과거의 경험에서 얻은 프로그램을 상처 입은 에고가 쟤가 동시키는 것이죠. 힘든 감정에 대한 가슴의 수용력이 없어 상처 입은 에고가 그런 반응을 하기도 합니다. 친구가 힘들어할 때 비난하게 만든 이런 종류의 프로그램은 당신이 힘들었을 때 이를 비난한 부모에게서 기인했을 가능성이 있습니다. 근원이 무엇이건 자신의 감정이나 타인의 감정에 대해 이렇게 프로그래밍된 반응을 보이는 건 상처 입은 에고 때문입니다. 감정적으로 삶과 결속하는 법을 유지하고 기록하는 당신의 일부가 바로 상처 입은 에고입니다. 정서적인 지지가 없거나 비판적인 유대관계를 맺었다면 상처 입은 에고는 비판적이고 비정하며 싸우자고 덤비는 경향이 있습니다. 타인에게만이 아니에요. 가장 가혹한 비난을 받는 사람은 당신일 수도 있습니다. 세상에, 이 얼마나 고통스러운 일인가요!

상처 입은 에고의 역할을 이해하는 것이 중요한 이유는 우리의 상당수가 상처 입은 에고의 말을 믿기 때문입니다! 아이였을 때 우리가 정말로 원하는 게 뭔지는 중요하지 않았고 고려되지도 않았습니다. 대신에 우리는 '해야 하는' 것을 했습니다. 우리는 외부적인 기대를 따라 살았는데, 그 이유는 오랜 상처를 치유하기 전에는 상처 입은 에고의 목소리가 영혼의 소리보다 더 크기 때문입니다. 가슴 열림이 시작되는 이유 중 하나는 상처 입은 에고와 영혼 사이에 공평한 경쟁의 장을 마련해주기 위함입니다.

지금 우리는 전 세계적으로 상당한 의식의 상승을 경험하고 있으며 당신의 영혼은 이런 진화의 일부분입니다. 의식이 진화할수록 외부적인 기대로부터 자유로워지며 더 이상 자신과 맞지 않는 존재 방식에서 벗어나게 됩니다. 이러한 이유로 사람들이 사는 동안 직업을 바꾸기로 결정하는 건지도 모릅니다. 소위 말하는 중년의 위기 역시 이것으로 설명이 됩니다. 영혼과 의식이 진화하면 예전에 사용했던 복장과 가면, 거짓 정체성에 자연스럽게 흥미를 잃게 됩니다. 내 생각에는 이런 역학(dynamic)을 인식하고 사는 게 진화의 여정에 희생자가 되는 것보다 훨씬 더 수월합니다.

감정이라는 선물

감정을 느끼는 것은 신과 연결된 삶의 한 단면입니다. 반면에 감정을 억누르거나 감정에 반응하는 것은 상처 입은 에고의 표현입니다. 감정을 느끼는 것은 초반의 가슴 열림에 필수적인 요소입니다. 또, 감정을 이해하고 느끼며 감정에 연결되는 것은 진화의 여정에서 핵심적인 부분입니다. 상처 입은 에고와 영혼을 구분하기 시작하면 부정적인 생각과 감정이 우리의 참자아가 아니라는 것을 점점 인식하게 됩니다. 반면에 부정적인 생각과 표현하지 않은 감정이 상처 입은 에고의 산물이라는 것을 알게 됩니다. 건강한 방법으로 감정을 이해하고 처리하는 것은 영혼이 모습을 드러내도록 해주는 상당히 강력한 방법입니다.

만약 당신이 이전에 감정에 대해 얘기하기, 표현하기, 필요한 지원을 받기와 같은, 건강하게 감정을 느끼는 기술들을 배우지 못했다면 이 정보는 당신에게 매우 중요할 것입니다. **부정적이고 억압된 감정은 참자아를 명확히 보지 못하게 막기 때문입니다.** 우리는 오래된 감정을 건강한 방식으로 방출하고 치유하고 처리하면서 진화합니다. 감정을 느끼기보다는 이에 반응하고, 소리를 지르거나 남을 비난하는 건 감정의 거짓된 표현입니다. 이것들은 막힌 감정을 움직이게 하는 건강한 방법들이 아닙니다. 대개, 이것들은 분노의 변형된 표출입니다. **가슴 열림의 시작은 삶이 우리에게 우리의 감정을 표면화할 기회를 주는 한 방법입니다.** 감정을 의식적으로 인식하는 것은 감정을 돌보는 또 다른 방법이며, 내게 힘을 실어주는 방식으로 감정의 방출이 일어날 수 있게 해줍니다.

의식적으로 감정을 인식한다는 게 어떤 의미일까요? 감정을 느끼는 것에 대한 두려움이 없는 것을 말합니다. 대신에 감정은 모든 사람에게 일어나며 감정을 느끼는 것을 수치스러워할 이유가 없다는 것을 이해하는 것입니다. 자신의 감정을 인식하고 이를 느끼게 되면, 감정을 느끼는 게 두려워 외면할 때와는 반대로 몸에서 감정이 방출됩니다. 이렇게 하면 감정이 제자리를 찾게 됩니다. 감정을 방출하는 방법에 대해서는 뒤에서 더 자세히 설명하겠습니다.

상처 입은 에고는 사회적, 환경적인 영향과 가족의 양육 방식의 산물이라고 앞에서 언급한 바 있습니다. 상처 입은 에고는 특히 자신과 삶에 대한 믿음을 기록하는데, 가족과 사회, 대중 매체에서 본 것, 심지어는 타인의 감정적인 행동을 보면서 우리가 내면화한 것을 기반으로 합니다. 기본적으로 우리는 주변 사람들이 자신의 감정을 어떻게 다루는지에 기반해서 감정을 느끼는 법을 배웁니다. 예를 들어 아빠가 어린 아들에게 "그만 울어! 남자는 울면 안 돼"라고 말했다고 칩시다. 이런 말을 들은 어린 남자아이의 잠재의식에는 남자는 울면 안 된다는 믿음 체계가 기록되고 프로그래밍됩니다. 그 결과 이 남자아이는 성장 과정에서 슬픔과 애도가 필요할 때 감정적으로 문을 닫는 법을 배웁니다. 이 아이는 성인이 되어서 비극적인 일이나 상실을 경험할 때 감정을 억누르고 감정과 단절됩니다. 심지어 스스로에게 "울지 마! 남자답게 굴어!"라는 말을 할지도 모릅니다. 상처 입은 에고가 하는 이런 말은 남자답다는 건 곧 감정을 억누르는 것이므로 감정을 드러내는 건 받아들일 수 없다는, 프로그래밍된 믿음에서 기인합니다. 우리는 인간이고 인간의 감정을 갖는 것은 인간으로 사는 것의 한 단면입니다. 감정을 억누르는 것은 안타깝게도 이 남자를 고통스럽게 하는 것입니다.

지속적으로 감정을 억누르거나 감정과 단절되는 것이 가슴 열림의 시작으로 우리를 인도하기도 합니다. 만약 상처 입은 에고를 옹호하고 방어하며 거기에 권리를 넘겨준다면 우리 안에 더 깊이 흐르는 신의 지성이 상처 입은 에고의 오만함과 대면할 상황을 필연적으로 만들어줍니다. 가슴 열림의 시작이 바로 이런 역할을 합니다. 가면을 벗기고 에고와 자만심, 두려움을 제거해서 더 진실한 자아가 드러나 빛을 발하도록 길을 열어줍니다.

우리 자신에게 진실하려면 감정을 느끼는 것의 가치를 이해할 필요가 있습니다. 누군가 "나 괜찮아. 정말로 괜찮아. 아무 일도 없어"라고 말하는 것을 들었을 때 그 사람이 실제로는 괜찮지 않다는 것을 알았던 적이 몇 번이나 있었나요? 그것은 그 사람의 진실한 모습이 아닙니다! 그것은 진짜 감정을 억누르면서 보호하고 있는 것입니다. 물론 그 순간에 진실을 표현하지 않으면서 경계를 세우는 게 적절했을지도 모릅니다. 하지만 이것이 오랫동안 그 사람의 존재 방식이었다면 그는 진실을 표현하지 않는 것입니다. **우리가 자신의 감정에 솔직할 때 타인은 우리를 더 신뢰합니다!**

감정을 다루는 법

감정에 사로잡히기보다 감정을 지칭하고 인정함으로써 우리는 실제로 감정 다루는 법을 배우게 됩니다. 이것은 구체적으로 어떤 모습일까요? 아래의 3단계로 나눠볼 수 있습니다.

1단계: 상처 입은 에고가 기록한 프로그램이 우리 영혼의 진실과는 별개라는 것을 인식해야 합니다. 예를 들어 어떤 것에 대해 두려움을 느낄 때 "이 두려움은 뭘까? 진정 내가 걱정해야 하는 것일까? 아니면 내 상처 입은 에고 때문에 기쁨과 연결감을 경험하지 못하고 있는 것은 아닐까?" 하고 질문해보는 게 도움이 됩니다. 때로 상처 입은 에고는 우리가 경험하길 원하는 것을 경험하지 못하게 만들 때가 있습니다. 상처 입은 에고가 즐거움을 경험하지 못하게 하는 이유는 어린 시절 우리가 진정한 즐거움과 연결되어본 적이 없어 즐거움을 느끼는 게 낯설기 때문입니다. 상처 입은 에고는 인간으로서의 경험에서 만들어진다는 것을 기억합시다. 반면 영혼은 항상 신과 결속되는 삶의 경험으로 우리를 인도합니다. 사랑과 기쁨, 평화의 길로 말입니다.

2단계: 감정을 지칭하는 건 해방감을 줄 수 있습니다. "지금 나 화났어"라고 말하는 건 화가 나지 않은 척하거나 격한 분노를 내뿜거나 누군가에게 소리를 지르는 것과는 달리 감정을 인정하는 책임감 있는 방법입니다. 어떤 일이나 경험에 반응하는 것(종종 과하게 반응하는 것)은 이렇게 말하는 것과도 같습니다. "이런 감정을 어떻게 해야 할지 모르겠으니 파괴적이고 무책임하고 선을 넘는 행동이나 말을 할 거야. 사실 다른 사람 탓으로 돌릴 거야." 우리는 모두 인간입니다. 살면서 감정에 반응했던 적이 없는 사람은 드물지요. 따라서 진실하고 솔직하게 "난 지금 화가 났고 대화를 하기 전에 마음 가다듬을 시간이 필요하다"고 말하는 건 감정적 책임을 지는 강력한 방법입니다.

3단계: 감정을 어떻게 처리할까요? 감정을 느끼고 정화하는 법 몇 가지를 소개합니다.

- ♥ **감정에 호흡 불어 넣기**: 감정이 저장되어 있는 신체 부위에 집중해서 호흡을 그곳에 불어 넣습니다. 팔, 다리, 발 등 몸 전체를 세포 깊숙한 곳까지 스캔합니다. 감정이 느껴지는 신체 부위에 집중합니다.

- ♥ **심상화**: 감정 정화와 연관된 비주얼을 생각해봅니다. (예: 불, 회색빛 구름) 불을 떠올렸다면 그 불을 어떻게 끄면 될까요? 떠올린 이미지와 연관된 감정을 정화하고 변화시키려면 어떤 비주얼을 만들면 좋을지 생각해봅시다.

- ♥ **두려움에 말 걸기**: 두려움에게 질문해보세요. 이 두려움은 어디서 온 걸까요? 내 두려움일까요? 아니면 다른 사람의 두려움일까요? 얼마나 오래된 두려움인가요? 나는 이 두려움이 계속 필요한가요? 이제 떠나보낼 때가 되었나요? 그렇다면 깊은 호흡을 들이마시고 두려움을 방출해봅시다. 몸을 통과해서 발로 내려와 지구의 중심에 연결되는 기다란 파이프라인을 통해 두려움을 방출합니다. 이 파이프라인은 여러분의 그라운딩 코드grounding cord입니다. 이 유용한 수단에 대해서는 뒤에서 다시 설명하겠습니다.

감정이 올라올 때 이를 처리하는 방법에 대해 알아보았습니다. 다른 기술도 많이 있지만 여기서의 핵심은, 감정을 이해하는 것과 관련된 기술을 배우는 게 감정이 완전한 영적 확장에 도움이 될지

방해가 될지를 결정짓는다는 것입니다.

가슴 열림은 우리를 진실로 인도한다

감정에 솔직한 것, 즉 진실 안에 산다는 건 자신의 진실성을 유지할 때의 느낌이 옳음을 믿는 것입니다. 가슴의 갈망과 라이프스타일 사이에서 갈등을 겪고 있나요? 무엇이 바뀌어야 할까요? 감정에 솔직하려면 용기가 필요합니다. 하지만 이것이 가슴이 열릴 공간을 만드는 방법이며 신과 당신의 조우를 허락하는 것입니다.

인생의 어떤 시점에서 삶의 무언가가 바뀔 필요가 있다는 것을 영혼이 아주 명료하게 말해줄지도 모릅니다. 트리쉬Trish는 이런 내면의 목소리를 듣고 자신의 내면의 진실을 따르기로 결정했습니다. 트리쉬는 주변 사람들이 자신의 선택에 동의하지 않았을 때 겪은 고통에 대해 다음과 같이 이야기합니다.

트리쉬의 이야기

스물아홉 살에 난 내가 꿈꾸던 모든 것을 가졌습니다. 정말 멋진 남편과 15개월 된 예쁜 쌍둥이 아들, 그리고 갓 태어난 딸 아이가 있었죠. 나는 세상에서 가장 아름다운 도시라고 손꼽히는 곳에서 살고 있었고 작지만 개성 있는 집에서 안락한 생활을 하고 있었습니다. 친구도 많았고 양가 부모님 모두 사랑이 많고 정서적으로 우리를 지지해주셨어요. 남편은 직장에서도 잘 나가고 있었습니다. 시누이 말대로 우리는 '성공한 커플'이었습니다. 15년이 지난 지금 우리는 여전히 같은 동네에 살고 있지만 남편과 나는 서로 다른 집에서 삽니다. 헤어진 지 거의 10년이 되어가네요. 떠나기로 한 건 내 선택이었습니다.

그때부터 지금까지 있었던 일을 어떻게 설명하면 좋을까요? 누가 봐도 행복한 결혼 생활을 끝내고 아이들의 삶을 산산조각 냈으며, 남편과 내 사교 생활을 흔들어놓고 양가 가족들까지 마음 아프게 한 것을 어떻게 설명할 수 있을까요? 계속된 후폭풍은 말할 것도 없습니다. 주위의 엄청난 반대와 거친 조언에도 불구하고 내게 옳은 일이라 믿었던 것을 할 수 있었던 그 용기는 어디서 나온 것일까요? 가족과 친구들은 전혀 예상하지 못했던 직설적이고 공격적인 방식으로 내 일에 개입하려 했습니다. 할머니조차도 격렬하게 반대했습니다. 할머니는 아버지의 장례식에서 아버지가 암에 걸린 이유는 내가 남편을 떠나기로 했을 때 받은 스트레스 때문이라고 말했습니다.

수년이 지난 지금은 명확히 보입니다. 그 당시엔 직관적으로 느껴졌지만 말입니다. 내겐 자기계발과 영적 성장이 내 삶을 이끌어주는 빛과도 같았습니다. 내 안에 있는 무언가가, 그 '고요하고 작은 목소리'가 내 가치를 수용하는 여정에 어떤 것도 방해가 되지 않게 하려는 것이었습니다. 결혼 생활 동안 남편과의 관계는 대부분 괜찮았지만 많이 불안했습니다. 우리 둘의 삶은 점점 분리되기 시작했고 둘 사이의 연결감은 강해지기보다 약해져만 갔죠. 나는 상담을 받았지만 남편은 함께 부부상담을 받는 것을 확고히 거부했습니다. 자기계발은 자신이 가치 있게 여기는 부분이 아니라는 것을 분명히 하면서 말입니다. 남편은 그저 있는 그대로의 모습으로 행복해했습니다. 그에게 있어 영성이란 완전한 시간 낭비일 뿐만 아니라 그가 강력하게 조롱하는 분야였습니다. 5년간 심리치료를 받은 뒤에 나는 내가 달라져야 하거나 아니면 결혼 생활을 끝내야 함을 인정할 수밖에 없었습니다. 그래서 난 그를 떠나는 것을 선택했습니다.

지금도 나는 내 결정을 후회하지 않습니다. 그것은 나 자신을 구하기 위해 내린 결정이었습니다. 이기적인 결정이었을까요? 물론 그렇습니다. 하지만 우리 둘 다 깊이 상처받고 있었습니다. 이것은 결국 성장과 자유를 향한 여정이었습니다. 아이들을 사랑하는 마음과 행복한 결혼 생활을 하는 부모가 되어주고 싶은 바람과 반대되는 결정을 내리는 데에는 엄청난 용기가 필요했습니다. 스트레스가 쌓이고 트라우마가 되었으며 가슴이 찢어지는 깊은 슬픔을 느꼈습니다. 하지만 옳은 일을 했다는 내 확신에는 변함이 없어요.

이혼 후 6년이 지나 나는 내가 소중하게 여기는 모든 것을 본질적으로 체현한 파트너를 만났습니다. 그는 나와 함께 배우며 영적인 길을 걸어갈 의향이 있고, 나와 마찬가지로 성장과 자유를 중요하게 여기는 사람입니다. 내게 가장 중요한 것을 지지해주는 사람. 그는 내게 감사한 마음이 넘쳐나게 하는 선물과도 같습니다.

전남편에게는 3년 동안 만난 사랑스러운 여자친구가 있고, 무척 행복해합니다. 그녀는 그를 완전히 받아주고 그가 좋아하는 모든 것을 하게 해줍니다. 반면 나는 우리의 결혼이 향해가는 방향에 많이 불만족스러웠고 그것을 말로 표현했었기에, 아마도 그는 자신의 라이프스타일과 가치가 여러 면에서 내 눈에 '잘못된' 것으로 보인다는 생각을 했을 것입니다. 그는 영적이지도, 자기성찰적이지도 않았기 때문입니다. 이것이 전남편을 매우 위태롭게 만들었습니다. 그는 내 눈에 자신이 '충분치 않은' 사람이라는 느낌을 자주 받았습니다. 그러니 그가 행복할 리 없었겠지요. 그러나 그의 여자친구는 그를 있는 그대로 수용합니다. 그저 그 사람 자체로 좋은 것입니다. 여자친구를 만난 뒤, 전남편은 훨씬 더 자신감이 생겼고 그녀의 지지를 받으며 좋아하는 활동을 할 수 있게 되었습니다. 그녀는 그가 즐기는 것을 함께 하고 그가 줄 수 있는 것 이상의 감정을 요구하지 않습니다.

전남편의 여자친구와 나는 사이가 아주 좋습니다. 한 달 전 우리는 딸의 생일을 맞아 점심을 먹으며 함께 '가족' 모임을 했는데, 모두가 즐거워했습니다. 나는 '옳고 그른' 건 없으며 단지 각자에게 옳은 길이 있을 뿐이라는 것을 이해하는 게 얼마나 값진 일인지 배우게 되었습니다.

내가 깨달은 건 무엇일까요? 아주 많습니다. 하지만 가장 중요한 것은 바로 이것입니다. '남을 위해 인생을 살 수는 없다.

그건 삶이 아니다.' 자신에게 가장 중요한 게 뭔지 알아내고 그것을 따르세요. 인생에서 정말로 흑과 백이 분명한 것은 별로 없습니다. 대부분 다양한 음영의 회색빛일 뿐입니다. 자신의 인생을 무엇으로 색칠할지 선택할 용기는 스스로에게 달렸습니다.

나는 이런 종류의 '경종을 울리는 일'이 가슴이 열리는 경험이라고 봅니다. 뭔가 중대한 일이 생겨서 자신이 만드는 삶의 책임은 곧 자신이 져야 한다는 것을 영혼 차원에서 보여주기 때문입니다. 게다가 영혼의 깊은 지혜가 간직된 곳은 바로 가슴입니다. 삶에서 갈망하는 것과 의도하는 것 또한 가슴에 간직되어 있습니다. 우리는 가슴에서 내면의 목소리를 듣는데, 이것이 곧 신의 현현입니다.

트리쉬 외에도 결혼 생활이 잘 흘러가지 않고 있다는 것을 직관이 주는 신호로 알아차린 내담자를 만난 적이 있습니다. 어린 시절 방치되었던 상처를 갖고 살아온 그녀는 남편에게 이를 투사했습니다. 그녀는 사랑받는 느낌, 연결된 느낌이 진정으로 필요했지만 그것을 요구하는 법도, 자신의 삶에 그런 일이 생기게 하는 법도 알지 못했습니다. 성장기에 배우지 못했기 때문이죠. 그녀는 사람들을 밀어내는 게 사랑을 보여주는 법이라고 배웠습니다. 이것은 가슴이 필요로 하는 것, 가슴이 원하는 것과는 완전히 반대되는 것입니다. 그녀가 이런 역학 안에 있는 자신의 모습을 인정하자, 보살핌을 받지 못하고 사랑받지 못한 자신의 일부를 치유할 수 있었습니다. 마침내 그녀가 자신의 행동에 변화를 주었을 때 모든 것을 명료하게 볼 수 있었고 내면의 힘이 생겼으며 남편과도 열린 마음으로 분명한 대화를 할 수 있게 되었다고 합니다. 결과는 어땠을까요? 그녀는 남편과 사이가 더 돈독해졌고 결혼 생활도 유지할 수 있었습니다.

진실과 합치되지 않는 삶을 살 때 우리의 몸은 삶의 정황에 대해 신체적인 반응을 보입니다. 영혼은 가슴의 중앙에 자리합니다. 따라서 우리가 알아차려야 할 내면의 지혜가 있다면 가슴에서 떨림을 경험할 수도 있습니다. 신체적으로는 가슴 열림의 경험이 공황이나 불안, 심장 마비, 가슴 아픔, 혹은 질병처럼 느껴질 수도 있습니다. 하지만 직관적인 관점에서 볼 때 이런 신체 증상은 낡은 행동 패턴으로는 더 이상 견디지 못한다는 강렬한 신호입니다. 삶의 변화를 시작하려면 깊은 성찰과 영혼의 탐색이 필요합니다. 이런 종류의 경험이 가슴 열림이며 진실과 신에게 연결되어 있음을 느끼고자 하는 영혼의 요청이라는 것을 이해하면, 이런 경험이 일어날 때 피해자라고 느끼지 않을 것입니다.

무너지고 나면 돌파구가 온다

에너지 힐링 일을 하면서 얻은 가장 큰 깨달음은 무너짐과 영적인 연결의 필요성 사이에 부정할 수 없는 연관이 있다는 것입니다. 감정적으로 무너지는 일, 중년의 위기, 심장 마비, 가슴 아픈 일, 불안은 모두 영적인 연결이 필요함을 반영하는 것입니다. 몸에서, 그리고 당신의 삶에서 이것이 드러납니다. 불안과 심장 마비, 감정적인 무너짐이 모두 가슴 차크라가 자리한 부위에서 일어난다는 것에 주목하세요. 바로 이곳에서 당신의 영혼이 당신에게 가닿으려 하고 있습니다. 다른 말로 표현하면 **치명적인 무너짐의 경험은 영적 위기입니다.** 육체에 있는 자아가 인간으로서의 정신적 고통을 더 이상 감당할 수 없거나, 상처 입은 에고와 더 이상 함께할 수 없을 때 영적인 위기가 일어납니다. 하지만 자아는 오래전에 프로그래밍된 구조를 허물어 영성과 의식에 더 깊이 연결될 수 있는 공간을 만드는 것을 택합니다. 우리가 진정으로 신을 알 수 있게 말입니다.

이런 무너짐을 (신체적 위기를 무너짐이라고 칭하겠습니다) 경험하는 사람들은 사실 '강인함을 기르는 순간'을 겪고 있는 것입니다. 결국에 그들은 인생을 더 의미 있게 사는 법을 배우기 때문입니다. 어린 시절부터 이들의 생각은 부정되었을 것입니다. 이들의 생각보다 더 강한 가족의 믿음이나 사회적인 신념, 트라우마가 된 경험들 때문이죠. 무너짐은 더 이상 우리에게 도움이 되지 않는 제한적이고 낡은 구조를 드러내줍니다. 상위 자아는 건강 유지와 치유를 위해 우리를 대신해서 애쓰고 있습니다. 영혼은 직관적인 채널을 통해 의식을 관통해서, 치유되는 법과 온전한 존재가 되는 법, 신과 연결된 삶을 사는 법에 대한 정보를 우리에게 보내주려 합니다. 영혼은 결코 우리를 포기하지 않습니다. 영혼은 항상 우리에게 메시지를 전달하려 하고 있습니다. 영혼이 반복해서 우리에게 메시지를 주려다 실패했을 때 생기는 전형적인 일이 바로 무너짐의 경험입니다. 미묘하게, 때로는 분명하게 영혼이 메시지를 주었음에도 알아차리지 못해 중대한 인생의 위기가 찾아오면, 그것은 우리에게 반드시 흔적을 남깁니다. 비극적인 일이나 위기를 겪은 뒤에 사람들이 "내게 중요한 게 뭔지 확실히 알게 됐어"라는 말을 자주 하는 이유도 이 때문입니다.

무너짐을 다르게 인식할 수 있다면 사실은 위기가 직관에 유심히 귀 기울일 기회를 준다는 것을 깨닫기 쉬워집니다. 그렇게 되면 신을 받아들이게 되고, 도움을 받는 것에 마음이 열리며 치유의 여정은 예상치 못한 국면을 맞게 됩니다. 이렇게 중요한 시점에 신은 완벽한 순서대로 우리에게 도움의 손길을 내밉니다. 신의 도움이 무수히 많은 형태로 나타난다는 것을 알아둘 필요가 있습니다. 더 건강한 사람들이 당신의 삶에 나타날지도 모릅니다. 어쩌면 애착을 갖고 있던 무언가를 잃게 될 수도 있습니다. 하지만 우리는 그 상실과 애도의 경험을 통해 우리에게 주어진 다른 소중한 것에 감사하는 마음을 얻게 됩니다.

가슴 열림이 항상 무너짐의 경험과 함께 시작되는 건 아닙니다. 사랑에 빠지거나 아이가 태어나는 것처럼 정말 아름다운 일을 경험하는 것 또한 인생을 바꿔놓을 수 있습니다. 가슴이 사랑으로 채워지면서 혼란으로 나아갈 수도 있습니다. 수많은 여성들이 아이를 낳은 뒤에 산후우울증을 겪거나 감정이 요동치는 혼란을 경험합니다. 수술에서 회복해야 하고 출산 과정에 대한 기대가 무너지면서 혼란이 찾아옵니다. 하지만 이제 엄마가 되었으니 온전함과 목적의식으로 가득 차 인생이 완성된 느낌이 들 수도 있습니다. 이런 경우 가슴은 확장되고 사랑으로 가득한 느낌이 듭니다. 사랑이라는 것은 그 자체가 정말로 강력한 에너지입니다. 사랑으로 인해 기분이 좋아지고 정신적인 불균형이나 호르몬의 불균형이 치유되며, 삶의 어떤 변화에도 평화로울 수 있습니다.

남편을 만나기 전에 나는 몇 년 동안 계속해서 데이트에 실패하고 있었습니다. 나는 완벽한 파트너를 만나게 해달라는 기도를 포기한 상태였습니다. 대신에 나는 가슴이 열리게 해달라고 기도했습니다. 나는 내 마음에 누가 들어올지 예상도 할 수 없었습니다. 남편은 당시에 내가 찾고 있던 이상형과는 거리가 멀었습니다. 하지만 놀랍게도 나는 그 사람과 함께하게 되었습니다. 남편은 코스타리카Costa Rica 사람으로, 전통적인 라틴 문화에 익숙합니다. 그는 남자답고 예전에 서핑 선수로 활동했으며 이미 아이가 있었습니다. 우리가 처음 만났을 때 나는 그의 가슴 에너지를 보았습니다. 매력적인 면모와 사랑이 가득한 두 눈, 관대한 영혼과 나를 깊숙이 들여놓은 마음의 깊이가 느껴졌어요. 그렇게 빨리 사랑에 빠지다니. 말도 안 되는 것처럼 느껴졌지만 그에게 내가 우선순위라는 것을 나는 알고 있었습니다. 그래야만 할 필요는 없었지만, 남편은 그 정도로 내게 전념할 수 있는 사람이었죠.

만난 지 한 달이 되었을 때 나는 임신을 했습니다. 나는 충격을 받았고 많이 겁이 났습니다. 만난 지 얼마 되지 않은 사람의 아이를 가지다니. 말도 안 되는 일이었습니다. 하지만 강력한 가슴 에너지가 우리를 인도해주었습니다. 내 직관이 '계속 함께하라'고 말해주었습니다.

딸이 태어나면서 내 가슴은 더 많이 열렸습니다. 나는 출산 후 혼란을 겪었습니다. 남편과 나는 새로운 관계에 적응하는 중이었죠. 나는 경제적으로도 준비가 되지 않은 상태여서 곧 다시 일을 시작해야 했습니다. 그때는 겨울이었고(나는 겨울을 좋아하지 않습니다), 산후우울증을 겪어 일상을 잘 살아가지 못했고 잘 먹지도 못했습니다. 하지만 그보다 딸과 남편을 향한 내 사랑이 더 컸습니다. 남편은 요리와 청소를 도맡아 해주었고 나를 정성스럽게 보살펴주었습니다. 덕분에 나는 엄마가 되는 중대한 삶의 전환기를 잘 통과할 수 있었습니다.

내 경험은 가슴 열림의 시작이 결국에는 확장된 가슴 차크라와 충만한 사랑으로 이어짐을 보여주는 예입니다. 이런 과정은 더없이 행복한 아름다운 경험인 동시에, 말도 안 되고 비이성적으로 느껴지기도 합니다. 그러나 또한 당신의 인생을 완전히 새로운 시각에서 바라보게 해주는 것이기도 합니다. 이런 종류의 가슴 열림을 겪은 뒤에도 혼란은 여전히 일어날 수 있습니다. 하지만 그 혼란은 일시적인 것입니다. 당신은 사랑받고 있기 때문입니다.

직관

상위 자아 또는 영혼 외에도, 우리의 웰빙과 성장을 지원해주는 잠재의식의 작동 체제 안에는 직관이 있습니다. 직관이란 의식과 소통하는 영혼의 목소리를 말합니다. 어떤 사람들은 선천적으로 남들보다 더 민감합니다. 이런 사람들은 더 직관이 강한 경향이 있습니다. 그리고 사회와 가족이 가진 틀 역시 인간의 직관이 발달하는 데에 영향을 줄 수 있습니다. 분명한 사실과 과학적인 근거, 논리적인 추론이 가능해야 신뢰성이 있다고 생각하는 가족을 예로 들어보죠.

이런 가정에서 자란 사람은 직관이라는 개념이나 영혼과 연결되는 경험에는 그다지 신빙성이 없다고 생각할 가능성이 높습니다. 그러나 이 사람에게 직관이 없다는 뜻은 아닙니다. 직관은 모든 사람에게 있습니다. 직관을 계발해서 삶에서 이를 활용하는 정도의 차이가 있을 뿐입니다. 살면서 뭔가에 대해 직감을 느낀 적이 몇 번이나 있었는지 생각해봅시다. 직감을 따르지 않아서 일이 엉망진창이 됐던 적도 한번 떠올려봅시다. 내면의 작은 목소리가 하라는 대로 따랐다면 그렇게 엉망진창이 되는 것을 피할 수 있었을 테고, 시간과 에너지도 절약할 수 있었음을 시간이 지나고 나서야 깨달았던 적이 있을 겁니다.

직관은 삶의 여정에서 우리를 안내하는 내면의 지혜입니다. 자기중심이 명료히 잡히면 에너지 바디가 신의 은총과 합치되어 직관이 아주 또렷해집니다. 감정적으로 반응하거나 그라운딩이 안 되어 있을 때, 정신이 산만할 때, 자기 자신과 연결되지 않았을 때 직관은 또렷하지도, 정확하지도 않습니다. 이것이 바로 감정을 방출하고 정화, 이완하는 것이 정말로 중요한 이유입니다. 그래야만 직관의 목소리를 더 명료하게 들을 수 있기 때문입니다.

직관은 신체의 파워 센터인 차크라마다 각기 다르게 공명합니다. 가슴 차크라에서의 직관은 신과 함께 가슴의 이상적인 상태를 경험하도록 우리를 이끌어주는 영혼의 목소리입니다. **가슴의 이상적인 상태란 기쁨, 사랑, 평화, 지복, 즐거움, 헌신을 말합니다. 우리가 신과 합일할 때 이렇게 진정으로 황홀한 상태가 된다는 것을 우리의 영혼은 알고 있습니다. 가슴에서의 직관은 이런 느낌을 주는 경험들로**

우리를 이끕니다. 어떤 이들은 여러 생에 걸친 카르마를 정화하고 나서야 이런 상태를 느낄 수 있게 됩니다. 반면 어떤 이들은 이렇게 이상적인 상태를 더 쉽게 느끼기도 합니다. 가슴에서의 직관은 영혼의 진정한 목적에 맞는 바람과 갈망을 이룰 수 있도록 고안되었습니다. 우리가 진정 의미 있는 인생을 살 수 있게끔 말입니다.

주변의 에너지에 신체가 반응할 때는 세 번째 차크라에서 직관이 작동하고 있는 것입니다. 나는 이를 세 번째 차크라의 직관이라고 부릅니다. 압도당하는 느낌, 멍해지는 것, 배가 아프거나 어지러운 것, 이는 모두 배를 통해 너무 많은 정보를 받아들일 때 나타나는 반응입니다. 좀더 자세히 설명하자면 태양신경총太陽神經叢, 즉 세 번째 차크라는 우리가 삶을 살아가면서 본능적으로 사용하는 파워 센터입니다. 사회적인 상황이나 타인의 감정을 감지할 때, 자신에게 괜찮은 느낌을 주는 것과 그렇지 않은 것에 대한 신체 반응이 나타날 수 있습니다. 우리는 세 번째 차크라에 명확한 자아감을 지니고 있어야 합니다. 그렇지 않으면 중심을 잃어버리고 타인의 에너지를 흡수하며 내게 필요한 것보다 타인에게 필요한 것을 먼저 생각하게 됩니다. 따라서 직관이 발달하려면 강한 자아감이 필요합니다.

가슴의 소명을 이루려면 직관에 따르는 용기, 즉 결단력 또한 필요합니다. 가슴의 이상적인 상태를 갈망하더라도 태양신경총의 강한 결단력 없이는 가슴이 진정으로 바라는 것을 결코 이뤄내지 못할 것입니다. 가슴 열림이 시작되기까지 우리는 자신의 소명이 무엇인지 느끼거나 직관적으로 알게 되지만, 단지 아는 것만으로는 부족합니다. 건강한 내적 자신감에 기반한 튼튼한 자아감과 신에 대한 믿음이 있어야 합니다. 그래야 직관의 소리를 듣고, 더 나아가 직관에 따른 행동을 할 수 있습니다.

직관을 무시하거나 부정하면 신체와 삶에 혼란이 생길 수 있습니다. 직관에 귀 기울이지 않는다는 것은 상처 입은 에고가 정신을 상당히 강하게 통제하고 있다는 뜻입니다. 직관의 소리가 들린다면 가슴이 열리고 있다는 징조이니, 좋은 소식입니다. 이 시점에서는 직관이 주는 메시지로부터 도망가기보다 내면의 목소리가 주는 지혜를 귀담아들어야 합니다. 가슴 열림이 시작될 때 가슴이 찢어지면서 열려야 하는 경우도 있습니다. 직관의 소리를 더 명확하게 듣기 위해서 말입니다.

직관의 소리를 듣는 법

직관과 깊이 연결되어 있다면 그게 얼마나 경이로운지 이미 알고 있을 것입니다. 자기 자신과 연결되고 내면의 목소리를 잘 들을 수 있도록 지금 하고 있는 것을 꾸준히 하시길 바랍니다.

직관적인 접근을 처음 시도하거나, 직관의 소리에 익숙하지만 이를 더 강하게 발달시키고자 한다면 아래의 방법이 도움이 됩니다.

- ♥ **신호 알아차리기**: 우주가 당신에게 보내는 신호에 집중하세요. 인생이 힘들게 느껴지거나 물살을 거슬러 헤엄치고 있는 듯 느껴진다면 밀어붙이려 하지 말고 내면에 귀 기울여보세요.
- ♥ **마음 가다듬기**: 호흡에 집중하면서 정신을 차분히 가다듬

어보세요.

♥ **가슴에 집중하기**: 가슴에 집중하면서 자신이 어린아이였을 때의 모습을 상상해보세요. 그 아이에게 필요한 게 무엇인지 귀담아 들어봅니다.

♥ **작은 것부터 믿어보기**: 작은 단계부터 직관을 신뢰해보세요. 직관을 신뢰할 수 있으려면 작은 직감과 예감을 따라보고, 그렇게 할 때 어떤 일이 생기는지 지켜보면 됩니다. 예감을 따랐을 때 바라던 결과가 나오는 것을 확인하고 나면 자신의 직관을 더 신뢰하게 되지요. 이렇게 직관의 소리를 듣고 주의를 집중하면 할수록 직관은 더 강해집니다.

다음 단계로의 도약

가슴 열림이 시작되는 시기는 우리를 자기 자신의 다음 단계로 데려다주는 존재 상태라고 할 수 있습니다. 영혼이 성장할 시기를 결정하면 가슴이 팽창되면서 경계가 확장됩니다. 신체적인 감각을 경험하거나 감정이 북받칠 수도 있는데, 그러고 나면 우리가 알고 있는 익숙한 삶이 변하기 시작합니다. 원숭이처럼 산만한 마음(Monkey Mind)은 익숙하고 오래된 방식에 우리를 붙잡아놓으려 할 것입니다. 지금껏 나와 맞지 않았던 그 낡은 방식에 말이죠. 그렇다면 이제 어떻게 해야 할까요? 우리의 강인함은 어디에 있을까요? 누구에게 의지해야 할까요? 내면으로 들어가 직관에 귀 기울일 시기가 바로 이때입니다. 이 시기는 흐르는 강물에 떠 있는 배에 타고 있는 당신이 노를 물에다 던져버리고 강물의 흐름대로 직관이 인도하게끔 내맡겨야 하는 인생의 시기입니다. 삶은 계속됩니다. 강물은 항상 흐르고 있습니다. 이 시점에서는 내면의 강인함과 직관이 나를 안내하는 빛이 될 수 있음을 믿어야 합니다. 당신의 여정을 함께하며 도와주는 사람들을 만날 수 있도록 직관이 당신을 인도해줄 것입니다.

성찰 일지

주제: 가슴이 열리기 시작할 때 자신을 지지하는 법

1단계: 가슴 열림의 시작에 대해 이야기하기

자신의 이야기를 공유하는 것으로도 카타르시스를 느낄 수 있습니다. 자신의 경험을 이야기하거나 글로 써보세요. 간결하고 핵심 있게 기술하면서, 가슴 열림을 경험하며 느끼는 감정을 인정해보세요. 그리고 그 경험에 대한 자신의 관점이 어떻게 달라졌는지 묘사해보세요. 자신이 겪은 일이 비극이 아니라 가슴 열림이라고 생각할 때 이 새로운 관점이 알려주는 건 무엇인가요?

2단계: 아래의 질문에 대해 생각해보기

♥ 당신의 가슴 열림은 어떻게 시작되었나요?

♥ 가슴 열림을 겪고 난 뒤 얻은 교훈은 무엇인가요? (예: 감정을 더 깊이 느끼게 되었다. 자신을 더 신뢰하게 되었다. 경계를 설정하는 법을 배웠다. 놓아버림이 뭔지 배웠다. 인생은 소중하고 그 어떤 것도 당연하다고 여기지 않아야 함을 배웠다.)

♥ 가슴 열림이 시작되기 전에 당신의 가슴, 혹은 직관이 당신에게 뭔가를 알려주려 하고 있었나요? 당신이 듣지 못

하거나 행동에 옮기지 않고 있던 무언가에 대해서 말입니다. 만약 그렇다면 그것은 구체적으로 무엇이었나요?

♥ 당신을 가슴 열림으로 이끈 어린 시절의 믿음은 무엇인가요? (예: 난 부족해. 감정을 드러내서는 안 돼.)

♥ 어린 시절부터 가져온 그 믿음이 어떤 식으로든 여전히 당신에게 도움이 되나요? 그렇지 않다면, 지금부터 당신이 살아가는 데 도움이 될 새로운 신념은 무엇인가요?

♥ 새로운 신념을 떠올릴 때 어떤 감정이 일어나나요? 그 감정을 느끼도록 자신을 허용했나요?

♥ 일어나는 감정과 연관해서 누군가를, 혹은 당신 자신을 용서해야 하나요? 용서가 필요하다면 그렇게 할 건가요?

5장

혼란

"혼란은 때로 가장 위대한 창조성을 낳는다. 무너짐 후에는 대개 가장 큰 돌파구가 찾아온다. 고통이 가장 심할 때는 가장 큰 깨달음을 얻기 직전일 때가 많다. 고통에 무감각해지기보다 고통을 충분히 느낄 때, 자신의 어두운 면을 드러내고 이를 용서할 때, 오직 그러할 때만 우리는 나아갈 수 있다. 우리는 그렇게 전진한다."

— 마리안 윌리엄슨 Marianne Williamson

혼란이란 가슴 열림 이후의 불확실한 상태, 해체된 상태를 말합니다. 자신의 진실과 합치하지 않는 방식으로 살고 있거나 더 깊은 진실이 드러날 필요가 있을 때 혼란이 일어납니다. 가슴이 열리기 시작하면서 가슴 아픈 일이나 사고, 가족 간의 갈등과 같은 과거의 경험 때문에 아직도 상처 받고 있는 우리 존재의 일부가 주의를 끌고, 면밀한 관심과 치유를 원하고 있는 것입니다. 다시 말해 가슴이 열린 뒤에 더할 나위 없이 행복하고 신성한 존재 상태로 저절로 들어가게 되는 것이 아니라는 말입니다. **대부분의 경우는 더 많이 허물어**

저야 합니다. 가슴이 열린 뒤에 남들보다 수월한 시간을 보내는 사람들도 물론 있습니다. 하지만 나의 경험으로 볼 때, 삶의 진실이 드러나면 감정이 수면 위로 떠오릅니다. 따라서 긍정적인 감정이 더 많아질 수도 있지만 처리하고 통과해야 할 힘든 감정과 마주해야 할 때가 더 많습니다.

혼란은 가려진 진실을 볼 수 있게 해주고 자신과 맞지 않는 게 무엇인지 알려줍니다. 이 과정은 당혹스러울 때가 많습니다. 여태껏 살아온 날을 생각하면 자신이 꼭 바보처럼 느껴지기 때문입니다. 혼란의 단계에서는 "그동안 어디서 뭘 했던 걸까?" 하고 자문하게 됩니다. 그러고 나면 감정의 소용돌이에 휩싸이지요. 트라우마가 되었거나 커다란 재앙으로 다가온 당혹스러운 일들이 떠오를 수도 있습니다. 과거에 왜 그런 결정을 내렸는지 의문을 갖게 될지도 모릅니다. 예를 들어 이번 생에 당신 영혼의 소명은 정원을 가꾸고 농사를 짓는 일이라는 것이 드러났지만, 의사와 변호사 집안에서 태어났기 때문에 당신 역시 집안 내력을 따를 거라는 부모님의 기대가 강하다고 해보죠. 가족 내의 프로그래밍과 기대치는 어떤 종류이건 외면하고 떠나기가 쉽지 않습니다. 우리는 가족과 최초의 유대관계를 깊이 맺었고 그 관계를 통해 삶에서 생존하고 성공하는 법을 배웠기 때문입니다. 내면의 목소리에 주의를 기울이다 보면 종종 과거와 갈등하는 일이 생깁니다. 가족, 인간관계, 학업, 직장 등 여러 면에서 이를 이해하고 타협하는 동안, 갈등을 겪으면서 고통스러울 수도 있습니다. 파괴적일 때도 많지요. 다시 말해 혼란스럽습니다.

더 큰 의미에서 보자면, 혼란이란 신의 생명력이 삶 속에서 특정한 형태로 나타난 것입니다. 상위 지성과 연결된 이 힘은 우리가 상상할 수 없는 방식으로 우리의 삶 속에서 흐르고 있습니다. 신이 개입한 혼란은 토네이도, 쓰나미, 허리케인, 지진 같은 자연재해의 형태로도 나타납니다. 이렇게 혼란이 일어나면 우리 중심부가 흔들리고 뿌리가 뽑히며 기반이 흔들립니다. 인생의 방향을 통째로 바꿔놓기도 합니다. 예를 들어 토네이도 때문에 집이 무너지면 안정된 삶에 대한 생각이 완전히 바뀌게 되지요. 새로운 지역으로 이사해서 지금까지 알고 지냈던 것 모두를 떠나보내야만 할지도 모릅니다. 통제할 수 없는 감정이 수면 위로 올라오고, 트라우마 증상이 나타날 수도 있습니다. 죽음에 그토록 가까이 가보았으니 앞으로는 완전히 다른 관점으로 삶을 살게 될지도 모를 일입니다. 이치를 설명할 수 없는 재난을 맞을 때 우리는 신이나 우주를 믿고 신뢰하는 것에 회의를 느낄 수 있습니다. 하지만 실제로 신에 대한 믿음을 버리거나 신뢰를 저버린다면 손해를 볼 뿐 이득이 되지는 않습니다. 혼란을 흘러가는 인생의 자연스러운 일부라고 생각하면, 혼란을 겪을 때 내면의 힘이 발휘되어 중심부가 흔들리지 않게 됩니다.

혼란의 시기에 일어나는 영적인 깨어남은 막강한 힘이 되기도 합니다. 진실을 보기 시작하는 것입니다. 내 느낌, 내가 정말로 원하는 것, 나는 누구이며 타인은 어떤 사람인지, 직관이 무엇을 알려주고 있는지, 이 모든 것을 풀어나갈 이곳으로 나를 인도한 것은 무엇인지를 보게 됩니다. 사실 혼란을 헤쳐나가는 데 필요한 수순을 밟아 치유의 단계로 들어가도록 우리를 독려하는 것은 바로 진실입니다.

혼란이 있기에 진실에 다다를 수 있다

티나Tina는 자신의 진실에 다다르기까지 혼란의 경험이 어떤 도움이 되었는지 알려주었습니다.

티나의 이야기

나는 결혼해서 아이를 셋 둔 워킹맘이었습니다. 보스턴 중심가에 있는 법률사무소에서 오피스 매니저로 근무하고 있었죠. 30대 중반이었던 나는 모든 게 불안정하고 마음이 심란한 상태였습니다. 결혼 생활과 삶의 모든 것에 회의가 들기 시작했습니다. 남편은 알코올 중독자였고 나는 지나친 상호 의존성(codependency)이 있었어요. 아이들 없이 보낸 주말, 어느 순간 나는 우리 결혼이 끝났음을 분명히 알게 되었습니다. 지금은 그것이 내 가슴 열림의 시작이었고, 다음 단계인 혼란으로 이어졌음을 이해할 수 있습니다. 이제 이 분야의 전문가가 되었다고나 할까요!

남편과 나는 별거에 들어갔고 2년 뒤에 이혼했습니다. 이혼 절차가 마무리되는 동안 남편은 간경변으로 사망했습니다. 11월에 진단을 받았는데 12월에 죽었습니다. 당시 아이들은 열일곱 살, 열네 살, 열 살이었습니다. 아이들은 부모의 이혼 소식을 듣고 충격에서 헤어나지 못하고 있었는데 아빠까지 죽은 것입니다. 나는 생명보험을 타러 갔는데, 남편이 보험금을 내지 않아 보험이 무효가 되었다는 말을 들었습니다.

나는 파트타임 일을 시작했습니다. 어느 날 회사에 있는데 큰딸에게서 전화가 왔습니다. 딸이 아빠 꿈을 꿨는데 너무 선명하다면서 펑펑 울고 있었어요. 이는 결정적인 순간이었습니다. 이 순간 나는 일을 그만두고 집에서 아이들과 함께 있어야 한다는 것을 알았습니다. 나는 "신이시여, 모든 게 엉망진창이 되었습니다. 이제 당신에게 기대어 도움을 요청합니다"라고 기도했습니다. 당시 나는 은행에서 일하고 있었어요. 일을 그만두기 전에 나는 주택담보대출로 1억을 받았습니다. 직원들은 금리 우대를 받기 때문입니다. 수년 동안 나는 신용카드로 빚을 지면서 살았고 갚아야 할 대출금도 있었습니다. 대출금을 내려면 신용카드를 써야 하는 격이었습니다. 이런 와중에 나는 남편의 콘도를 비우고 매각해야 했습니다. 남편이 하던 사업도 대신 운영해야 했는데, 큰 트럭을 모는 일까지 있었어요! 이때 금융 시장이 붕괴했습니다. 내 집과 전남편의 콘도, 내가 하던 사업까지도 가치가 많이 하락했습니다. 이렇게 내 이야기를 글로 쓰자니 불안해지네요. 내가 겪은 일과 연관된 몸의 기억이 홍수처럼 밀려오기 때문입니다! 정말 많이 힘든 시기였습니다. 아이들을 감정적으로, 경제적으로 어떻게 돌봐야 한단 말인가요?

나는 가톨릭 신자로 자랐지만 종교 생활을 하지 않은 지 오래되었습니다. 그러나 나는 힘들었던 그 시기에 나의 괴로움을 완화해줄 것을 찾아보게 되었지요. 그러다 요가 강사이자 레이키^{reiki} 마스터인 마사지 치료사를 알게 되었습니다. 그래서 나는 매달 마사지와 레이키를 받으면서 나를 진정시키곤 했어요. 나는 요가 수업 두 개를 듣고 강사 트레이닝 프로그램에 등록했습니다. 내 영혼과 깊이 교감한 것입니다. 나는 이것이 내 여정임을 알고 있었고, 내 영혼을 치유하는 일에 전념해야 함을 알았습니다. 그때부터 지금까지 나는 치유 여정을 계속하고 있습니다. 이 모든 경험이 다시금 신에 대한 믿음으로 나를 이끌어주었지요. 내가 가진 거라곤 이게 전부였어요. 기도, 영혼, 천사, 상승 마스터. 나는 이들을 나의 치유에 활용했습니다. 그들을 더 많이 신뢰할수록 내가 갈 길이 더 잘 보였습니다. 요가 강사 트레이닝을 받고 나서, 나는 레이키 마스터 강사가 되려고 공부를 시작했습니다. 그리고 그 후엔 마사지 치료사가 되기 위해 수업을 들었습니다. 지금은 7년째 하트포드 가족 학교(Hartford Family Institute)에서 신체 중심의 심리치료와 에너지 힐링을 공부하고 있어요. 나는 웬디 선생님의 힐러 트레이닝 프로그램도 수료했고, 이 외에도 전인적 치유와 관련된 프로그램을 많이 들었습니다. 이 모든 것이 나 자신을 치유하기 위한 것이었어요.

확실히 많은 것이 안정되었고, 나는 나 자신을 찾았습니다. 치유 여정이 계속되고 있다는 것을 깨닫는 시기도 있어요. 가슴은 끊임없이 열릴 수 있습니다. 더 정화할 것은 항상 있고, 그러면서 가슴은 더 열리지요. 치유 여정은 계속해서 가슴을 자유롭게 하는 것입니다. 또, 매 순간 모든 축복을 알아차리고, 성장하고 배울 기회에 감사하는 것입니다. 다른 사람들이 각자의 가슴으로 가는 여정을 걷는 동안 그들을 도와주면서 말이에요. 치유의 단계는 겹치기도 합니다. 각 단계가 서로 엉켜 있어요.

이 모든 일을 겪으면서 나는 말로 표현할 수 없을 만큼 겸허한 마음으로 무릎을 꿇게 되었습니다. 마법 같은 순간도 많이 있었고 기적도 일어났습니다. 이를 그 무엇과도 바꾸고 싶지 않아요. 이것들은 나를 진정한 나 자신으로 만드는 요소들이기 때문입니다.

티나는 이혼 후 겪은 혼란의 시기와 전남편의 죽음에 대해 이야기했습니다. 그녀는 혼란과 경제적인 위기 속에서도 영적인 부름을 느꼈다고 했지요. 티나는 자신의 치유를 위해 요가 강사 트레이닝을 듣고 레이키를 배웠습니다. 그러면서 또 다른 문이 열리기 시작했어요. 티나가 자신의 이야기에서 말하지 않은 게 있습니다. 바로 그녀가 영리한 빛의 존재라는 것입니다. 티나에게서는 내면의 빛이 빛납니다. 그녀는 상당히 지혜로우며 같이 지내기에 무척 편안한 사람이지요. 영적으로 연결된 삶을 사는 게 바로 그녀의 진실입니다. 하지만 그녀가 치유의 길을 발견하기까지는 상당히 많은 일을 겪어야만 했어요.

진실을 알 수 있는 사람은 오직 당신뿐이다

삶의 거대한 그물망 속에서도, 그리고 우리의 생리학적 복잡성 안에서도 진실은 중심부에 자리합니다. 이런 차원에서 진실은 보편적이고 원천과 연결되어 있으며, 사랑이라는 신의 원칙과 합치됩니다. 하지만 **진실로 향하는 과정은 각자에게 고유한 여정입니다.** 예를 들어 해안가에 살고 싶은 당신의 진실과 도시에서 당신을 기르게 된 부모님의 진실이 다른 이유가 바로 이것입니다. 진실을 발견하는 여정에서 우리는 자신의 존재가 필요로 하는 것을 직관적으로 압니다. 비록 그것이 일반적인 성장 과정과 다르거나 남들이 내게 바라는 것, 또는 남들에게 필요한 것과는 반대될지라도 말입니다. 여기서 말하는 진실이란 어디서 살지, 결혼이 옳은 선택이었는지만을 뜻하는 게 아닙니다. 때로는 영혼이 궁극적으로 바라는 것에 도달하기까지 단계적으로 진실을 사는 연습을 해야만 합니다. 예를 들어 당신이 원하는 인생과 반대되는 방식으로 살며 상당한 희생을 감수한다고 칩시다. 이런 상황에서 당신이 거쳐야 할 진실은 상황을 받아들이는 것일 수 있습니다. 예컨대, 다른 지역으로 이사를 하고 싶지만 몇 년 동안은 그런 바람을 접고 희생해야 할지도 모릅니다. 남편의 직장 문제가 해결되거나 자녀가 학위를 마칠 때까지 말이죠. 당신은 그 상황을 받아들임으로써 그것을 새로운 관점에서 볼 수 있고, 자신의 진실을 핵심까지 더 깊이 탐구할 수 있게 됩니다.

내 경우에는, 나의 신성한 진실과 천성에 합치된 삶을 살도록 부름을 받았지만 콜로라도로 이주했을 때조차도 마냥 편히 쉬면서 "드디어 종착역에 도달했다!"고 할 수는 없었습니다. 오히려 삶이 더 흐트러지기 시작했지만 나는 열린 마음으로 내가 받는 신호를 의식하는 것을 택했습니다. 단지 지리적으로 이동한 것만이 내 가슴이 부르는 방향을 따라가는 여정의 끝이 아니었습니다. 지리적인 이동은 총체적인 내 진실이 아니었습니다. 더 많은 게 드러났고 그 과정에서도 나는 믿음을 잃지 않았습니다. 계속해서 듣고 주의를 집중하고 일어나는 일을 받아들이는 연습을 했습니다. 외부적인 상황은 혼란스러웠지만 내 소명이 주는 지혜를 믿었습니다.

진실하게 살지 않는 건 거짓을 부여잡고 있음을 보여주는 것입니다. 이는 마치 무언가가 나를 초조하게 만드는 기분이거나 가슴이 타들어가는 것처럼 느껴집니다. 내면이 폭발하는 듯이 느껴질 수도 있습니다. 실제로 폭발하고 있기 때문입니다. 가장 자연스러운 존재 상태는 가슴이 정화되고 자신과 남들에게 정직할 때의 모습입니다. 거짓을 붙잡고 있거나 거짓의 삶을 사는 건 신체의 에너지를 왜곡시키며 이는 우리가 하는 모든 것의 기저를 이루고 있습니다. 결국에 우리는 거짓을 숨기기 위해 자신의 삶의 방식을 두둔하고 변명하게 됩니다. 그리고 언젠가는 이에 대해 누군가와 이야기하고 싶은 강렬한 욕구를 느낄지도 모릅니다. 실제로 그때가 되면 그동안 감춰왔던 거짓에 대한 수치심이나 창피함을 경험할 수 있습니다.

혼란은 어떻게 구체화되는가

조시^{Josie}는 모범적인 아내이자 엄마였습니다. 그녀는 남편과 아이들을 위해서 할 수 있는 모든 것을 다 했으며, 온전히 아이를 키우고 가족을 돌보는 데에 헌신하는 삶을 살았습니다. 남편은 교묘한 구석이 있는 사람이었지만 조시는 이런 점을 알고도 결혼했지요.

그녀는 남편이 자신에게 충실한지 항상 의심스러웠지만 남편에게 직접적으로 이를 추궁한 적은 없었습니다. 남편이 의심되더라도 그저 묻어두는 게 자신과 아이들을 위해 더 좋을 거라고 생각했기 때문이죠. 그녀는 겉으로는 많은 것을 이뤘고 가정을 잘 꾸렸다고 인정받았습니다. 하지만 그녀는 속으로 남을 비난하면서 깔보기 시작했고 가슴이 두근거렸어요. 조시는 평소에 자신의 삶이 잘 정돈되어 있다는 것을 자랑스러워했습니다. 하지만 외적인 삶이 내면에서 일어나고 있는 혼란을 반영하기 시작하는 데에는 그리 오래 걸리지 않았습니다. 그녀의 집과 감정 상태는 엉망이 되었습니다. 그녀는 항상 약속에 늦었고 계속해서 남들보다 뒤처지는 듯한 느낌을 받았어요. 그녀의 친구들이 그녀와 거리를 두기 시작했죠. 아이들도 달라진 엄마의 모습에 혼란스러워했습니다. 그녀는 남편의 불륜에 대해 참아왔던 의심이 솟구쳤지만 말을 할 수가 없었습니다. 그래서 그녀는 주변 사람들과 상황에 이를 투사했습니다.

조시는 그 후로도 몇 년 동안 남편을 의심하면서 지냈어요. 그러던 어느 날 남편이 이혼하고 싶다는 말을 꺼냈습니다. 그녀는 남편이 수년 동안 바람을 피워왔고, 그동안은 아이들이 너무 어려서 그가 이혼하지 않고 있었다는 것을 알게 되었습니다. 더 말할 필요도 없이 이혼하자는 말에 조시는 몹시 화가 났어요. 통제할 수 없을 만큼의 분노를 느꼈습니다. 그녀는 자기 자신을 통제할 수 없을 것 같았고, 실제로도 통제 불가능한 상태였습니다. 혼란을 겪고 있었기 때문이죠. 무언가 잘못됐다는 것을 오래전부터 직관이 알려주고 있었지만 아무 말도 하지 않기로 한 건 조시의 선택이었습니다.

사실 조시는 이혼 자체보다 자신의 직관이 알려준 것에 주의를 기울이지 않았다는 것, 그리고 남편에게 얘기를 꺼내보지도 않았다는 것에 더 화가 났습니다. 그녀가 남편의 불륜을 처음 직감했을 때 그와 대화를 해보았더라면 결혼 생활에서 겪고 있던 더 깊은 문제를 해결할 기회가 되었을지도 모릅니다. 만약 그랬더라면 이혼을 피할 수는 없을지라도 자존감을 잃지 않고 자신이 겪고 있는 상황 속에서 더 강해짐을 느꼈을 수도 있었겠죠.

조시의 이야기는 내면에서 혼란이 일어나는 주요 요인이 무엇인지 잘 보여줍니다.

- ♥ 직관과의 단절
- ♥ 내적 안정감의 부족 / 영적 강인함의 부재
- ♥ 처리되지 않은 감정 / 감정의 부인
- ♥ 트라우마 또는 가슴 열림의 시작

DailyTransformations.com의 창립자인 타마라 스타Tamara Star는 자신이 겪은 극심한 혼란의 시기를 웹사이트에 공개했습니다. 그녀는 남자친구와 이별 후 아이를 유산하고 경제적인 어려움까지 겪었는데, 그녀가 아끼던 반려동물 두 마리마저 하늘나라로 떠나버렸지요. 이 밖에도 더 많은 일을 겪었는데 이 모든 게 한 달 안에 벌어진 일이었습니다. 그녀가 웹사이트에 올린 '삶이 무너졌을 때 다시 회복되는 법'(how to bounce back when life falls apart)이라는 제목의 글에 더 자세한 내용이 담겨 있습니다.♥ 그녀는 믿을 수 없을 만큼 힘

♥ dailytransformations.com/how-to-bounce-back

든 이런 무너짐의 시기를 어떻게 극복했는지, 그런 일을 겪으면서 얼마나 성장했는지를 자신의 이야기 속에서 알려줍니다. 그녀는 혼란스러운 와중에 다가온 놀랄 만한 선물을 '명료한 불꽃'(spark of clarity)이라고 묘사했는데, 이것은 혼란의 고통을 뚫고 자신을 인도하러 온 신성한 영혼을 말합니다. 타마라는 아래와 같이 말했습니다.

인생이 무너져 엉망이 됐을 때 맑은 수정처럼 명료해지는 것들이 있습니다.

♥ 일, 돈, 인간관계에서 외면하고 있던 문제가 눈앞에 펼쳐집니다.

♥ 한밤중에 도와달라고 기도하게 되었고, 드디어 답을 듣게 되었습니다.

♥ 무엇보다, 우리가 상심했을 때 이는 실제로 가슴이 찢어지면서 열리는 것임을 알게 되었습니다.

♥ 나는 어둡고 습한 땅에서 줄기를 어느 방향으로 뻗을지 생각하며 봄을 기다리는 씨앗이 되었습니다.

♥ 삶이 혼란스러울 때 우리 모두는 이 씨앗입니다. 일시적으로 겪고 있는 어둠이 결국에는 비옥한 방향으로 우리를 움직이게 할 것임을 믿어야 합니다.

혼란의 순간에 영혼의 명료함으로 가는 문이 열립니다. 이렇게 명확한 순간을 알아차릴 수도 있고 놓칠 수도 있지만, 이런 순간은 우리가 혼란을 잘 뚫고 나갈 수 있도록 직관이 모습을 드러내는 순간입니다. 이번 장 후반부에서는 에너지 바디에서 일어나는 혼란의 근본 원인, 혼란을 겪을 때 직관의 역할, 내적 안정감의 중요성, 감정, 영적인 강인함, 트라우마나 가슴 열림의 시작 후에 오는 혼란에 대해 다루도록 하겠습니다.

직관과의 단절

내 개인적인 치유 여정을 되돌아보면, 나는 에고와 사적인 바람에 너무 몰두한 나머지 에너지 힐링 일에 더 깊이 전념하라는 내면의 목소리를 듣지 않으려 했습니다. 음악을 포기하라는 말을 듣고 싶지 않아서였죠. 음악에 대한 내 에고의 애착을 놓아버리고 내 앞에 있는 에너지 힐링 일에 몰두하면, 결과적으로 음악이 내 삶에 다시 들어와 더 큰 성취감을 줄 수 있다는 것을 그때는 미처 생각하지 못했어요. 나는 내면의 소리에 주의를 기울이지 않았고 대신에 계속되는 재앙을 겪으면서 반복해서 트라우마를 겪게 되었습니다. 그 결과 내 건강과 웰빙을 위해서 직관에 귀 기울이고 직관이 주는 지혜에 따라 행동하는 게 얼마나 중요한지 알게 되었죠.

직관, 즉 영혼의 목소리는 언제나 진실을 알려줍니다. **그것이 우리가 듣고 싶어하는 말이 아닐지라도 말이죠.** 직관을 귀담아듣지 않으면 혼란이 일어납니다. 어려운 상황 뒤에 경험하는 감정을 직면하는 데에는 많은 용기가 필요해요. 하지만 이는 진실을 발견하고 혼란의 상태를 헤쳐나가는 데 도움이 됩니다. 실제 감정을 잘 파악하고 감정에 솔직하면 자기중심이 잡힌 느낌이 듭니다. 정직하고 진실성 있게 행동하면 기분이 더 좋지요. 그러나 진실한 감정을 인정하지 않고 직관의 소리를 듣지 않거나 지금 느끼는 감정이 누구의 것인지 명확히 알지 못할 때는(자신의 감정인지 타인의 감정인지 모를 때) 혼란에 빠져들게 됩니다. 혼란은 우리의 진실이 아니에요. 혼란 속에서 인생을 살아야만 하는 것도 아닙니다. 우리는 혼란을 헤쳐 나가면서 자신을 정화하고 삶의 과제를 확인하며, 짐이 되는 것을 걸러내게 됩니다. 더 많은 빛과, 삶을 긍정하는 진실을 담을 공간을 만들기 위해서 말입니다.

내면의 목소리는 영혼이 우리와 대화하는 방법입니다. 이 내면의 목소리는 상처 입은 에고의 재잘거림을 통과해야만 합니다. 우리가 우리의 신성한 본질과 합치하지 않는 것에 정체성을 부여하면, 그 결과로 혼란이 일어납니다. 예를 들어 가공식품이나 패스트 푸드를 주로 먹는다면 오래지 않아 몸에서 이상 신호가 오지요. 피곤하거나, 변비가 생기거나, 얼굴이 창백해지거나, 혹은 소화가 잘 안 될 수도 있습니다. 우리 몸은 불량식품을 먹으면 건강에 혼란이 올 거라는 신호를 재빨리 보내줍니다. 무언가 잘못됐거나 혹은 반대로 뭔가가 확실히 맞는다는 느낌이 들 때 우리는 진실을 듣고 있는 것입니다. 진실한 삶을 사는 것은 근본적인 권리입니다. 하지만 우리는 성공이 무엇이며 사회적으로 용납되는 것은 무엇인지를 물질적이고 물리적으로 인식하면서, 우리의 기분과 자존감, 존엄성을 그 기준에 맞추려는 시대에 살고 있습니다. 이런 인식은 내면에 초점을 둔다기보다 외적인 부분에 초점을 맞춘 것임을 이해하면 좋겠습니다. 외적인 영향을 우선시하면서 인생을 볼 때, 가슴에 담긴 의식을 내면에서 보지 못할 때, 베일이 직관을 가로막으면서 인식을 흐리게 하고 있는 것입니다.

다행스럽게도 지금 우리는 가슴의 의식이 확장하는 시대를 맞고 있습니다. 영적인 가르침을 찾고 명상과 요가를 하거나 영양에 대해 배우고 의식적인 삶의 방식을 추구하는 사람들이 늘어나고 있다는 건 정말 놀랄 만한 일입니다. 이 모든 게 영혼에 자양분을 주려는 내면의 바람에서 비롯된 것입니다. 이것이 바로 직관의 작동입니다. 인생에는 겉으로 인식되는 그 이상의 것이 존재한다는 것을 아는 것, 그리고 그것이 무엇인지 탐구해보겠다는 소명을 듣는 것이 바로 직관의 작동입니다. 영혼에 더 깊이 연결되고자 하는 내면의 소리를 듣고 주의를 기울이게 하는 것이 직관의 일입니다.

직관은 의식과 영혼을 잇는 다리와도 같습니다. 의식의 확장은 영혼이 진화하는 자연스러운 과정입니다. 직관의 역할은 삶에서 우리를 진실하게 인도하는 것입니다. 따라서 두려움 없이 용기 있게 직관의 소리에 관심을 기울이는 건 우리의 몫입니다. 때로는 직관이 우리를 힘든 상황으로 이끌기도 합니다. 어려운 상황이 불러오는 감정을 치유하는 게 우리의 카르마이기 때문이죠. 직관은 가슴이 열리게도 하지만, 혼란에서 빠져나와 치유로 향하게도 해줍니다.

혼란의 상태에 있는 동안, 우리가 할 일은 상처를 치유하고 억압된 감정을 방출하면서 인식을 조정해서 직관의 소리를 가슴으로 듣는 것입니다. 직관은 점을 치는 것이 아닙니다. 직관은 미래를 내다보는 것보다 당신의 진정한 존재 상태에 더 관심이 있어요. **현재의 순간에 당신이 알 필요가 있는 것을 듣고, 미래에 대처할 수 있게 해주는 것이 직관입니다.**

내적 안정감의 부족 / 영적 강인함의 부재

몸이 이완되어 있을 때 우리는 긴장이 풀리고 더 뚜렷하게 자신과의 연결을 느낍니다. 하지만 감정이 요동을 치고 충격을 받았을 때, 트라우마를 겪으면서 그라운딩이 되지 않을 때, 우리는 이런 경험을 내적으로도, 외적으로도 혼란스럽다고 말합니다. 약속 시간에 늦고 아이들은 말을 듣지 않습니다. 마음의 문이 닫히고 삶이 요구하는 게 너무 버겁다고 느낍니다. 많은 이들이 이를 '자기중심을 잃게끔 삶의 요구들이 잡아당기는 느낌' 같다고 말합니다.

빛의 기둥

내담자의 에너지 바디를 보다 보면, 그 사람 내면의 에너지가 몸 중심에 깊이 자리 잡고 있는 경우가 있습니다. 이렇게 중심부에 잘 정렬된 에너지는 자기 내면과의 연결, 명상, 자기중심 강화, 중심에 머무는 연습을 꾸준히 하는 데서 비롯됩니다. 반면, 에너지 바디가 중심에 자리 잡지 않은 채로 인생의 대부분을 살아온 경우도 보게 됩니다. 나는 직관이 발달된 힐러로서 갖고 있는 재능 때문에 내담자의 에너지 바디에서 이런 것을 볼 수 있었습니다. 좀더 자세히 설명하자면 이렇습니다. 우리 몸에는 수슘나susumna 채널이라고 하는 중추 경락이 있습니다. 나는 이 채널을 빛의 기둥(Pillar of light)이라고 부릅니다. 이 빛의 기둥이 우리의 중심부입니다. 생명력이 흐르는 우리 몸의 중심 채널이죠. 이 중심 채널에서 흐르는 생명력이 약 72,000개의 경락을 통해 우리 몸의 장기와 파워 센터(차크라)에 연료를 공급합니다. 경락이 신체의 에너지 통로인 것입니다. 빛의 기둥이 강한 사람은 굳건한 영적 수행을 해온 사람이며 힘든 시기를 겪더라도 빛의 기둥이 여전히 탄탄하게 유지됩니다. 그런 사람은 극심한 혼란을 겪어도 에너지를 정화하고 몸을 안정시키면 금세 회복될 사람이라고 할 수 있습니다. 영적인 신념과 신에 대한 믿음이 그 사람의 중심을 빨리 채워주기 때문입니다.

반면에 빛의 기둥이 약할 때, 또는 특정 부위에서 기둥이 구부러지거나 텅 비어 있을 때, 이 사람의 삶에서 일어나는 혼란은 기존의 상처에서 기인한 것임을 쉽게 알 수 있습니다. 의지와 내면의 강인함을 가로막는 상처 때문에 삶의 고난을 마주할 때 영혼을 잃고 마는 것입니다. 이 때문에 빛의 기둥이 약한 사람은 인생을 감당하기가 힘들고 삶에 압도당하면서 충격을 받는 느낌이 들 수 있습니다. 사실 빛의 기둥이 전반적으로 약하거나 특정한 부위의 기둥이 약하면 내면의 확신을 잃을 정도로 외적인 요소에만 집중하는 경향이 있습니다. 이런 경우 그 사람은 내면의 안정감 대신 불안을 느낍니다. 이런 종류의 불안감은 가슴 열림의 시초가 될 수 있습니다. 이 사람은 진실과 연결된 선택이 아닌 불안과 공포, 안전하다고 느낄 필요성에 기반한 결정을 내리기 때문입니다. 이런 사람은 타인에게 많은 에너지를 투자하거나 직장, 집 등에 큰 애착을 보입니다. 그러다가 이런 외적인 인정 요소가 사라지면 크게 상심하지요.

빛의 기둥 강화하기

빛의 기둥을 강화하는 방법에는 여러 가지가 있습니다. 우선 빛의 기둥이 내면에 있는 신의 빛을 의미한다는 것을 알아둘 필요가 있습니다. 빛의 기둥은 신과 우리의 영혼이 교감하는 기도의 통로입니다. 따라서 기도나 명상과 같은 영적인 수행을 하면 몸 안에 이 통로가 강화됩니다. 믿음과 용기, 신뢰, 신념 또한 이 통로를 강하게 만듭니다. 신성한 빛이 폭포수처럼 빛의 기둥을 통해 흐르는 것을 심상화하는 것도 도움이 됩니다. 오랜 상처가 주는 영향을 정화하고 억압된 감정과 부정적인 에너지를 방출하면 이 통로가 깨끗해지고 강해집니다. 요가, 침술, 척추 지압, 그리고 이외의 신체 활동으로도 빛의 기둥을 치유하고 강화할 수 있습니다.

빛의 기둥을 강화하는 방법에는 여러 가지가 있지만 자기 영혼과의 연결을 굳건히 해주는 것들을 발견하려면 가슴의 소리를 따르는 연습이 필요합니다. 빛의 기둥은 영적인 강인함을 대변하는 것이니 자기 자신에게 다음과 같이 물어보기 바랍니다. "내가 영적으로 강해져서 이 세상의 빛의 기둥이 되려면 어떻게 해야 할까?" 방법은 여러 가지가 있습니다. 각자 고유의 방법으로 빛의 기둥을 강화할 수 있을 것입니다. 직관에 귀 기울이는 법을 알면 방법을 찾는 데 도움이 됩니다.

인생에 어떤 혼란이 존재하더라도 적극적으로 책임을 진다면 당신은 당신 운명의 지휘관이 됩니다. 빛의 기둥에 기대어 주변에서 일어나는 혼돈과 소란을 지켜보기로 선택할 때 혼란은 더 이상 '일어나지' 않습니다. 혼란의 피해자가 되지 않는 것이죠. 혼란이 당신과 가까운 사람들에게 영향을 미치지 않을 거라는 의미가 아닙니다. 주변 사람들이 혼란을 겪으면서 고통스러워하는 것을 지켜보는 게 힘들 수도 있지만, 혼란의 중심에 서서 중심을 유지하고 차분하게 그라운딩된 상태로 있는 것은 자신에게 힘을 실어주는 일입니다. 이것은 말 그대로 보람 있는 일이며 당신이 내면 작업을 한 보상인 셈입니다. 또, 더 이상 혼란과 상호의존하지 않는다는 의미이자 상황을 개선하려고 방법을 모색할 필요가 없다는 말입니다. 내 안에 빛의 기둥이 굳건히 자리함을 느끼면, 힘든 순간에도 내 몸은 신의 은총을 받아 폭풍우에서 빠져나가려면 어떻게 해야 할지 알 수 있습니다. 이것은 파워풀한 느낌입니다!

혼란으로 인해 가슴 열림이 시작될 수도 있다

영적인 깨어남의 단계가 순서대로 일어나지 않을 수도 있음을 앞에서 언급한 바 있습니다. 내면의 혼란은 가슴 열림의 시작을 야기할 가능성이 있습니다. 빛의 기둥이 약해서 적절한 경계를 세우고 유지하기 어려울 때 주로 이런 일이 생기지요. 타인의 에너지를 흡수하거나, 자신의 감정과 에너지를 보존하는 컨테이너가 굳건하지 않아 에너지가 새거나 흘러나올 때가 바로 이런 경우입니다. 앞에서 언급했듯이 감정을 처리하고 오래된 감정 에너지를 정화하는 것은 정말로 중요합니다. 억압되거나 표현하지 않은 감정은 마치 구름이나 안개가 낀 것처럼, 무겁고 막힌 상태로 에너지 바디에 나타납니다. 신체가 이런 종류의 에너지를 담는 데에는 한계가 있습니다. 결국에는 의식적이거나 무의식적인 방식으로 이런 에너지가 쏟아져나오게 됩니다. 과한 행동을 하거나 감정을 투사하는 것, 경계를 침범하거나 약물 중독에 빠지는 게 이런 경우입니다. 혼란이 가슴 열림으로 이어질 때는 감정 에너지가 신체에 독이 되어 몸이 폭발하는 경우입니다. 이렇게 폭발하는 게 가슴 열림의 시작이 될 수 있습니다. 처리되지 않은 감정을 제거하려고 가슴이 깨지면서 열리는 것이죠. 이는 오랫동안 지속된 내적 혼란의 결과입니다.

혼란으로 가슴이 열릴 때의 긍정적인 점은, 영적으로 깨어나고 있다는 것입니다. 이런 깨어남이 있을 때 우리는 여기까지 오게 된 과정을 돌아보게 됩니다. 우리는 놓아버림의 두려움과 직면하고 새로운 믿음과 삶의 방식, 새로운 가능성에 마음을 열어야 할지도 모릅니다. 하지만 이런 변화는 삶을 바꿔놓는 일을 겪으면서 충격을 받은 뒤에 뒤틀어진 길을 통과하는 것처럼 느껴질 수 있습니다. 그러면 가슴이 열린 뒤에도 혼란이 지속될 수 있습니다. 혼란의 기저에 있는 패턴을 정직하게 들여다보고 이를 치유할 때까지 말입니다.

처리되지 않은 감정 / 감정의 부인

감정을 참으면 내면과 외면에서 혼란이 생길 수 있습니다. 감정을 느끼지 않거나 처리하지 않으면 감정 에너지가 그 사람의 '그림자'가 되는데, 이게 바로 우리가 흔히 말하는 사람이 갖고 있는 '분위기'예요. 이 사람이 자신의 감정을 처리하지 않는 동안, 다른 사람들은 이 사람이 발산하는 에너지를 통해 그 감정을 느낍니다. 이런 느낌은 타인에게 독이 될 수 있어요. 이런 사람은 부정적인 경험을 자신의 삶 속으로 끌어당기면서도 그 이유를 알지 못합니다. 그림자나 잠재의식에 무엇이 있건, 그것은 에너지장의 일부입니다. 우리가 세상에 내보내는 에너지와 같은 종류의 에너지가 우리에게 되돌아옵니다. 감정을 처리하는 것은, 감정과 그 감정이 만든 에너지를 인식하게 해주므로 그림자 밖으로 에너지를 이동시켜주는 하나의 방법이 됩니다. 한 번 감정을 인식하게 되면, 그 감정은 더 이상 그것을 감추기 위해 장애물을 만들어내거나 에너지를 다른 곳으로 돌리는 것과 같은 부정적 작용을 하지 않습니다. 이제는 감정을 보고, 처리하고, 느낄 준비가 된 것입니다.

심리치료를 완강하게 거부하는 사람들이 있습니다. 그 사람들이 볼 때 심리치료는 미쳤거나 뭔가 잘못된 사람들이 받는 것입니다. 자아성찰을 하고 과거를 탐구할 의지가 없거나, 치유할 상처가 있다는 사실을 받아들이려 하지 않는 것은 처리되지 않은 감정이 담긴 판도라 상자의 뚜껑을 닫아두려는 전략입니다. 이런 사람들은 감정을 꾹 눌러두고 인생을 살아갑니다. 앞서 설명했듯 감정을 눌러 담아두는 건 내면의 혼란을 야기합니다. 이는 외적으로도 다양한 모습으로 나타납니다. 생각이 흐려지거나 기억상실, 결정장애가 오고 갇혀 있는 느낌을 받게 됩니다. 아니면 타인에게 자신의 감정을 투사하거나 우울증을 겪을 수도 있고, 경계 설정을 잘하지 못하게 될 수도 있습니다. 또, 가슴이 두근거리거나 건강상의 문제가 생길 수도 있습니다. 외적인 삶은 내면의 존재 상태를 반영합니다. 따라서 감정을 처리하지 않으면 인간관계가 고통스러워지고 경제적인 측면이나 가정생활도 힘들어질 수 있으며, 보통 때에는 안정감을 주던 것이 무너지기 시작합니다. 이러한 무너짐을 겪으면 예전에 외면해버렸던 그 감정을 끝내 느낄 수밖에 없어요. 그리고 이렇게 감정을 느끼게 되려면 삶의 모든 게 위태로워져야 할 때도 있습니다. 하지만 이런 경험은 궁극적으로 우리를 더 깊은 영혼으로 안내하지요.

감정을 억압하는 것과는 반대로, 과하게 감정적이거나 과장된 경우도 있습니다. 감정의 억압은 '나는 스스로를 돌볼 수 있으니 아무 도움도 필요 없다'는 핵심적인 믿음에서 비롯되지요. 반면, 지나치게 감정적인 것은 어린 시절 정서적 욕구가 충족되지 않아 돌봄을 필요로 했던 것에서 기인했을 수 있습니다. 이러한 어린 시절은 관심과 돌봄을 필요로 하는 잠재의식을 만들어냅니다. 흥미롭게도, 감정이 심하게 과장된 사람은 대개 타인을 돌보는 데 능하며 일반적으로 관대합니다. 그런 사람들은 자신의 가치를 타인을 돌봐주는 것과 연관시키기 쉽고, 어떤 상황에서든 실제로 필요한 것을 해주는 일이 흔해요. 이런 유형의 사람은 사랑받고 인정받는 것을 가슴 깊이 원합니다. 그러나 감정이 과한 사람은 감정이 폭발하거나 타인과의 단절 및 어긋남을 일으키는 감정적 에너지가 새어 나와 혼란을 겪습니다. 결국 이런 어긋남 때문에 그들은 그리도 필요로 하는 사랑과 인정을 받기가 어렵습니다. 또한 과도하게 감정적이고 과장된 행동은, 애정 결핍인 자신을 돌볼 책임을 타인에게 전가합니다. 감정적으로 힘들어하는 사람을 지속적으로 상대하는 것은 진빠지는 일입니다. 그런 상황은 좋은 의도를 가진 친구들이나 가족들에게 부담이 될 수 있어요. 그들은 당신을 염려하지만, 그들이 당신에게 근본적인 도움을 주지는 못합니다.

어린 시절, 감정을 느끼는 게 정상이라고 배운 사람은 거의 없을 것입니다. 하지만 우리 모두는 화가 나고, 슬프고, 행복하고, 신이 나는 감정을 느낍니다. 부정적인 느낌이 들 때 이를 인정할 수 있다면, 남들에게 이를 투사하지 않고 자기 감정에 책임을 지는 데한 발짝 더 가까이 다가간 것입니다. **상처받은 느낌은 다른 사람 탓이 아니에요. 그것은 아마도 어린 시절만큼이나 오래된, 현재의 특정 관계에서는 쓸모가 없어져버린 예전의 역학 관계에서 비롯된 것이죠.** 현재 당신을 화나게 한 사람을 머릿속에 떠올려보세요. 그 사람을 부모님이나 형제자매, 어린 시절 친구, 또는 선생님으로 대체해보면 당신이 얼마만큼 과거에 머물러 있는지 뚜렷하게 볼 수 있을 것입니다. 당신은 그 당시에 표현하기에는 안전하지 못했던 감정을 건강한 방식으로 표현하려 하고 있을 것입니다. 현재의 갈등이 과거의 갈등을 반영하고 있는 방식에 주목해보세요. 여기에는 현재 느끼는 감정도 포함됩니다. 힘들겠지만 지금 직면하고 있는 갈등이 실제로는 선물이라는 것을 이해하면 좋겠습니다. 이 갈등은 특정 감정을 처리하는, 낡고 역기능적인 패턴을 인식하도록 하여 잠재적으로 이를 치유하는 데 도움이 되기 때문입니다.

트라우마

어린 시절에 트라우마가 생기면 가슴이 열리기에 앞서 혼란이 일어날 수 있습니다. 예를 들어 학대를 당한 어린아이는 치유의 기회가 오기 전에 혼란의 시기를 겪을 가능성이 있습니다. 혹은 아이가 성장해 어른이 되면서 자신이 겪은 트라우마에 대해 드러나는 진실을 마주하고, 결과적으로 트라우마의 영향을 극복하려고 치료를 받으면서 치유가 유기적으로 일어날 수도 있습니다. 트라우마가 치료되지 않고 이 사람의 삶에 혼란이 발생하면서 결국에는 영혼이

"이제 그만! 이걸로 충분해"라고 말할 정도가 되어야 가슴 열림이 시작되면서 치유가 일어나는 경우도 있습니다.

어떤 일이나 경험이 트라우마가 되는 이유는 그것이 부당하고 충격적이기 때문입니다. 그것은 아무리 이치를 따져봐도 이성적인 관점으로는 이해할 수가 없어요. 트라우마가 된 일을 이해할 수 없으니 생각도 정리가 안 됩니다. 이해해보려 애를 쓰지만 그 어떤 것도 트라우마의 경험을 '괜찮게' 해주지는 않습니다. 그것은 너무나도 충격적이고 폭력적입니다. 트라우마의 영향을 치유하는 데 있어 에너지 힐링과 영적 치유는 특히 더 효과적일 수 있습니다. 트라우마의 여파를 치유하려면 때로는 이성적인 사고를 건너뛰고 실제로 몸에 저장된 충격과 당시에 표현되지 않은 감정으로 직접 들어갈 필요가 있기 때문입니다. 트라우마를 주는 상황이 발생하면 많은 사람들이 반사적으로 영적인 영역에 기대어 답변과 위안을 받고자 합니다. 왜 그런 일이 생겼는지 정당한 이유를 찾을 수 없기 때문이죠. '어떻게' 일이 그렇게 됐는지 이해할 수는 있을지라도 우리는 대체 '왜' 그런 일이 생겼는지, 그 해답을 가장 알고 싶어합니다. 그러면 고통이 사라질 테니 말입니다.

갑자기 아이를 잃거나 사랑하는 사람을 잃고 무분별한 범죄에 휘말리는 형태로 트라우마가 발생할 때, 이런 일을 영적인 깨어남으로 이해하기는 어려울 수 있습니다. 사실 상실의 슬픔을 겪고 있는 사람에게는 그런 상황 속에도 빛이 존재한다고 생각해보는 것 자체가 무례한 것으로 느껴질 수 있습니다. 트라우마를 치유하려면 시간과 위로가 필요합니다. 따라서 사랑하는 사람과 나 자신에게 감정을 그대로 느끼는 것을 허락해주어야 합니다. 예를 들어 아이를 잃고 슬픔에 빠진 부모가 상실을 받아들이지 못하는 건 합당한 일입니다. 그 상실의 경험이 비상식적인 형태로 일어났다면 더욱 그러합니다. 다시 말해 괜찮아지려고 이유를 찾기보다는, 괜찮아지려고 애쓰거나 분투하지 마세요! 상황을 있는 그대로 두세요. 그런 상실의 경험이 괜찮지 않다는 사실을 편히 받아들이세요. 이는 그 순간의 상황에 대한 진실입니다. 깊은 슬픔이 겉으로 표현되려면 자신을 받아들이고 표현할 공간이 필요합니다. 스스로에게 애도하는 것을 허락해주어야 합니다. 어떤 설명도 갑작스러운 상실의 고통을 없애주지는 않습니다. 아마 시간이 지나면 평화로워질지도 모릅니다. 그때까지는 슬픔과 분노를 느끼는 게 우리가 해야 할 일입니다.

갑작스러운 상실이 어떻게 우리 가슴을 열어줄 수 있을까요? 우리 인생은 우리가 아는 모든 사람의 영향을 받습니다. 심지어 모르는 사람도 우리에게 영향을 줍니다. 예를 들어 달라이 라마를 직접 만난 적은 없더라도 그의 가르침을 통해 그의 자비심이 당신에게 전달되고, 그의 온정 어린 마음이 당신의 마음에 감동을 줍니다. 또, 우리가 익히 알고 있는 사람들의 영적인 재능이 우리의 삶에 영향을 주기도 합니다. 영혼은 몸을 떠날 때 영적인 빛의 영향력을 남기고 갑니다. 떠난 자의 영혼은 이 땅을 떠난 뒤에도 계속해서 삶을 변화시킵니다. 영혼은 영향력이 있어서 남겨진 사람들의 삶에 변화를 추진합니다. 때로는 우리를 밝혀주러 지구에 온 영혼이 정말 거대해서, 그가 몸을 떠난 뒤에도 오랫동안 그 빛이 널리 퍼지기도 합니다. 예술가나 작가, 음악가, 사상가가 예술과 음악, 글, 사상으로 사후에 반향을 일으키는 경우가 이런 예입니다.

영혼이 이 세상에 미치는 영향력은 선물과도 같아요. 빛과 선한 영향력을 발산하고 세상에 긍정적인 흔적을 남기며 타인의 삶에 영향을 줄 놀라운 잠재력은 모든 영혼에게 있습니다. 더 이상 당신 삶 속에 없는 사람, 당신이 많이 사랑하고 보고 싶은 그 사람 역시 당신 마음을 움직였습니다. 당신은 그 사람이 떠난 후 인생을 다르게 보게 되었고 새로운 방식으로 사는 것에 마음을 열게 되었을지 모릅니다. 당신은 삶에 변화를 주고 진실을 추구하며 무엇보다 삶의 소중함을 깨닫게 된 것입니다.

장기간 슬픔에 잠겨 있거나 살아 있는 누군가를 잃었다고 느낄때도 가슴이 많이 열릴 수 있습니다. 아이가 없어져 슬픔에 빠진 부모, 심한 약물 중독에 빠진 가족을 보면서 슬퍼하는 사람이 이런 경우에 속하죠. 누군가 사망하거나 삶에서 사라질 때, 상실의 느낌 때문에 몹시 힘들 수 있습니다. 사랑하는 사람에 대한 애정이 여전히 남아 있기 때문입니다. 그 사람이 사망한 게 아닐지라도 남아 있는 자는 죄책감을 느낄 가능성이 높습니다. 상실과 애도 속에 살고 있다면 당신은 자신의 가슴을 느끼고 있는 것입니다. 불행하게도 가슴으로 고통을 느끼고 있지만, 그와 동시에 가슴으로 사랑할 수 있는 엄청난 능력과도 연결되고 있습니다. 사랑하지 않았다면 상실감을 느끼지 않을 테니까요.

수지Susie는 약물에 중독된 딸에 대한 상실감을 어떻게 다루었는지 내게 얘기해줬습니다.

수지의 이야기

큰 애가 약물 중독이라는 것을 처음 알게 되었을 때, 나는 약물 중독이 우리 힘으로 고칠 수 있는 거라고 생각했어요. 남편과 나는 유능하고 지적이며 인정 많은 사람이었고 이 일이 생기기 전까지만 해도 바라는 대로 인생을 잘 만들어가고 있었죠. 잘 맞는 학교와 약을 찾고 심리치료와 약물 중독 치료를 받으면 모든 게 괜찮아지고 우리 가족도 치유될 거라고 생각했어요. 그러나 12년에 걸친 오랜 혼란과 가슴 아픔, 깊은 슬픔을 겪은 뒤에야 나는 이렇게 지속적이고, 때로는 치명적이기까지 한 이 질병이 계속 여기에 머물 것임을 받아들이게 되었습니다.

딸을 사랑하는 부모로서, 아이의 질병을 완치시키는 방법을 찾아내기엔 역부족이었다는 것을 깨닫자 나는 미어지는 가슴을 깊숙이 들여다보면서 영적인 연결을 구하게 되었죠. 내 귀한 딸에게 갖고 있던 기대와 꿈을 모두 잃게 되자 현재의 시간과 공간에서 사는 법을 알게 되었어요. 아직도 과거를 이해하려고 노력하거나 미래에 대해 너무 많이 기대할 때면 다시 혼란이 일곤 해요. 하지만 진정으로 현재를 받아들이고 마음을 열면 지금 이 순간에서 평화를 발견합니다.

나는 딸과 시간을 보낼 기회가 거의 없지만 함께 있을 땐 중립을 유지하려고 노력합니다. 신체적, 감정적, 영적으로 말이죠. 판단하려 하지 않으면 딸 아이 본연의 모습을 보고 받아들일 수 있어요. 이는 결과적으로 나 자신을 더 정확하게 보고, 받아들이게 해주었죠. 에고의 가로막음을 지나 가슴에 기반한 사랑으로 직접 들어가니 신의 은총이 흐르는 공간을 마련할 수 있었어요. 그 모든 슬픔과 두려움 속에서도 존재할 수 있는 이 아름다운 순간이 내겐 너무나 소중합니다. 딸의 짙은 갈색 눈동자를 바라보면서 손을 잡고, 함께 웃거나 포옹할 수 있음에 정말 감사해요. 여기서 나는 신의 사랑을 발견합니다.

수지는 혼란의 시기를 보냈고, 상황이 걷잡을 수 없이 느껴졌을 때 영적인 가슴에서 위안을 찾기도 했습니다. 그러나 계속되는 상실 속에서 살기란 힘든 일이었죠. 딸은 살아 있었지만 자기파괴적이었습니다. 수지는 딸에 대한 걱정이 너무나 컸기에 안정을 느낄 수가 없었고 가슴이 많이 아팠습니다. 수지에게 도움이 되었던 건 가슴으로 더 깊이 들어가서 고통과 영적인 깨어남을 탐험한 것입니다. 약물 중독이 질병이라는 것을 알고 나서 그녀는 자신처럼 자녀나 다른 가족이 약물 중독으로 고통받고 있는, 비슷한 처지의 사람들과 소통할 수 있었습니다. 수지는 자신이 혼자가 아니며, 약물 중독은 질병이라는 것을 알게 되었습니다. 이를 깨닫자 좀더 마음을 내려놓을 수 있었고, 언젠가는 비슷한 상실의 경험이 있는 사람들을 도와줄 수도 있을 거라는 생각도 하게 되었습니다.

상실은 가슴을 열어줍니다. 가슴 에너지는 밖으로 흘러나가기도 하지만 다른 사람에게서 들어오기도 합니다. 이는 말로 표현되지 않는 에너지의 교환으로, 심오하고 깊게 느껴지는 영적인 경험입니다. 삶에서 갑작스러운 상실을 경험할 때 이에 따르는 혼란의 단계에서 당신은 그 단계의 어디에 자리하건 충분한 온정과 수용으로 자신의 감정을 정확히 표현해야 합니다. **스스로를 위로하고 다른 사람에게서 위로를 받으세요. 당신은 애도할 시간이 필요합니다. 그 시간을 존중하는 게 혼란의 단계를 통과하는 가장 자비로운 방식입니다.**

혼란을 통과하기

그라운딩이 되지 않은 순간과 혼란 속에서 보낸 시기는 같지 않습니다. 만약 인생 여정이 달라져 장기간 혼란을 겪고 있다면 오래된 것을 해체하고 새로운 것을 만들고 있다는 사실을 기억할 필요가 있습니다. 삶의 구조가 부서져 변화하는 동안 영적인 수행의 방향을 안내해주는 건강한 지원 체제가 필요할지도 모릅니다. 예배당이나 영적 수행의 장소를 방문하는 것, 요가를 배우거나 심리치료를 받는 것, 영적 지도자나 힐러를 만나는 것, 가족의 도움을 받는 것, 비슷한 마음을 가진 사람들과 교류하는 것, 창의력을 발산하는 활동을 하는 것, 건강 관리를 하는 것 등이 이런 종류의 지원 체제에 해당합니다. 지원 체제가 있으면 가슴이 나아가는 방향에서 벗어나지 않게 되고, 그것에 집중하는 데 도움을 줍니다.

만약 우리가 이런 혼란의 시기를 내면을 돌보고, 신과의 연결을 느끼고, 가슴이 원하는 게 무엇인지 발견할 수 있도록 활용하지 않는다면 혼란의 상태는 몇 번이고 거듭 발생하여 우리에게 트라우마가 될 수도 있습니다. 그 혼란이 그토록 필요한 삶의 변화를 가져오기 위한 촉매제라는 것을 깨달을 때까지 말입니다. 이것은 우리가 내면을 들여다볼 때 에너지가 막힌 부분, 그리고 그 안에 담긴 감정으로부터 도망치지 않고 그것을 직면할 의지가 있어야 한다는 뜻입니다. 막힌 에너지를 외면하면 혼란 속에 갇히게 됩니다. 왜냐하면 혼란을 겪는 동안에는 우리가 내면에 담아뒀던 에너지 덩어리들이 수면 위로 떠오르는데, 이것들은 우리의 관심을 필요로 하기 때문입니다. 이 시점에는 분명한 선택의 여지가 있습니다. 상처 주변에서 계속 서성거릴지, 아니면 한 단계 도약해서 이를 치유의 기회로 삼을지는 여러분에게 달려 있습니다.

혼란을 겪으면서 힘든 순간을 통과할 때 다음 사항들을 염두에 두면 도움이 됩니다.

1. 속도를 늦추세요.

2. 그라운딩이 안 되어 있거나 과도하게 감정적인 상태에서는 중요한 결정을 내리지 마세요.

3. 현재 상황이 어떤 결과를 가져올지 알려고 하기보다는 '흐름을 따라가는 것'에 마음을 여세요. 폭풍에서 빠져나오면 당신 앞에 나타나는 것을 볼 수 있을 것입니다. 인내심을 갖기가 힘들다면 믿음을 갖고 가능한 한 모든 게 신의 질서에 따른 것임을 믿으세요.

4. 결정을 내려야만 한다면 내리세요!(하지만 2번에서 언급했듯이 불안정한 상태가 아니어야 합니다.) 때로는 단순히 선택을

함으로써 상황이 주는 에너지를 변화시킬 수 있습니다. 어떤 선택을 해야 할지 정말 모르겠다면 해야 할 것같이 느껴지는 것을 선택하세요. 너무 많이 생각하지 않길 바랍니다! 과하게 분석하는 게 혼란을 더 심하게 만들 때가 많으니까요.

5. 믿으세요. 마음을 여세요.

6. 명상하세요. 만트라나 확언을 외우면서 에너지를 변화시키세요. 내면으로 들어가세요.

아래의 명상을 시도해보면 좋겠습니다.

삶의 모든 게 무너지고 있다 해도, 그 누구도 당신의 고통을 없애줄 수 없다 하더라도, 너무나 고단할지라도, 당신에겐 여전히 고요함 속에 거할 충분한 에너지가 있습니다. 당신 가슴에 있는 신전으로 와서 휴식을 취해보세요. 당신은 신발을 벗고 고요함 속에 앉아 있습니다. 당신의 어린 시절 모습이 가슴 안으로 걸어 들어옵니다. 이제 당신의 영혼을 느껴보세요. 등 뒤에 있는 신전의 문을 닫습니다. 깊은 호흡을 들이마시고 내쉽니다. 여기, 당신의 신성한 가슴의 공간에 당신은 혼자 있습니다. 조용히 앉아서 숨을 쉬어봅니다. 속도를 늦추고 생각을 잠재웁니다. 당신의 호흡이 이 공간에서 가장 큰 소리가 될 때까지 호흡을 계속합니다. 영혼의 속삭임을 들어봅니다. 이 속삭임이 머릿속 생각보다 더 커질 때까지 고요함 속에 앉아 있습니다. 여기에 존재하며 호흡합니다. 울고 싶으면 울어도 괜찮습니다. 빛의 물줄기가 가슴으로 쏟아져내리는 것을 느껴봅니다. 빛이 당신을 씻어줍니다. 그 빛이 지금 겪고 있는 상황 속에 혼자라는 느낌을 지워줍니다. 당신은 혼자가 아닙니다. 신성한 빛이 당신과 함께합니다. 이곳에서 매일 신과 만날 것을 약속합시다. 원하는 만큼 이곳에 머물러도 좋습니다. 날마다 조금씩 더 내보내고 조금씩 더 털어놓으면서 더 많이 드러내보세요. 그리고 나서 당신 삶의 어떤 것에 대해 감사하는 마음을 가져봅니다. 당신에게 주어진 것에 감사한다는 것을 신에게 알리면, 힘든 시기에도 주어진 삶을 받아들인다는 의지를 보여주게 됩니다.

혼란이 일어나면 한 개인이 갖고 있던 구조가 해체되고 믿을 만하다고 여겼던 모든 것이 불확실해집니다. 안락함과 안전함의 느낌을 주던 이전의 모든 믿음들은 이제 좌초되어 더 이상 당신을 지탱할 수 없게 됩니다. 내적 안정이 결핍된 채로 물질적 안정감 같은 외적인 것들에만 몰두해왔다면 당신이 의존해온 체계가 무너질 때의 느낌은 마치 당신이 딛고 선 깔개가 휙 빼내지는 것과 같습니다. 우리는 혼란을 겪을 때 왜 이런 일이 일어났는지 생각해보는 게 아니라 그저 기분 나쁘게만 받아들이는 경향이 있습니다. **당신에게 그런 일이 생긴 건 그 일이 누구에게나 일어나기 때문입니다.** 진실은, 혼란과 그 결과로 우리가 계획한 삶이 무너져내리면 우리는 '우선순위를 재정비하는 법'을 배우게 된다는 것입니다. 그리고 이로써 가슴을 통해 신과 관계를 맺는 것이 가능해집니다. 혼란의 상태는 내면을 성찰하고 내면 작업을 할 기회입니다. 또, 우리의 삶을 있는 그대로 받아들이고 우리의 업적을 인정하는 것과 마찬가지로 우리의 실패도 인정해줄 기회입니다. 내 마음을 괴롭게 만드는 것을 직면하고 기도에 나를 맡기는 시간인 것입니다.

혼란은 손이 뒤로 묶여 있는 것처럼 느껴지는 시기입니다. 수많은 책을 읽고 온갖 심리치료를 받고 같은 이야기를 몇 번이고 반복하면서 친구들을 지치게 만들었음에도 불구하고, 결국에는 한때 당신이 신뢰할 수 있는 진실이라고 여겼던 것이 더 이상 실재하지 않는다는 사실만 남아 있기 때문입니다. 이렇게 믿을 수 없는 상황은 사실 완벽한 상태입니다. 그렇습니다. 정말로 완벽합니다. 당신은 자신이 있어야 할 상황에 처한 것뿐입니다. 그러니 조용히 내면으로 들어가 기도를 시작하면 됩니다. 당신의 세상이 모조리 산산조각 났을 때, 왜 그런지 이해할 수 없다면 명상하고 성찰하며 기도하는 게 그 어느 때보다 더 중요합니다.

때로는 혼란을 겪는 게 영적, 감정적, 신체적인 깨어남이 동시에 일어나고 있음을 시사하기도 합니다. 이는 불안과 우울, 신체의 반응 등으로 나타날 수 있습니다. 베스Beth는 감정적인 혼란이 공황과 신체적인 반응으로 표출된 자신의 이야기를 말해주었습니다. 그녀는 신에게 기도하는 것이 어떻게 혼란을 해결해주었고, 또 평화를 찾는 데 도움이 되었는지 알려주었습니다.

베스의 이야기

서른두 살이 되었을 때 나는 신체적, 정신적, 감정적으로 혼란에 휩싸였어요. 갈비뼈와 위장, 간, 쓸개 등에 극심한 통증을 느꼈고, 공황과 악몽에 시달렸으며 온몸의 근육이 쑤셨죠. 나는 이렇게 심한 통증이 있으니 병에 걸린 게 틀림없으며 내가 죽어가는 중이라고 확신했어요. 가능한 한 모든 전문의를 찾아다녔습니다. 어째서 아무도 내가 아픈 원인을 찾아내지 못했을까요? 내 몸은 분명 나를 공격하고 있었어요. 아무것도 먹고 싶지 않았고 겨우 입안에 넣은 음식은 삼키기도 전에 뱉을 수밖에 없었습니다.

어느 날 나는 직장 동료에게 집까지 태워달라고 부탁해야 했습니다. 공황 상태에 있었기 때문입니다. 혈압이 높았고 동공이 심하게 확장되어 있었어요. 어린 시절 트라우마가 수면으로 올라와 얼어붙은 채 어찌할 바를 몰랐습니다. 집 앞에 도착했을 때는 마치 그 어떤 것도 현실이 아닌 듯이 느껴졌습니다. 내가 미쳐버리기 전에 도움을 받아야 한다는 것을 깨달았어요. 집 안으로 걸어 들어가면서 나는 성경책을 떠올렸습니다. 나는 가톨릭 신자로 자랐기에 어릴 적 우리 집에는 항상 성경책이 있었죠. 나 역시 집에 성경책이 있었습니다. 재미있는 건 여태껏 성경책을 열어본 적도 없었던 내가 먼지 쌓인 책장에서 성경을 꺼내기로 결심했다는 거예요. 나는 읽고 집중할 수 있는 무언가가 필요했죠. 이 공포심에서 나를 해방시켜줄 무언가가 있어야만 했어요. 나는 뒷마당에 앉아서 성경책을 꺼내 들었습니다. 가죽 커버 위로 눈물이 떨어졌습니다. 눈물이 뺨을 타고 흘러내리며 엄청난 괴로움과 절박함으로 책을 적셨어요. 나는 "제발, 이 고통이 없어지게 해주세요"라고 애원했습니다.

그리고 아마 성경책을 보면서 잠이 들었던 것 같아요. 잠에서 깨어 몸을 일으키니 여섯 마리의 사슴이 내 주위를 감싸고 있었죠. 사슴도 나만큼이나 놀란 듯했습니다. 사슴들은 아주 고요하게 서서 부드럽게 눈을 깜빡이다 숲속으로 조용히 걸어 들어갔어요. 그 순간 나는 나를 위해 마련된 원대한 계획이 있다는 것을 알았습니다. 그 사슴들은 선물이었어요. 격려의 말을 속삭여주고 커다란 위안을 주면서, 오직 동물의 영혼이기에 가능한 방식으로 내게 찾아온 선물 말이에요. 신이 내 고통을 듣고서 가장 아름답고 평화로운 동물 메신저를 보내, 에너지로 나를 안아주고 고통의 시간 동안 나를 지지하며 인정해준 것입니다. 신과 내가 함께 이 고통을 통과할 수 있다는 희망. 그렇게 신과의 연결이 생겼습니다.

그날 오후 나는 스쿨버스 정류장으로 아들을 데리러 갔어요. 아들은 1학년이었습니다. 10분쯤 뒤면 아들이 버스에서 내려 내게 달려올 것이었습니다. 그러나 압도당하는 듯한 그 느낌이 또다시 찾아왔습니다. 음식을 토했고 복부 통증과 함께 불안감을 느꼈습니다. 나는 내 상태가 나아지지 않을까 봐 몹시 두려웠습니다. 그날은 당시의 내 마음 상태를 완벽하게 반영한 어둑어둑한 날씨였습니다. 그 당시 나는 잃을 게 하나도 없는 듯 느꼈습니다. 어쨌든 모든 게 다 무너지고 있었고, 절박했습니다. 나는 완전히 마음을 열고 연약한 날 것의 상태로 있었지만, 수용적이기도 했죠.

나는 도로 끝에 있는 모퉁이에 앉아 울기 시작했어요. 인생에서 단 하루라도 괜찮다고 느낄 날이 다시 올까 생각하면서요. 손으로 머리를 감싸고 앉아 고개를 들어 하늘을 보았습니다. "더는 감당 못 하겠어요. 내겐 너무 벅차요. 신이시여. 도와주세요"라고 큰 소리로 말했어요. 말을 마치고는 고요히 앉아 눈을 감고 고개를 들어 하늘을 보았습니다. 그러자마자 엄청나게 아름다운 황금빛의 따사로운 태양이 얼굴을 감쌌어요. 부드럽고 사랑스럽게 나를 안아주는 태양. 이렇게 깊은 평화와 사랑의 느낌은 어떤 말로도 적절히 표현할 수가 없습니다. 마치 신이 손으로 내 얼굴을 보듬어주는 듯한 느낌이었어요. 나는 울었습니다. 하지만 이번에는 신에게 안겨 걱정과 고통, 슬픔이 없는 느낌이었습니다. 이 느낌은 2분 정도 지속되었죠. "네, 그래요. 알겠어요"라는 말밖에 할 수 없었습니다.

나는 눈물을 닦았습니다. 마음이 차분해졌고 동반자가 생긴 것 같았습니다. 마법과도 같은 선물을 또 하나 받은 것입니다! 그것도 하루에 두 개씩이나! 내가 지지와 사랑을 받고 있음을, 영혼이 나를 안내해주고 있음을 알려주는 선물이었어요. 나는 잔디가 그렇게 푸르른지 그제야 보게 되었습니다.

언제 그렇게 되었을까요? 얼마 동안이나 그렇게 푸르게 있었던 것일까요? 새들이 꼭 나를 위해 노래하는 것만 같았습니다. 나만을 위한 콘서트라니! 새들이 새로운 노래를 배웠나? "이건 나한테 너무 버거워. 여기 있고 싶지 않아"라는 생각이 "나는 존재해. 그리고 너무 감사해"로 바뀌었어요.

가슴이 깨지면서 열리기 전에는 아무도 신뢰하지 않았습니다. 계속되는 불안 상태로 살면서 압도당하는 느낌과 억압당한 어린 시절의 기억에서 벗어나려 항불안제만 먹고 살았죠. 정신없고 단절된 느낌이었습니다. 마치 자동조종장치가 달린 듯 지내면서 내 속이 얼마나 엉망진창인지 정말로 아는 사람이 있을까 생각했었어요.

도움이 절실했던 시기에 내 몸이 나를 배신하거나 문제를 더 심각하게 만든 것은 아니었습니다. 내 신체적 자아는 다만 더 이상은 조용히 있을 수 없었던 것뿐이에요. 내게는 신체 증상을 살펴보고 불안과 우울, 거식증, 공황, 만성 통증, 악몽을 온전히 받아들이는 일이 필요했습니다. 일어나는 감정 하나하나를 모두 느끼고 인정해야만 했습니다. 늘 그랬듯이 감정을 포장하지 않고 말입니다. '모든' 감정을 보살펴주는 시간을 갖는 것은 나를 신체적, 감정적, 정신적, 영적으로 건강하게 해주었습니다. 우주가 당신을 보호하고 있고, 머릿속 혼란을 온전히 받아들이더라도 정신을 잃거나 미치지는 않는다고 믿는 것은 쉬운 일은 아닙니다.

이제 나는 매일 신의 원천과 연결되는 것의 중요성을 기억하면서 하루하루를 보냅니다. 나는 내 재능을 감사하게 여기고 직관이 주는 지혜에 전념하며 지냅니다. 또, 상위 차원의 지혜에 귀 기울이고 온전히 받아들이는 것이 본연의 나를 존중하고 진정한 내 영혼에 더 가까이 가게 해준다는 것을 알게 되었죠. 신의 원천이 나를 인도하도록 의식적으로 선택한 것입니다. 내 상위 자아/영혼은 내가 '나'라는 장엄함과 통합되기를 원하며, 이러한 사실은 나를 미소 짓게 합니다. 나는 나뿐만 아니라 우리 모두가 그저 '허용'하기만 한다면 우주의 지원을 받을 수 있다는 강력한 메시지를 받은 적이 있어요. 지금까지 내 여정은 가슴 열림, 혼란, 치유, 관조적 존재의 단계를 거치며 나를 신과의 대화로 이끌었어요. 각 단계마다 나는 잃어버린 나를 되찾았고, 혼란의 시기 동안 나를 위로해줄 지침과 지원을 요청해 도움을 받았습니다. 궁지에서 벗어났을 땐 함께 축하해달라고 기원했습니다. 가슴이 깨져서 열릴 때마다 빛이 더 밝고 강하게 들어왔습니다.

베스는 신과의 연결을 발견하고 혼란에서 빠져나오도록 도움을 받은 자신의 이야기를 공유해주었습니다. 이번 장의 마지막에 있는 질문들을 보면서 당신이 삶에서 어떤 혼란을 경험했으며 이를 어떻게 통과했는지 생각해보세요. 만약 지금 혼란 속에 있다면 혼란의 과정을 통과하기 위해 어떤 도움이 필요한가요?

성찰 일지

주제: 자기중심을 찾고 혼란을 통과하는 법

1단계: 가슴이 열리기 시작했을 때 어떤 혼란을 겪었는지 이야기해봅니다. 혼란스러운 경험이었지만 자신이 누구인지 알기 위해 통과해야만 했던, 목적이 있는 상태였다는 것을 이해하면 그 상황을 더 명확히 볼 수 있습니다. 이 주제로 이야기를 하거나 글을 쓸 때는 간결하고 요점 있게, 그 당시에 느낀 감정을 인정하면서 해보세요. 과거의 일이지만 아직도 감정이 올라온다면 어떤 감정인지 말해보세요. 혼란을 명확히 보기 위해 아래의 질문에 답해봅시다. 혼란을 어떻게 통과했는지, 혹은 현재 혼란 상태에 있다면 어떻게 이를 통과할지를 통찰하는 데 도움이 될 것입니다.

2단계: 혼란에서 명확함으로 옮겨가기
- 가슴이 열리기 시작하면서 삶에서 혼란을 경험했나요?
- 그렇다면, 당신이 겪은 혼란은 어떤 모습이었나요?
- 어떻게 혼란에서 빠져나왔나요? 나올 수 있었나요?
- 가슴이 열리기에 앞서 혼란이 먼저 일어났나요? 그렇다면 어떤 면에서 혼란스러웠나요?

♥ 그때 상황을 되돌아보세요. 혼란을 겪고 있을 때 어떤 사람이나 취미, 안전한 장소 같은, 그라운딩된 상태를 유지하는 데 도움이 되었던 정신적 지주나 신의 은총이 있었나요?

♥ 혼란은 우리가 내면의 목소리와 직관을 발견하는 데 도움이 됩니다. 속도를 늦추고 이를 들으려고 한다면 말입니다. 당신은 직관의 소리를 들은 적이 있나요? 귀담아들었나요? 자세히 말해보세요.

♥ 혼란의 경험이 당신에게 어떤 도움이 되었나요/도움을 주고 있나요?

♥ 혼란스럽게 느껴지는 삶의 패턴을 생각해보세요. 쉽게 생각나는 것으로 최소한 세 가지를 적어보세요.

♥ 지금 알고 있는 것을 기반으로 해서 이런 패턴을 어떻게 바꾸면 도움이 될까요?

♥ 과거의 어떤 사람에게 아직도 화가 나 있나요? 그렇다면 이것이 현재의 혼란에 어떤 영향을 미치나요?

♥ 자신과 타인을 용서할 준비가 되었나요?

♥ 감정이 일어날 때 이를 느끼도록 허용하나요? 그렇지 않다면 이유가 무엇인가요?

♥ 지금 당신이 느끼도록 허용해야 할 특정한 감정이 있다는 것을 알고 있나요? 그렇다면, 어떤 감정인지 말해보세요.

♥ 지금 그 감정을 느껴볼까요?

♥ 현재 당신의 삶을 생각해볼 때 지금 당신이 무의식적으

로 혼란을 만들고 있다고 생각하나요? 그렇다면 어떤 면에서 그런가요?

♥ 행복은 내면에서 오며 평화롭고 만족스러운 느낌이 행복한 경험에 속한다는 사실을 고려해서, 다음 질문에 신체가 어떻게 반응하는지 주목해보세요. 스스로에게 물어보세요. '나는 만족감을 긍정적이고 바람직한 것으로 경험하는가, 아니면 부정적인 것으로 경험하는가?'

♥ 혼란의 단계를 이미 통과했다면 어떻게 그 시기를 통과했나요?

♥ 자기 자신과 연결되는 데 도움이 되었던 특별히 명확한 순간이 있었나요?

♥ 당신의 영혼이 지금 혼란을 통과하기 위해 무엇을 하라고 말해줄 것 같나요?

6장
치유

"영혼은 그 자신의 치유를 위해 무엇을 해야 하는지 항상 알고
있다. 어려운 건 생각을 잠재우는 것이다."

— 캐롤라인 미스Caroline Myss

'치유'라는 단어를 사용할 때 조심하는 사람들이 많을 것입니다.
'치유하다'의 정의가 '병을 낫게 함'이라는 뜻을 포함하기 때문이
죠. 의료 분야는 과학적인 설명이 불가능한 방식으로 '병이 나았다'
는 주장을 경계합니다. 분명히 해두자면 내가 말하는 '치유'는 날로
증가하는 행복의 상태를 위해 영적인 개발과 의식 상승, 그리고 보
완 의학적(complementary health) 식이 요법을 활용하는 변화의 과정
을 말합니다. 내 경험상 내적인 상태의 변화를 통해 신체의 치유가
가능합니다.

나는 지난 수년 동안 사람들에게 에너지 힐링 세션을 해주면서
그들이 과거에 입은 상처를 치유하는 것을 지켜보았습니다. 나는
투시력이 있고 직관이 발달된 힐러로서, 아무런 믿음도 없이 살던
사람들이 삶에서 영적인 측면을 받아들이는 것을 목격했죠. 이것이

바로 치유입니다. 또한 나는 과체중에서 벗어나 몸을 변화시킨 사람들과 무겁고 오래된 감정들을 방출하여 몸을 변화시킨 사람들도 보았습니다. 이 역시 치유입니다. 나는 가슴을 열고 기쁨을 발견한 사람들도 보았고 한때는 부정적인 반응을 불러왔던 기억이나 상황에 대해 완전히 새롭고 달라진 반응을 보이는 이들을 보며 놀라기도 했습니다. 이 모든 게 치유입니다.

내가 에너지를 볼 수 있고 직관이 발달된 사람이라는 것을 처음 깨달았을 때, 나는 내 재능을 이용해서 영매가 될 수 있을 거라고 생각했습니다. 영매로 일하는 게 잘못된 것은 아니며, 직관이 강하다는 건 초자연적으로 '보는' 능력을 포함하는 것도 사실입니다. 초자연적 분야는 상당히 광대하고, 예지력이 있는 내겐 수많은 길이 열려 있었습니다. 하지만 영매가 되는 게 반드시 치유와 연관되는 것은 아니며, 치유만이 내 능력을 활용하는 최선의 방법이라는 것을 나는 이미 알고 있었습니다. 나는 내 재능과 기술을 이용해서 사람들이 에너지를 정화하고 신과 연결되어 치유되도록 도와주는 게 나의 소명이라고 느껴졌어요. 나는 초자연적 능력으로 감지한 정보를 말해줄 때, 그 정보를 활용해 변화를 가져올 수 있는 수단이 없으면 절대 그것을 누군가에게 말해주지 않습니다. 나는 사람들이 일생 동안 앓아온 상처를 치유하고 변화, 성장하는 여정을 함께 해왔고 이들은 자신이 결과적으로 완전히 새사람이 된 것처럼 느껴진다고 했습니다.

치유는 언제나 긍정적인 경험일까요? 결국에는 그렇습니다. 변화를 가져오는 일이니 긍정적이라고 할 수 있습니다. 하지만 치유의 여정은 엉망진창일 수도, 힘들고 고통스러울 수도 있습니다. 치유는 어두운 터널로 우리를 데려가기도 하는데, 그럴 때면 터널 끝에 있는 빛을 장기간 인식하지 못할지도 모릅니다. 그렇게 어둡고 힘든 순간에는 혼란과 치유가 동시에 존재하는 경향이 있습니다. 치유는 혼란과 함께 작용하며 반드시 혼란이 끝나야만 시작되는 것도 아닙니다. 치유와 혼란 사이에는 특정한 경계가 없기 때문입니다. 오히려 이 둘은 밀접히 연관되어 있습니다. 치유는 혼란을 가져올 수 있고 혼란은 치유를 야기할 수 있습니다.

영적 치유는 삶에서 계속되는 과정입니다. 한 개인으로 성장하고자 하는 당신의 선택이 있으면 이 과정에 가속이 붙습니다. 치유와 혼란 없이는 영적으로 성장하고 진화할 수 없습니다. 이 두 단계 모두가 자신의 행동에 책임을 지도록 우리를 도와주기 때문입니다. 우리는 우리의 치유된, 혹은 치유되지 않은 상처들에 대한 책임이 있습니다. 타인에게 자신의 감정을 투사하는 것 역시 마찬가지입니다. 우리는 이것들을 책임짐으로써 혼란에서 빠져나와 치유로 들어갈 수 있고 치유로부터 변화를 이룰 수가 있습니다.

혼란과 치유는 치유되지 않은 상처를 수면 위로 올라오게 해주어 이를 처리하고 받아들일 수 있게 도와줍니다. 혼란의 경험은 종종 감정을 휘저어놓아 더 깊은 상처를 드러내게 할 때가 많고, 이런 뒤에 치유의 과정이 시작됩니다. (항상 순차적으로 일어나지는 않는다는 것을 기억해두세요.) 특정한 상처를 이해하거나 인식하고 있으면서 치유하지 않는 건 그 자체로 혼란의 형태가 됩니다. 상처를 의식하게 되고 변화할 의도를 세우면 치유가 일어납니다. 더 나은 방향으로 인생을 변화시킬 의지가 있어야만 하는 것입니다. 내가 만약 "건강하고 행복해지길 원하세요?"라고 묻는다면 "네, 물론이죠, 그렇게 되길 바라요!"라고 답할 사람이 대다수일 것입니다. 그럼에도 불구하고 얼마나 많은 이들이 실제로 즐거움을 느끼는 것을 '두려워'하는지 놀라울 따름입니다. 상처를 안고 사는 게 더 편안하기 때문입니다. 우리 삶 전체가 특정한 상처에 순응하는 걸지도 모릅니다. 방치되었던 상처와 알코올 중독 문제가 있다면 이 사람은 타인에게 방치되거나 자신을 방치함으로써 형성된 깊은 공허함을 술로 채우며 인생을 보낼 것입니다. 이 사람이 달라질 의지가 생길 때까지 주변의 모든 이들이 고통을 받습니다.

치유는 과거의 경험이 주는 영향을 변화시킬 책임을 지는 과정입니다. 과거의 경험, 특히 힘들었던 경험과 막혀 있는 감정 에너지는 몸속에 남아서 원천과 우리를 분리되게 만듭니다. **치유되려면 두려움을 직면하고 변화를 만들어야 하며, 한 개인으로서 성장하려는 몸과 마음, 그리고 영혼의 완전한 의지가 필요합니다.** 치유는 점진적인 과정이기에 하루아침에 일어나지 않습니다. 비슷한 문제를 가진 두 사람도 같은 속도로 치유되지는 않습니다. 우리 모두는 복잡한 인생 경험의 지도를 가지고 있으며 이것이 지금 우리의 모습을 만들었습니다. 과거의 상처를 돌아볼 때 감정적, 심리적, 영적인 측면에서 수면 위로 올라오는 것을 직면하려면 인내심과 의지가 필요합니다.

인생이 힘들고 고통스러웠다 하더라도 영혼은 과거와 당신의 관계를 변화시키고 치유할 능력이 있다는 것을 기억해두세요. 살면서 내면 작업을 할 의지가 강할수록 우리는 더 많이 치유됩니다. 우리 시스템에 있는 막힌 에너지를 정화할 때 우리는 오래되고 부정적이며, 어둡고 제한적인 것을 방출하는 대신에 아름답고 평화로우며, 사랑이 가득한 신성한 빛의 에너지를 받아들입니다. 우리 시스템 안에 밝은 영혼이 빛날 공간을 더 많이 만드는 셈이죠. 따라서 더 많이 치유될수록 우리 존재는 신의 빛을 더 많이 담을 수 있습니다.

자신의 '이슈'가 떠오를 때 이를 인식하게 되는 건 일생 동안 지속되는 과정입니다. 하지만 자신의 특정 이슈를 바라보는 데 더 편안해지고 숙련이 되면 치유가 더 빨리 된다는 것을 알게 됩니다. 치유하는 동안에는 개인적인 강인함과 영적인 체력이 생겨나서 다른 이슈가 생기더라도 더 쉽게 감당할 수 있습니다. 에너지 측면에서의 치유는 강력하고 충만하며 힘들지만 용기를 주는 일입니다.

치유를 영적인 관점에서 바라보는 건 신체적 질병의 치유에도 도움을 줍니다. 트레이시 맥스웰Tracy Maxwell은《암과 함께 싱글로 살기》(Being Single, with Cancer)의 저자입니다. 그녀는 케이티 커릭 Katie Couric이 진행하는 프로그램에 출연해 자신의 이야기를 들려주었고 미국 전역을 돌면서 연설을 하고 있습니다. 그녀는 영적인 깨어남의 4단계 관점에서 자신의 치유 과정을 이렇게 회상합니다.

트레이시의 이야기

암은 내 가슴을 가장 많이 열어주었습니다. 의사에게서 처음 암이라는 말을 들었을 때, 나는 내가 암이라고는 전혀 예상하지 못하고 있었어요. 나는 많이 두려웠습니다. 수술 후 회복되는 동안 정맥으로 약이 들어올 것이고, 눈부신 콜로라도의 여름날을 즐기지도 못할 것이며, 강(river) 해설사로 일하지도 못할 거라는 생각이 들자 화가 났죠. 흥미롭게도 암에 걸린 것에 대해서는 화가 난 적이 없었어요. 끝나지 않을 것만 같은 치료를 견뎌야 함에 화가 난 것이었습니다. "왜 내가?"라고 묻지도 않았어요. 내 생애 가장 힘들고 절망적이고 외롭고 무서운 일을 겪으면서도 이 모든 것에 목적이 있다고 느꼈어요.

혼란의 시기는 몇 년간 지속되었습니다. 다양한 치료와 수술, 후속 조치를 받으며 감정의 롤러코스터를 겪었고, 두 번 재발하기도 했어요. 수많은 조사 끝에 새로운 치료법도 발견했습니다. 모든 인간관계와 직장, 경제적인 부분까지도 영향을 받았어요. 거의 매일 죽음에 대해 생각하게 되었고 내가 애초에 이 땅에 온 이유를 고심하게 되었어요.

암이 생기고 나서 겪은 고통과 트라우마들이 나를 치유로 이끌고 있음을 진심으로 받아들이자, 나는 암이 더 큰 문제의 한 증상일 뿐이라는 것을 깨달았습니다. 내 삶에서 감정적, 정신적, 육체적, 영적으로 나와 맞지 않는 패턴이 있었어요.

암은 영예롭게도 이 모든 측면에서 중대한 변화를 만들도록 내 주의를 촉구하는 계기였죠. 나는 많은 것을 배웠습니다. 무엇보다도, 도움을 요청하고 받는 법을 배우게 되었어요. 암처럼 심각한 일을 겪고 나서야 그렇게 할 수 있었습니다. 나는 콜로라도의 혹한 속에 발목이 부러져 목발을 짚고 다니면서도 건물 밖 계단을 혼자서 올라갔고, 6년 동안 운전을 할 수 없었는데도 도움을 요청할 줄 몰랐었습니다.

나는 내 가치를 (혹은 가치 없음을) 타인에게 줄 수 있는 것과 연관시키는 신념 체계를 갖고 있었습니다. 그러다 보니 오랫동안 나는 내가 받는 것보다 훨씬 더 많은 것을 주면서 살았습니다. 가족과 회사, 친구들, 실제로 이 세상의 모든 문제에 책임을 지고 있었죠(적어도 감정적으로는 그랬습니다). 나는 내게 아무것도 남아 있지 않을 때까지 주었습니다. 그러고도 좀더 주려고 내가 가진 게 더 없는지 파헤치기 시작했어요. 이러면서 나는 소진되었습니다. 이렇듯 내 가치를 남에게 주는 것과 연관 지었다면, 내가 얼마나 남에게 도움을 요청했을까요? 그렇습니다. 그래본 적이 거의 없어요. 남에게 도움이 되지는 못할망정 짐만 될 거라고 생각했죠.

그리고 암이 찾아왔습니다. 7년간 건강 문제와 경제적인 어려움을 겪으면서 비영리 단체를 만들어 꾸려가는 동안 나는 싱글이었고 특별한 도움 없이 혼자 살고 있었습니다. 그러다 내가 도움을 요청하고 받아들일 만큼 취약해졌을 때, 도움의 손길이 떼로 나타났습니다. 감정적인 지원, 간병, 기부, 치료법 추천, 치료 프로그램, 청소, 음식, 운전, 편지와 선물, 모자, 스카프, 이 외에도 수없이 많은 형태로 나를 도와주는 이들이 나타났습니다. 나는 아직도 도움을 구하는 게 쉽지 않습니다. 남들에게 공헌하는 것 이상의 가치가 내게 있다는 것을 이해하기가 쉽지 않기는 해도, 이제는 오래된 패턴이 나올 때면 즉시 이를 알아보고 엉망진창이 되기 전에 빨리 대처하지요.

지금 나는 사람들이 자신의 패턴을 치유하는 것을 돕고 있습니다. 연설과 코칭을 하고 치유 여행과 워크숍을 열기도 합니다. 《암과 함께 싱글로 살기》라는 책도 출간했습니다. 나는 암을 커다란 선물이라고 생각합니다. 암은 내가 치유되도록 도와주었고, 나는 이에 감사합니다.

암과 같은 신체적인 위기가 생기면 질병에서 치유되기 위해 내게 어떤 생각과 감정, 패턴이 존재하는지 더 깊이 들여다보게 된다는 것을 트레이시의 이야기를 통해 알 수 있었습니다. 여기서 중요한 건 모든 신체적 질병의 기저에는 에너지적인 요소가 있다는 점입니다. 우리 신체가 에너지로 구성되어 있기 때문입니다. 하지만 에너지 힐링으로 모두가 완치되지는 않을 수도 있습니다. 암과 같은 질병이 나타났을 때는 몸의 세포를 변화시키는 데 도움이 되는 다양한 치료법을 찾아볼 수 있을 것입니다. 식이 요법으로 몸을 알칼리성으로 만드는 방법부터 수술을 받는 것까지 치료 범위에 들어갑니다. 트레이시의 경우 영적인 깨어남과 치유의 과정에서 암이 영감을 불어넣어 주었습니다. 트레이시에게 치유란, 단지 암을 치료하는 것만이 아니었습니다. 암에 걸린 뒤 겪은 개인적이고 영적인 변화가 치유였습니다.

왜 치유를 하는가?

"우리는 왜 치유를 하는가?" 이것은 이 땅에서 우리 영혼이 가는 길의 기저를 이루는 근본적인 질문입니다. 영혼으로서 우리는 신성한 빛에서 태어나 빛으로 돌아갑니다. 지구에서 육체를 갖고 살아가는 것은 우리에게 주어진 근본적인 선물입니다. 이번 생에 이 몸 안에서 우리가 가진 잠재력을 최대한 펼치면서 사는 것, 자기 고유의 재능을 표현하면서 삶에 공헌하는 것이 우리가 신에게 할 일입니다.

선천적으로 우리는 사랑을 주고받기를 원합니다. 우리는 총체적인 건강과 행복을 경험하길 원하고 신뢰할 줄 알며, 안전함과 안정감을 느끼면서 행복하게 살기를 바랍니다. 카르마나 현재의 인생 경험으로 인해 우리는 자기 자신과 잘 지낼 수도 있지만, 좋은 기분으로 안전하고 행복하게 지내는 게 힘들 수도 있습니다. 제한적인 신념 체계, 삶의 경험에서 비롯된 폐쇄적인 각인 때문입니다.

우리는 내면에 자리한 보이지 않는 기류의 도움을 받아 치유가 됩니다. 이 기류는 내면의 빛에 더 가까이 우리를 데려가 줍니다. 이를 은총(Grace)이라고 부르기도 합니다. 우리가 알고 있건 아니건 내면의 지성은 지속적으로 우리를 빛에 더 가까워지도록 인도하고 있습니다. 현재 갖고 있는 것보다 더 많은 에너지에 접근할 수 있다는 것을 내면으로 알고 있다면 은총이 독려하는 것을 감지하고 있는 걸지도 모릅니다. 더 많은 에너지를 불러올 수 있다는 생각은 직업이나 사랑, 행복감을 느끼는 능력에도 적용될 수 있습니다.

직관에 반하는 듯 보이겠지만, 우리는 편안한 상태에서는 성장하지 않습니다. 우리는 위기에 부닥치면서, 특히 인간관계와 여러 가지 삶의 역경을 통해 성장합니다. 우리가 성장하고 진화하는 동안, 과거에 마무리하지 못한 일들을 치유할 수 있는 삶의 경험들이 나타납니다. 이는 이번 생에 우리 영혼의 잠재력을 완전히 실현시킬 기회가 됩니다. 또한 우리는 직관에 귀 기울일 기회, 우리가 진정 누구인지에 대한 더 많은 진실과 빛 속에서 살 기회를 만들어가고 있습니다.

모든 사람이 다 자신의 잠재력을 최대로 활용하며 사는 건 아닙니다. 의식 수준의 차이 때문입니다. 더 분명히 말하자면 자신의 상처를 인식하지 못하는 사람은 치유가 존재한다는 것을 의식하지 못할 수도 있습니다. 따라서 잠재력은 얼마나 많은 것을 인식하는지에 따라 제한을 받습니다. 하지만 의식에 계층은 없습니다. 각자 고유의 여정이 있고 인생에 공헌하는 자기만의 방식이 있기 때문입니다. 책을 써서 사람들에게 빛을 가져다주는 게 내 여정이라면, 빵을 만들어서 사람들에게 즐거움과 빛을 전해주는 건 제빵사의 여정입니다. 의도 측면에서 보면 서로 다른 의식을 갖고 있을지 모르지만, 우리 둘 다 진심 어린 선량함으로 타인에게 마음을 쓰고 있습니다.

안타깝게도 모든 이가 자기 중심부에 선량함이 있다고 느끼지는 않습니다. 어떤 이들은 고통에 빠져 타인을 괴롭게 합니다. 이 고통에는 공감 능력 부족이나 감수성 부족도 포함됩니다. 이런 종류의 사람은 연쇄살인범, 강간범, 범죄자가 될 수도 있습니다. 모든 범죄자가 자신을 본질적으로 나쁘다고 느낀다는 말은 아닙니다. 다른 사람의 느낌을 내가 대신 이야기해줄 수는 없죠. 하지만 깊은 상처가 있다면 내면에서 어두운 감정을 먹고 살며 마음을 괴롭히는 요소가 있습니다. 이렇게 어두운 순간에는 내재된 선량함에 접근하기가 어렵습니다. 이런 사람들이 치유될 수 없다는 게 아니라, 영혼 차원에서, 영적인 측면에서 치유를 시작해야 할지도 모른다는 뜻입니다. 이는 새로운 가치를 만들어서 심리적으로 문제를 짚어보는 것을 지속하기 위함입니다.

누구나 살면서 어느 정도의 분노, 화, 소동, 외로움, 절망, 좌절, 자기비난을 겪게 됩니다. 따라서 영적으로 진화하는 영혼으로서 우리의 책임은 내면의 고통을 변화시켜서 결과적으로 지구상의 고통에 각자 공헌한 바를 치유하는 것입니다. 치유는 우리 안의 어둠을 변화시키는 것입니다. 그래서 우리가

- ♥ 빛이 되고
- ♥ 진실을 발견하고
- ♥ 내면의 신성함과 신을 알고
- ♥ 고통과 괴로움에서 자유로워지는 것입니다.

우리가 치유를 하는 이유는 배우고 성장하며 의식을 높이는 것이 지구에서 영혼이 진화하는 과정의 일부이기 때문입니다. 자신만을 위해서가 아니라 인류 전체를 위해서 말입니다. 우리가 계속해

서 성장하고 더 높은 주파수에서 진동하면, 타인에게 본보기가 됨으로써 다른 사람들도 그렇게 할 수 있도록 가르쳐줄 수 있습니다. 그리고 우리 또한 우리에게 빛을 비춰주는 사람들에게서 배우기도 합니다. 좋은 일을 하고 선하게 사는 내재된 본성에 따라 이렇게 더 높은 수준에서 기능할수록 삶이 변화합니다.

더 높은 주파수에서 진동한다는 것은 에너지가 진동하는 레벨이 각기 다름을 의미합니다. 낮은 주파수에서 진동하는 에너지에는 화, 분노, 두려움, 욕심이 있습니다. 높은 주파수에서 진동하는 것은 사랑, 평화, 관대함, 즐거움 등이 있습니다. 어느 순간에든 이 모든 감정의 스펙트럼을 내면에 지니고 있는 우리는 복잡한 인간입니다. 현재 상황에 대한 우리의 반응은 과거에 있었던 경험의 영향을 받을 때가 많고 그 경험이 어떤 감정을 불러올 수도 있습니다. 과거에 힘든 일이 많았건 수월했건 간에 영혼은 우리를 치유의 길로 이끌고 있으며, 치유는 낮은 주파수의 감정을 불러올 수도 있습니다. 치유가 많이 될수록 우리의 주파수는 더 높아집니다. 예를 들어 우리가 화가 나는 감정을 뚫고 나아갈 때, 그 반대편에는 평화가 있을 것입니다. 이렇게 되면 자신과 타인을 더 가벼운 마음으로 대할 수 있을지도 모릅니다. 이게 바로 더 높은 의식 수준에서 진동하는 것입니다.

자신을 치유하면서 우리는 치유 사례가 되어 다른 이들에게 깨달음을 줍니다. 말로 알려줄 필요가 없을 때도 있습니다. 우리가 발산하는 분위기에 사람들이 끌리고 자신도 그런 분위기를 갖고 싶어할 수도 있습니다. 이렇게 우리는 의식을 높이고 있습니다.

반면 부정적인 생각으로 되돌아갈 때도 있습니다. 부정적인 생각이 일상적인 생각 속에 계속해서 스며들면 이런 생각이 고통을 만들어낸다는 것을 깨닫지 못합니다. "오늘 할 일이 너무 많아서 그것을 어떻게 다 할지 모르겠어"라는 생각을 예로 들어보죠. 이런 생각은 실제로 고통을 만들고 있습니다. 나와 연관된 일이 너무 많아 신체가 스트레스 상태에 있다는 것을 암시하고 있어요. 이런 사고 방식을 지니고 있으면 평화가 자리할 공간이 없습니다. (여기에 대해서는 내가 누구보다 더 잘 알고 있습니다!) 이런 생각을 자주 한다면 하루에 그렇게 많은 것을 하려고 하는 이유가 무엇인지 분석해볼 필요가 있습니다. 일정을 변경하고 일을 분담하거나 일의 중요성을 점검해보면 고통이 줄어들 수도 있습니다. 이런 해결 방법을 두고 평계를 댈 때 하는 말이 있습니다. "그래도 일정을 바꿀 순 없어. 그렇게 하면 그 사람이 실망할 거야." "내가 그 일을 안 하면 일이 처리가 안 될 거야." 이 순간 당신의 상처 입은 에고는 당신을 위한 자리는 없으며 다른 사람에게 필요한 것이 당신 자신에게 필요한 것보다 더 중요하다고 말하고 있습니다. 쓸모없는 고통의 소용돌이가 시작되었습니다.

이상적으로 말하면 인류는 행복을 추구합니다. 하지만 우리는 자기 징벌로 상처를 입고 진정한 내면의 기쁨을 발견하지 못합니다. 치유되려면 부정적인 사고와 감정으로 낮은 주파수에 있을 때 이를 알아차릴 필요가 있습니다. 낮은 주파수에 있다면 깊은 차원에서 자신에게 필요한 무언가를 얻지 못하고 있을 가능성이 있습니다. 예를 들어 위로받는 느낌이나 내 이야기를 귀담아 들어준다는 느낌이 필요할 수도 있고, 즐거움을 발견하거나 휴식을 취하고 나 자신을 위한 시간을 보낼 필요도 있을 것입니다.

자신의 생각과 감정에 집중하고 더 깊은 차원에서 자신에게 필요한 것에 연결되면 당신의 주파수가 달라질 것입니다. 자신의 내면으로 들어가려면 연습이 필요합니다. 직관의 소리를 듣는 연습을 이제 막 시작했다면 직관의 소리가 당신의 의식 안에서 생각이 되어 당신과 소통하게 될 때까지 연습해야 합니다. 연습이라 생각하고 해보세요. 대부분의 경우에 사람들은 깊은 차원에서 영혼이 바라는 것을 남들이 충족시켜줄 거라 기대합니다. 그러고는 남들이 그것을 만족스럽게 충족시켜주지 못하면 실망합니다. 기분이 좋지 않을 때 자신의 내면에 집중해서 몸과 마음, 영혼에게 지금 필요한 게 뭔지 물어보는 일에 익숙해지기 바랍니다. 이렇게 성찰하는 습관은 자신의 진동수를 바꾸기 위해 스스로 해야 할 일을 더 잘 의식하도록 돕습니다.

진동수를 높이는 것은 그 자체가 하나의 과정입니다. 앞서 언급했듯이 우리가 느끼는 감정에 책임을 질 때, 그리고 그 감정을 느낄 때, 감정은 그림자에서 벗어나 빛으로 들어갑니다. 더 이상 낮은 주파수를 만들어내지 않는 것이죠. 감정을 드러내는 것은 주변의 주파수를 정화해줍니다. 자신의 빛을 경험하는 건 당신의 영혼이 진화하고 있음을 보여주는 것입니다. 이는 영적인 성장의 한 부분입니다. 성장하고 치유하는 동안 당신의 주파수가 올라가고, 그러면서 당신은 빛으로 가득 차게 됩니다.

치유의 목적은 우리 영혼의 확장, 지구를 위한 의식의 고양, 보다 나은 영적 연결입니다. 그 결과로 인생이 달라집니다. 인간관계가 변하고 습관도 변합니다. 이 세상에 올 때 가져온 잠재적인 에너지를 경험할 기회도 갖게 됩니다.

행복하고 평화로우며 성공한 사람, 무조건적으로 당신을 지지해주는 사람과 함께 차를 마시는 건 어떤 느낌일까요? 그런 사람이 당신 삶에 없다면 그런 사람을 당신 인생 속으로 끌어당기는 건 어떨까요? 어떻게 하면 될까요? 당신이 바로 그런 사람이 되어보는 건 어떤가요?

이제 진동수를 바꾸는 연습에 대해 알려드리겠습니다. 더 높은 진동 주파수를 지닌 삶이 있다는 것을 받아들이세요. 여기에는 긍정적으로 생각하고 당신의 삶과 주변의 모든 사람에게 감사하는 것도 포함됩니다. 친구와 적 모두에게 감사하세요. 그러고는 눈을 감고 당신의 고통이 담긴 화물 상자가 배에 실려 바다로 떠내려가는 것을 상상해보세요. (정말로 버거운 고통이 담긴 짐을 벼랑 아래로 던져버리는 건 어떨까요?) 이제 당신의 몸이 허리에서 남반구와 북반구로 분리되는 이미지를 상상해봅니다. 남반구에는 두려움, 분노, 화, 증오의 섬이 존재합니다. 이를 '고통의 소용돌이'라고 합시다. 북반구는 사랑과 기쁨, 관대함, 빛, 진실의 수평선으로 둘러싸여 있습니다. 이를 '높은 주파수'라고 칭하겠습니다. 이제 바닥에 닿는 발의 느낌을 느껴보죠. 고통의 소용돌이가 몸에서 빠져나와 기다란 튜브를 통해 지구의 중심으로 내려가는 것을 심상화합니다. 심상화하면서 깊게 호흡합니다. 에너지가 정화되려면 10분 이상 걸릴 것입니다. 그러고 나서 높은 주파수의 에너지가 내려와 고통이 자리했던 공간을 채워주는 것을 느껴보세요. 이와 동시에 빛이 빛나면서 몸이 진동합니다. 발은 여전히 그라운딩되어 있지만 가슴에서 빛이 발하면서 하체로 이동합니다. 황금빛이 몸을 가득 채웁니다! 모든 방향으로 황금빛이 발산되는 것을 느껴보세요.

다음으로 당신이 알고 있는 사람들을 당신이 어떻게 대하는지 생각해보세요. 당신은 사람들에게 불평을 하나요? 당신은 그 사람들이 힘들어할 때 위로해주나요? 그들이 당신이 지닌 문제에 대해 이야기해주길 바라나요? 당신의 인간관계가 고통을 지속시키면서 형성된 건 아닌지 살펴보세요. 타인과 관계를 맺을 때 높은 주파수의 방식을 선택하세요. 예를 들어 사람들에게 사랑하고 감사한다는 것을 말해주세요. 혼자 있을 때나 사람들과 함께할 때 재미있는 활동을 더 많이 하세요. 과거에 사람들의 행동에 실망한 적이 있더라도 그들이 노력하는 모습에서 좋은 점을 보세요. 기억하세요. 이번 생은 오직 한 번뿐입니다. 생각을 바꿔서 주파수를 높일 수 있는 능력은 우리 모두에게 있습니다.

의식을 높이려면 당신을 낮은 주파수에 머물게 하는 인간관계를 정리하고, 중독과 해가 되는 것에서 빠져나와야 하며, 부정적인 습관을 버려야 합니다. 가끔은 이런 것들이 주된 신념들을 제거하기도 합니다. 그리고 이 과정을 오래 지속하면 이런 종류의 고통의 소용돌이가 풀리게 됩니다. (심리치료나 외부의 도움이 필요할지도 모릅니다.) 더 행복한 사람들을 만나고 즐거운 경험을 하는 것을 택하세요. 그 사람들처럼 행복해지려면 어떤 변화가 필요한지 배우세요. 때로는 신이 우리에게 메시지와 신호를 보내주어 우리가 성장하면서 각자의 여정을 끈기 있게 걸어가도록 도와줍니다. 그 사람들이 발산하는 빛과 긍정의 에너지를 느끼는 동안 기억할 게 있습니다. 그것은 당신이 그 사람들을 당신의 삶 속으로 끌어당겼다는 사실입니다. 당신 또한 내면의 빛을 발산했기 때문입니다.

어떻게 치유되는가?

치유는 다양한 방식으로 일어날 수 있습니다. 영적 치유와 에너지 힐링이 내 전문 분야이므로 이 분야에 대한 정보를 제공하는 데 더 많은 시간을 할애하겠습니다. 하지만 테라피적 관점에서 치유를 설명하는 것도 필요할 수 있습니다. 나는 심리치료사는 아니지만 심리치료와 테라피적 기술의 가치에 대해서는 잘 알고 있습니다. 다행히도 이 시대에는 전통적인 테라피와 대체 요법(alternative healing), 그리고 명상이 혼재하고 있습니다. 이는 개인의 성장에 더 큰 도움이 되는 엄청난 혜택입니다. 전통적인 치료법과 에너지적, 영적 치유는 각기 다른 면에서 효과가 있습니다. 성공적인 치유는 단지 치료사나 힐러가 가진 기술에만 달려 있는 것이 아니라 치료사와 힐러가 어떤 사람인지에도 영향을 받습니다. 그 사람이 자신의 존재를 통해 신의 빛을 얼마나 많이 가져올 수 있는지, 그래서 영혼 차원에서 진정한 치유가 일어날 수 있는지가 중요합니다.

치유 단계에서 전통적인 치료법의 역할

전통적인 치료법이나 상담 요법은 훈련받은 심리치료사와 만나 개인적인 이슈, 인생, 어려움, 가족 관계, 증상 등을 이야기하는 것입니다. 살면서 입은 상처를 바라보고 그것에 대해 이야기하며 당신의 가족사가 당신에게 어떤 영향을 미쳤는지 살펴보는 것, 그리고 자신이 지닌 감정이나 삶의 상황을 처리하는 것이 치유 과정이 시작되는 한 방식입니다. 어떤 사람들은 이렇게 이야기를 하는 것만으로도 치료가 되고, 큰 카타르시스를 느끼기도 합니다. 상대의 말을 잘 들을 줄 아는 사람에게 소리 내어 진실을 표현하면 커다란 치유가 일어날 수 있습니다. 과거를 드러내면서 많은 치유가 일어나기도 합니다. 전에는 생각지도 못했던 관점도 얻게 될 것입니다. 심리치료사는 감정을 느낄 때 겪는 어려움을 통과하는 데 도움을 주고, 혼자 힘으로도 자신의 감정과 잘 지낼 수 있는 수단을 알려줍니다. 자신을 치유하는 일이 처음인 사람이든 전통적인 치료법을 선호하는 사람이든, 자신과 맞는 치료사를 찾으려면 여러 번의 시도가 필요할지도 모릅니다. 우리는 정신치료법의 진화로 인해 전보다 더 많은 선택의 여지가 있는 시대에 살고 있습니다. 또, 다양한 심리치료사들이 존재하니 다행스러운 일입니다.

과거를 되돌아본 적이 없는 사람이라면 가슴이 열리고 나서, 혹은 혼란 단계에 있을 때 심리치료사를 찾아보는 게 도움이 될 것입니다. 가족사를 이해하는 과정에서 전에는 보이지 않았던 것이 드러날 수도 있는데, 이는 당신의 가족 구조와 과거 경험에서 개발된 것일 수도 있습니다. 이런 지식은 과거의 일들이 왜 그런 방식으로 일어났는지 이해할 수 있도록 해주므로 가치 있는 일입니다.

전통적인 상담 치료는 일반적으로 영혼이나 존재의 영적인 측면은 다루지 않습니다. 하지만 최근에는 '전통적인' 심리치료사가 영혼, 명상, 신체적(somatic) 치유, 에너지 힐링, 영적 치유법을 별도로 공부하는 경우가 많습니다.

도리 가터^{Dori Gatter} 박사는 코네티컷에 있는 하트포드 가족 학교의 심리치료사이자 프로그램 디렉터입니다. 이 학교에서는 치료에 관련된 트레이닝을 받을 수 있는데, 감정과 영적인 치유도 다루고 있습니다. 도리 가터 박사는 전통적인 치료법과 명상, 영적인 수행을 결합해서 수많은 사람들의 변화를 돕고 있습니다. 그는 나와 함께한 인터뷰에서 자신의 경험이 영적인 깨어남의 4단계와 어떻게 연관되는지 아래와 같이 설명했습니다.

도리 가터 박사의 이야기

나는 어느 한 가지 사건이나 트라우마가 내 가슴을 열어주었는지는 모르겠습니다. 어린 시절 자체가 트라우마로 가득했고, 그래서 생존을 위해 마음을 닫아야만 했다고는 말할 수 있겠어요. 가슴을 닫아버린 것이죠. 내가 성인이 되었을 때, 갇혀 있는 것만 같고 살아 있는 것 같지 않으며 불만족스럽다고 느끼는 시점에 도달했어요. 따라서 심리치료와 치유 방법, 더 나은 인간관계 같은 것들을 찾기 시작했어요. 그 와중에 내가 몰랐던 것은, 치유가 일어나기 위해서는 내 가슴이 찢어지면서 열리는 일이 반드시 일어나야 했다는 것입니다. 그래서 나는 그저 그것을 외면하거나 아무 문제도 없는 것처럼 사는 것이 아니라 어린 시절의 마음 아팠던 일들을 온전히 느꼈어요. 나는 무의식적으로 마음 아픈 일을 겪을 인간 관계를 선택한 것 같아요. 가슴이 열리도록 말이죠. 쉽게 가슴을 열 수 없었으니 무의식적으로 가슴이 아파서 열리게 될 상황에 나를 놓아두어야만 했던 것입니다.

나는 트라우마로 인해 상당히 경직된 구조를 지녔었고, 그래서 깨지기가 꽤 힘든 사람이었어요. 이 또한 무의식적이었고, 심리치료사를 만나 치유되려고 할 때도 이를 모르고 있었습니다. 하지만 가슴을 열고 과거에 있었던 마음 아픈 일들을 마주하면서 이를 방출했고, 그러면서 혼란의 시점에 다다르는 게 무엇인지 이해하게 되었어요. 많은 감정을 내보내고 지난날에 대해 가슴 아픈 심정을 느끼고 나자, "그래, 내가 알고 있는 게 진실이 아니라니, 이제 내가 어디로 가고 있는지 모르겠어" 하는 느낌이 찾아왔죠. 그 시기에 혼란이 왔습니다. 구조를 상실했기 때문입니다.

오래되고 경직된 구조는 더 이상 내게 없었어요. 새롭고 부드러운 구조를 만들거나 찾아내야 했어요. 새로운 구조 안에서 사람들과 관계를 맺고, 이 세상과 관계 맺는 방법을 찾아야만 했습니다. 이는 분명 혼란스러웠습니다. 내가 더 많이 치유될수록, 그리고 치유 과정이 더 진전될수록, 더 깊은 차원에서 다양한 방식으로 새로운 구조가 만들어졌어요. 이 과정은 한 번에 이뤄지는 게 아닙니다.

치유란 열림을 의미합니다. 가슴이 열리면 치유를 받는 것뿐만 아니라 내면에 존재하는 오래된 고통이나 트라우마도 방출되죠. 그러면서 오래된 존재 방식을 떠나보냅니다. 따라서 당신이 혼란의 시기에 있는 것은 아직 새로운 존재 방식이 없기 때문입니다.

치유와 관조적 존재에 대해 이야기해보죠. 내가 심리치료와 에너지 힐링을 받으면서 나를 치유해 나갈수록 영적으로도 더 많은 치유가 일어났습니다. 나는 오래된 트라우마를 정화하고 영혼과 사람들, 우주, 그리고 나 자신으로부터 사랑을 받아들이고자 했어요. 새로운 것을 받아들이려면 오래된 트라우마를 더 많이 정화해야만 했습니다. 어떤 식으로든 사랑을 유지하고, 사랑에 마음을 열어 이를 받아들일 수 있게 되면서 내게 새로운 구조가 더 많이 형성되었어요. 예전의 그 방어적인 구조가 아니었죠. 그건 일어나는 상황에 대항하고 그저 세상에서 살아남을 수 있기 위한 구조였습니다. 방어적인 구조는 당신에게 "난 그저 인생에서 살아남으려 하고 있어"라는 느낌을 남길 것입니다. 치유 단계에서는 항상 그런 느낌을 받아요. 하지만 치유에 필요한 것을 하고 나면 특정한 지점에 도달하게 되는데, 균형이 약간 기울어지는 듯한 느낌이 들 겁니다. 트라우마에 가득 차서 저항감이 드는 대신, 빛과 사랑으로 가득 차게 되죠. 트라우마가 당신보다 더 크게 느껴지기보다 당신이 트라우마보다 더 커집니다. 관조적 존재에 대해 이야기하자면, 내가 트라우마보다 더 커져서 트라우마를 처리할 수 있게 된 느낌이라고 하겠습니다. 트라우마가 내 전부는 아니에요. 따라서 영혼과 사랑에 연결되고

> 나 자신과 타인에게 연결된 느낌이 더 많이 들죠. 아직 치유
> 되지 않은 트라우마의 단면을 이 사랑으로 감싸 안을 수 있
> 어요. 결과적으로 나는 내 삶에 더 만족하게 되었습니다.

도리 박사의 치유 이야기는 영적인 연결과 치료 과정이 결합되어 변화가 일어났음을 보여줍니다.

완전한 치유와 변화는 영적으로 연결될 때 일어납니다. 그렇지 않으면 에고가 상처 입은 이야기를 계속해서 반복할 것입니다. 영적으로 연결되면 영혼이 치유 과정의 일부가 되고, 정신으로는 접근할 수 없는 상위 자아 안에 더 많은 정보가 들어오게 됩니다. 이런 이유로, 영적인 작업과 심리치료가 결합되면 치유 과정이 정말로 가속화될 수 있습니다.

전통적인 상담 치료 이상의 무언가를 찾고 있다면 영적 치유나 에너지 힐링을 생각해볼 수 있습니다. 옳고 그른 건 없어요. 당신에게 필요한 게 무엇인지, 직관이 당신을 어디로 인도하는지에 달렸습니다. 특정한 종류의 치유법이 필요한 시기가 있을 것이고, 시간이 지나면 필요한 게 달라질 수도 있습니다. 선택의 여지를 두고 당신의 가슴이 알려주는 것에 귀 기울이세요.

영적 치유 또는 에너지 힐링

영혼 치유, 영적 치유, 에너지 힐링은 모두 호환 가능한 용어로 영적, 에너지적인 차원의 치유 과정을 묘사하는 데 사용됩니다. 정신

에서 벗어나 신체로 들어가 내면을 치유하고자 하는 깊은 소망을 느낀다면 에너지 힐링이 바로 당신에게 필요한 것임을 알 수 있을 것입니다. 에너지 힐링에서는 영혼에 기대고 신체에 어떤 에너지가 저장되어 있는지 살펴보는 과정이 필요합니다.

신체의 에너지가 달라지면 진정한 변화가 일어납니다. 이를 위해서는 당신의 이슈가 정신적인 것뿐만 아니라 신체와도 연관이 있다는 것을 이해할 필요가 있습니다. 예를 들어 골반에는 양육과 창의력의 에너지뿐 아니라 화, 고집 센 저항의 에너지도 있습니다. 턱에는 분노와 원한, 표현되지 않은 감정이 담겨 있습니다. 척추에도 당신의 이슈와 감정이 있습니다. 허리를 다친다면 신체적인 고통뿐만 아니라 감정적인 고통도 느끼게 되는데, 여기에는 과거와 연관된 오래된 감정도 포함됩니다. 우리가 가진 이슈가 우리 존재의 모든 곳에 자리 잡고 있다는 것을 이해하면 신체의 다양한 부위를 살펴보고 오래된 감정과 과거의 이슈, 막혀 있는 에너지를 방출할 수 있습니다.

직관적인 능력이 있는 힐러는 내담자의 에너지에 깊이 접속해 신체에 있는 에너지 블록들을 방출하고 정화하도록 유도할 수 있는 재능이 있습니다. 에너지 블록은 인식과 의도, 호흡을 그 부위나 이슈에 겨냥하면 정화됩니다. 당신은 이것이 어떻게 가능한지 머리로 이해하고 싶을 겁니다. 그러나 이성적 사고는 영혼이 에너지 블록을 내보내는 과정을 방해할 수 있습니다.

판단을 내려놓고 영혼 차원에서 치유에 접근하는 것은 커다란 발전입니다. 이것이 영적인 치유입니다. 생각을 버리고 가슴에 접속한다는 뜻이죠. 새로운 방식을 받아들이고 믿음을 갖게 되는 것을 의미하기도 합니다. 앞서 언급했듯이 가슴에게 '예스'라고 하는데는 용기가 필요합니다.

가슴에게 예스라고 하는 건 영혼이 신과 교감하는 소리에 귀기울이겠다는 뜻입니다. 당신 삶의 교훈이 쉽건 어렵건 간에 예스라고 했다면 신에 대한 믿음을 갖는 게 중요합니다. 삶이 당신을 때려눕힌다고 느끼는, 피해자가 된 듯한 그 무력감에서 벗어나 당신이 원하는 삶을 창조할 책임을 느끼는 것입니다. 가슴에게 예스라고 할 때 그 소명에 마음을 열려면 삶의 교훈 또한 받아들여야 한다는 것을 명심하세요. 예스라고 말하고 나서, 당신의 인생을 받아들이는 데에 동의하고 나서는 정말 큰 두려움에 직면할지도 모릅니다. 당신의 상위 자아는 당신이 받아들일 수 있는 것, 전진하기위해 극복해야 할 것이 무엇인지 알고 있습니다. 따라서 당신에게이런 장애물이 주어진 것은 이를 치유하기 위함입니다.

예스라고 말한다면 당신이 믿음을 찾은 것이므로 좋은 일입니다. 네, 나는 내 인생을 받아들입니다. 네, 나는 인생을 신뢰하겠습니다. 나는 보살핌을 받을 거라고 믿겠습니다. 네, 나는 새롭고 진실된 방식으로 삶에 참여하기 위해 여기 있음을 믿습니다. 네, 나는고난과 역경을 영혼으로 가는 여정으로 받아들입니다. 가슴에 예스라고 말할 때 당신은 이 모든 것에 예스라고 하는 것입니다. 믿음을가지면 편안해집니다. 무슨 일이 생기든 나는 괜찮을 것임을 알기때문입니다. 따라서 내 앞에 어떤 장애물이 생겨도 처리할 수 있습니다. 장애물은 나를 패배시키려고 있는 게 아닙니다. 내게 교훈을 주고 더 강하게 성장하도록 도와주기 위해 있는 것입니다.

신에게, 그리고 가슴과 인생, 우주, 내 소명에 예스라고 말할 때 나는 두 팔을 하늘을 향해 열고 가슴을 편 채로 시선을 위로 보면서 깨끗하고 하얀빛의 기둥과 무지개색 빛이 가슴을 감싸는 것을 심상화합니다. 정수리로 들어온 빛이 가슴으로 내려와 밝게 빛납니다. 이것은 받아들임을 상징하는 강력한 심상화 방법입니다. 에너지 바디의 통로가 충분히 정화되어 빛이 들어올 수 있음을 보여주는 것입니다. "I can see the light"(빛을 볼 수 있다는 의미와 이해할 수 있다는 의미 두 가지를 지니고 있음. 편집부 주)라는 말을 들어본 적 있을 것입니다. 이 말은 영적 깨어남, 명확한 관점으로 볼 수 있는 통찰력과 더불어 신과의 관계를 받아들인다는 느낌을 슬쩍 비추고 있습니다. 이 말은 또한 당신이 스스로의 인식 상태를 드높여왔음을 나타냅니다. 당신은 삶을 있는 그대로 받아들이고 이런 관점을 가지고 삶이 변화하는 것을 지켜봅니다.

부정적인 시각으로 인생을 살아왔다고 가정해봅시다. "제대로 되는 게 하나도 없어", "앞서 나갈 수가 없어", "나는 매력도 별로 없고 운도 없어." 당신은 특정한 렌즈를 통해서 인생을 봐온 것입니다. 이 렌즈는 인생을 보는 하나의 관점을 제공합니다. 그럼 이제 그 렌즈가 이마에 있는 제3의 눈을 덮고 있는 필터라고 생각해보세요. 제3의 눈은 인식과 명확한 시각을 담당하는 파워 센터입니다. 좀더 구체적으로 설명하자면 이런 부정적인 관점은 학습된 행동이라는 것을 이해해야 합니다. 아마도 부모님이 인생을 비슷한 시각에서 보았을 테고 당신은 그것을 자신의 것으로 답습한 것입니다.

당신에게 나쁜 일이 계속해서 일어나 더 이상 감당할 수가 없다고 가정해봅시다. 당신은 왜 이런 일이 계속 생기는지 이해하기 위해 도움을 받아야겠다고 결심했습니다. 심리치료사, 힐러, 또는 통찰력 있는 친구를 찾아가보니 그동안 당신은 삶에서 피해자 역할을 하면서 살아왔다는 것을 알게 되었습니다. 부정적인 관점은 계속해서 더 많은 부정성을 불러옵니다. 이렇게 부정적인 생각을 너무도 뿌리 깊게 믿어왔으니 정작 본인이 그렇게 하고 있다는 것조차 알지 못합니다. 이 정보를 부인하건, 아니면 받아들이고 당신의 인식이 달라지게 하건, 선택은 당신의 몫입니다.

부정적인 시각을 갖고 있다는 것을 받아들였다고 해봅시다. 일단 받아들이면 무언가가 달라질 것입니다. 그림자 속에 있던 것을 빛으로 가져왔으니 말입니다. 이제 당신은 더 이상 삶을 그런 방식으로 보지 않겠다고 선택할 수 있습니다. 자신과 타인에 대해 긍정적으로 생각하면서 삶을 바라보는 시각에 변화를 주도록 의식적으로 노력합니다. 시간이 지나고 연습을 거듭하면 당신이 인생을 보는 관점은 정말로 달라집니다. 이마에 있던 에너지적 가리개가 이제 제거되었으니 더 많은 신의 빛이 들어올 공간이 생긴 것입니다. 이는 강력한 변화입니다. 상황이 호전되기 시작합니다. 당신 삶에 긍정적인 일이 더 많이 생기기 시작합니다. 당신은 자신에 대해서 최소한 한 가지를 받아들이기로 결심하는데, 이는 또 다른 가능성의 문을 열어줍니다. 이제 다음 단계는 이렇게 새로운 관점을 유지하면 이것이 사라지지 않을 것임을 믿는 것입니다. 이 믿음을 위해 우리는 무엇을 해야 할까요? 조금 더 받아들이면 됩니다.

예스라고 말할수록 에너지 정화가 더 많이 돼서 더 많은 빛이 들어옵니다. 영혼은 빛이 되어 신과 연결되기를 원합니다. 이것이 궁극적인 목표입니다. 하나(oneness)로 연결되어 그 빛 안에 존재하는 것 말입니다. 다른 방식으로 설명하자면 빛이란 기쁨과 사랑, 행복의 주파수이며 곧 우리가 열망하는 것입니다. 신체에 있는 에너지 블록을 더 많이 치유할수록 더 많은 빛을 가져와 밝힐 수 있고 세상에 발산할 수 있습니다. **당신이 빛을 반짝일수록 다른 사람에게도 그렇게 하게끔 영감이 불어넣어집니다. 의식을 높이는 비법은 바로 이것입니다.**

영적인 치유에 필요한 것

♥ 용기

♥ 상처받은 것에는 다 이유가 있다는 생각을 버릴 의향. 상처에는 여러 겹이 있습니다. 상처받은 이유를 추론하려 애쓰면서 생각에 사로잡히면 실제로 치유 과정을 가로막을 수 있습니다. 왜 그런 일이 생겼는지 이유를 찾으며 그 단계에 갇혀버리면 실제로 더 많은 좌절감이 생기고 어떤 경우에는 또다시 트라우마를 입기도 합니다. 상처에 언제나 합당한 이유가 있는 것은 아닙니다. 트라우마 역시 합리적으로 따져볼 수 있는 것이 아닙니다. 이것이 '트라우마'가 트라우마인 이유입니다. 트라우마는 항상 논리적으로 납득할 수 있는 것이 아닙니다. 그러니 최선을 다해 감정과 함께 '있으세요'. 앞으로 배우게 될 도구들도 상처를 치유하는 데 도움이 될 것입니다.

♥ 신, 은총, 또는 신성한 연결을 느끼는 데 도움이 되는 어떤 용어에든 마음을 여세요.

♥ 자신과 연결될 수 있도록 속도를 충분히 늦추세요. 어떻게 이렇게 할 수 있을까요? 명상, 성찰, 호흡을 통해 그렇게 하세요. 이 모든 게 직관을 강화시킵니다.

성찰 일지

주제: 어떻게 치유되는가

1단계: 혼란 단계에서 치유 단계로 어떻게 넘어왔는지 글로 써보거나 이야기해보세요. 혼란을 통과하면서 동시에 치유되기 위해 노력했다면 그 과정이 어땠는지 말해보세요.
내 이야기를 다른 사람과 공유할 때는 명료하게 요점을 전달하고 당시에 느꼈던 감정을 인정하세요. 과거에 느꼈던 감정을 아직도 느낀다면 그것이 어떤 감정인지 말해보세요. 혼란에서 나와 명료함을 느끼려면 2단계의 질문에 답해보세요. 다음 장 '치유 방법 안내'에서 치유에 도움이 되는 다양한 도구를 배우게 될 것입니다. 다른 이들과 함께 이 책을 읽으면서 치유 과정을 공유하고 있다면 치유 방법 안내 부분을 읽고 나서 대화가 더 깊어질 수도 있습니다. 우선은 아래의 질문에 대해 이야기해봅시다.

2단계: 아래의 질문에 대해 생각해보기

♥ 치유를 원하고 있나요? 그렇다면 당신에게 치유는 어떤 모습인가요?

♥ 치유가 당신이 기대했던 것과는 다른 모습일지라도 당신

은 자신을, 그리고 당신의 인생과 상황을 치유할 수 있다
는 것을 알고 있나요?

♥ 어떤 치유 방법을 시도해봤나요?

♥ 아직 시도해보지 않은 치유 방법 중에 어떤 것에 관심이
있나요?

♥ 자신의 마음속으로 깊이 들어가서 내게 필요한 게 무엇
인지 귀 기울이고 있나요?

♥ 감정을 느끼는 게 잘못됐다는 생각 없이 자신의 감정을
느끼도록 스스로를 허용하고 있나요?

♥ 더 깊은 차원에서 치유되는 것을 어떤 식으로 막고 있나
요? 치유되거나 더 괜찮아지는 데 방해가 되는 자기 파괴
적인 모습이 있다면 묘사해봅시다.

♥ 완전히 치유된 자신의 모습이 어떨지 묘사해봅시다. 몸과
마음, 영혼이 최적의 상태일 때 당신의 삶은 어떨까요?

7장
치유 방법 안내

"화, 외로움, 욕심, 두려움, 우울, 갈등처럼 낮은 상태를 직면하는
것은 당신이 발견할 수 있는 가장 생산적인 정화 방법이다. 영혼
과의 연결이 깊어질수록, 당신은 당신이 애착을 느끼는 것들을
수면 위로 올라오게끔 하는 저런 것들을 더 찾아내기로 할 수도
있다. 이를 직면하고 당신의 인식을 자유롭게 하기 위해서 말이
다. 당신은 더 이상 예전의 방식을 허용할 수 없고, 더 강한 방법
으로 더 극심하게 직면하기를 요청한다. 당신의 인식을 지배하
는 에고에서 해방되고 싶을 때, 삶을 정화하는 데 필요한 게 무
엇이든 당신은 이를 감내할 것이다."

— 람 다스Ram Dass

앞서 치유에 대해 읽었으니, 혼란과 치유 단계를 통과하는 데 필요
한 도구가 무엇인지 궁금하시겠지요. 치유 과정에 접근할 때 고려
해야 할 부분이 세 가지 있습니다. 신체, 정신과 감정, 그리고 영혼
입니다.

신체 치유

치유는 육체와 정신, 영혼이 함께하는 과정입니다. 신체 건강을 관리하지 않으면 기분이 여기에 영향을 받고, 이 기분은 당신의 깊고 오래된 감정을 불러올 수 있습니다. 신체가 건강하지 않고 감정적일 때는 컨디션이 좋지 않습니다. 따라서 영혼에 접근하기가 힘들어지죠. 이 때문에 진정한 치유와 개인의 성장을 위해서는 좋은 식습관, 운동, 신체를 잘 돌보려는 노력이 필요합니다.

나는 영양사는 아니지만 건강한 음식을 선택할 수 있는 법을 알아보기를 권합니다. 요즘은 음식과 영양에 대한 정보가 풍부하니 자신의 몸에 맞는 게 무엇인지 정보를 수집하려는 개인의 의지만 있으면 됩니다. 내 경우에는 온갖 종류의 건강 요법과 운동법을 시도해봤습니다. 글루텐과 유제품을 먹지 않을 때도 있었고, 채식주의자였다가 그만두기도 했고, 팔레오paleo, 칸디다candida식을 하기도 했죠. 당신이 어떤 식이 요법을 떠올리든 그것은 아마 내가 이미 시도했던 것일 겁니다. 내 시스템에 무리를 주는 게 식이 요법과는 아무 상관이 없으며, 내 몸 안에서 어떻게 사는지와 연관이 있다는 것을 내가 한 번 깨닫게 되자 모든 게 달라지기 시작했습니다.

어떤 음식을 먹고 어떤 것은 먹지 않아야 하는지 깨닫는 것은 몸을 이완하고 호흡하며 명상하는 것, 그리고 스트레스를 해소하는 것과 더 많은 연관이 있었습니다. 나는 성취욕이 강한 성격인데, 이것이 코르티솔cortisol 레벨을 높여 호르몬 불균형을 일으켰고 소화 기능과 수면, 불안, 나 자신에 대한 느낌에도 해로운 영향을 미쳤습니다.

그러나 내가 다시 명상을 시작하고 호흡과 요가에 매진하자, 에너지가 이완되고 음식에 대해서도 건강한 선택을 하게 되었습니다.

내 신체와 정신, 영혼의 균형을 맞추는 데 궁극적으로 도움이 된 건 요가였습니다. 나는 1993년에 처음 요가를 시작했고 그 후로 다양한 요가 스타일과 철학을 접했습니다. 나는 영적으로 성장하기를 원하거나 전반적인 건강과 웰빙을 추구하는 모든 이에게 요가를 추천합니다. 처음에는 요가의 신체적인 이점 때문에 수업을 들을지도 모릅니다. 하지만 요가 포즈는 요가의 한 단면일 뿐입니다. 요가의 고대 근원을 살펴보면 호흡법이 얼마나 신체 치유에 도움이 되는지, 만트라와 챈팅이 에너지 블록을 정화하는 데 얼마나 효과적인지 알 수 있습니다. 또한 균형 잡힌 식습관과 영적인 가슴을 여는 방법도 알게 될 것입니다.

이 과정이 빠르지는 않습니다. 하지만 아쉬탕가 Ashtanga 요가의 지도자인 파타비 조이스 Pattabi Jois 는 이렇게 말했습니다. "수행하라. 그러면 모든 게 이루어진다." 삶에 요가를 들여놓으면 놀라운 과정을 겪을 것입니다. 요가를 통해 신체를 치유하고 삶의 균형을 맞추며 스트레스를 해소할 수 있습니다. 뿐만 아니라 시끄러운 정신을 잠재우고 가슴도 열게 됩니다.

요가의 정의 중에 '합일(union)'이라는 말이 있습니다. 이는 육체에서 신성과 결합하는 것, 또는 영혼을 육체의 중심에 놓는 것을 뜻합니다. 당신에게 요가란 걷기, 자전거 타기, 달리기, 근력 운동, 수영, 또는 다른 종류의 움직임일 수도 있습니다. 어떤 운동을 선택하든 당신의 중심이 잡히고 마음이 정화된다면 그것은 요가의 한 단면이라고 볼 수 있습니다. 당신이 하는 운동이 스트레스나 불안감을 높이는지, 아니면 더 중심이 잡히고 자신과 연결된 느낌을 주는지 살펴보기 바랍니다. 예를 들어 심장 강화 운동을 한 뒤에 부산스러운 느낌이 든다면 스트레칭과 휴식을 통해 균형을 잡아주는 게 도움이 될 것입니다.

혼란 단계에 있을 때는 어떤 음식을 먹는 게 좋은지 의식하지 못하거나 신체를 잘 보살피지 못할 수도 있습니다. 치유 단계로 들어가서 그 안에 머물기 위해서는 신체를 돌보는 법을 알아두는 게 좋습니다. 우선 다음 질문에 답해보세요.

1. 몸을 움직여서 에너지를 이동시킬 필요가 있나요?
2. 신체 해독이 필요하다고 느끼거나 속이 거북하고 아픈 느낌이 있나요?
3. 마음이 너무 급해서 조용히 앉아 있을 수가 없고, 밤에 잠을 잘 수도 없나요?
4. 숨 쉬는 것을 잊고 있나요?
5. 셀프 케어를 위해 내 몸에 필요한 건 무엇인가요?

혼란과 치유 단계에 있을 때 이런 질문을 해보면 자신의 상태를 체크할 수 있습니다. 혼란과 치유 단계는 둘 다 그라운딩하기 힘든 시기일 수 있습니다. 신체에 집중하는 것이 그라운딩하는 방법입니다. 신체를 보살피면서 감정의 정화와 방출을 경험할지도 모릅니다. 하지만 신체적으로 괜찮다고 느끼고 감정적인 차원에서 치유를 경험할 준비가 되어 있다면 다음 장인 관조적 존재에 설명된 정보가 유용할 것입니다.

정신과 감정 치유

정신은 일반적으로 생각과 이성에 관련이 있습니다. 하지만 감정과 느낌, 신념 체계에 기반해서 생각을 하는 사람들이 많습니다. 치유 단계에서는 성장기에 느꼈던 근본적인 감정과 믿음이 지금의 삶에 영향을 미치고 있다는 것을 이해하는 것이 중요합니다. 예를 들어 당신이 다른 사람들은 모두 성공할 수 있지만 나는 그럴 수 없다고 믿는다면 스스로에 대한 생각과 느낌이 그런 믿음 위주로 체계화 됩니다.

믿음과 감정은 신체의 어느 곳에 저장될까요? 전부 다 머릿속에 있지 않냐고요? 일부는 그렇습니다. 나머지는 당신 몸의 에너지 시스템 안에 있습니다. 신체 내부에는 에너지 구조가 있습니다. 에너지 구조는 경락과 파워 센터(차크라), 압통점으로 이루어집니다. 감정과 믿음은 에너지 구조의 다양한 부분에 존재합니다. 내 저서 《차크라를 통한 에너지 힐링》에는 에너지 바디, 신념 체계가 차크라 안에 자리 잡는 방식, 이를 정화하는 법이 설명되어 있습니다. 에너지 바디에 저장되는 신념 체계에 대해 더 깊이 알고 싶다면 이 책을 참고하기 바랍니다.

당신이 고통스러운 이유가 누군가가 당신에게 한 일이나 당신이 한 일 때문이 아니라는 것을 치유 단계에서 알게 될지도 모릅니다. 당신을 고통스럽게 하는 건 당신의 감정과 기대, 믿음, 그리고 궁극적으로 당신의 에고입니다. 가슴이 열리기 시작한 후와 혼란 단계에서 올라오는 주된 감정은 인생의 초창기에 기인한 것일 수 있습니다. 감정이 당신 삶에 어떤 영향을 주는지 이해하는 것만으로도 치유 과정에 도움이 됩니다. 예를 들어보죠. 두려움은 삶에서 당신의 선택을 얼마나 좌우하나요? 두려움을 주는 신념을 갖게 된 건 언제부터인가요? 무엇이 당신을 두렵게 했나요? 두려움이라는 감정과 두려움이 당신 삶에 미친 영향을 이해하면 실제로 당신이 예전에 했던 행동과 반응에 대한 후회가 사라집니다.

에너지와 영적인 관점에서 보는 주된 감정과 그 감정 에너지를 치유하는 방법에 대해 아래에 설명하겠습니다.

두려움

두려움이 나타나는 형태는 다음과 같습니다.

♥ 부족함

♥ 버려짐

♥ 안전하다고 느끼지 못함

♥ 과식 / 음식이나 물건을 비축해놓기

♥ 혼자 있는 것에 대한 두려움

♥ 성공에 대한 두려움(태양신경총)

♥ 눈에 띄는 것에 대한 두려움(태양신경총)

♥ 신뢰 부족

♥ 방어적임

♥ 과도한 보호 성향

두려움은 신체 부위에서 느껴질 수도 있습니다. 두려움의 에너지적 근원을 더 깊이 살펴보기 위해 주요 신체 부위 두 곳을 생각해봅시다. 첫 번째 차크라(꼬리뼈)와 세 번째 차크라(태양신경총), 이

두 신체 부위에서 두려움이 어떻게 활성화되는지 알아봅시다.

첫 번째 차크라: 첫 번째 차크라는 땅의 요소에 대한 신뢰를 상징합니다. 땅의 요소는 그라운딩과 관련이 있습니다. 가족과의 연결, 공동체, 음식, 안전, 풍족함, 그리고 땅이 당신을 지지해줄 거라는 믿음 말입니다. 또한 자신의 몸과 이 땅에 소속되어 있다는 믿음과도 관련이 있습니다. 안전함과 신뢰가 우리 안에 심어졌을 땐 인생을 신뢰할 영적인 확신이 내면에 있습니다. 어린 시절에 느낀 '분위기'가 두려움이었다면 이는 내재된 운영 체제의 일부가 됩니다. 나도 모르게 두려움을 가진 채로 작동하고 있다는 뜻입니다. 그것이 지극히 정상적인 존재 방식이었기 때문입니다. 가족과의 유대 관계에서도 두려움을 느끼는 게 보통이었을 것입니다. 우리는 자신에게 정상인 것을 다시 만들어내기 때문에 훗날 다른 친밀한 관계에서도 자연스럽게 두려움이 들어설 것입니다.

우리는 인간이기에 다른 감정과 마찬가지로 자연스럽게 두려움도 느낀다는 것을 기억해야 합니다. 두려움은 우리를 위험으로부터 보호해줍니다. 이 부분은 세 번째 차크라에 대해 이야기할 때 더 자세히 설명하겠습니다. 두려움은 우리가 의식적으로 알 수 없는 방식으로 우리의 시스템에 들어옵니다. 이는 깊은 잠재의식 차원에서 일어납니다. 이 최초의 두려움은 원천과 분리되면서 인간의 존재로 출생할 때 형성됩니다. (원천, 신, 빛, 또는 이를 상징하는 자기 고유의 표현을 써도 좋습니다.)

빛 안에 있을 때 우리 영혼은 자유롭습니다. 그러나 영혼이 그 광대함을 떠나 인간의 형태가 될 때 두려움이 형성됩니다. 그러고 나서 두려움은 취약함으로 나타납니다. 아기일 때 우리는 연약합니다. 따라서 우리에겐 필요한 것이 있습니다. 이런 기본적인 필요가 충족되지 않거나 학대적인 방식으로 충족되었다면 두려움, 신뢰 부족, 방치된 느낌 등이 형성될 수 있습니다.

어떤 사람들은 어린 시절에 사랑과 보살핌을 많이 받았지만 여전히 '혼자 있는 것에 대한 두려움'을 갖고 있습니다. 이는 빛에서 분리될 때 느낀 최초의 두려움에서 기인한 것일 수도 있습니다. 혼자 있는 것에 대한 두려움을 느낀다면 자신이 혼자되지 않기 위해서 삶을 어떻게 구성해놓았는지 주목해보세요. 혼자 있는 것과 분리되는 것에 대한 두려움을 막으려다 보면 상호의존성이 생길 수도 있습니다. 이번 장에서 두려움을 다루는 방법에 대해 설명하겠지만 분리되는 것에 대한 두려움이 당신이 삶을 살아가는 법과 인간관계에 어떤 영향을 미치는지 생각해보는 것도 도움이 될 것입니다.

첫 번째 차크라에 자리하고 있는 잠재의식의 또 다른 두려움에는 죽음에 대한 두려움이 있습니다. 당신에게 있는 여러 두려움을 한 가지 주된 것으로 집약하면 죽음에 대한 두려움일 수 있습니다. 예를 들어 다음의 믿음과 느낌을 한번 생각해보죠. "나는 안전하다는 느낌이 안 들어", "실패할까 봐 두려워", "돈도 사랑도 절대 충분하지가 않아." 이런 믿음에 대해서 스스로에게 "왜 그럴까?"라고 물어본다면 당신은 죽음에 대해서 근본적인 두려움이 있다는 것을 깨달을 것입니다. 자신의 진실을 말한다면 죽을지도 모른다고 느끼는 지점에 도달할 때는 극심한 공포를 느낄 수 있습니다. 신체적으로 볼 때 그 지점은 살아 있지 않거나 마비된 것처럼 느껴지는 몸의 일부분입니다. 깊은 공포가 유발될 때는 호흡이 몸을 통과하지 않기 때문입니다. 공포, 두려움, 어려움을 겪을 때 호흡에 집중하라고 배우는 이유는 몸에 호흡과 생명이 부족한 순간에 호흡을 하면 생명력을 불어넣어주기 때문입니다. 의식적으로는 자신이 죽어가는 게 아니라는 것을 알지라도 몸에 두려움이 가득하면 호흡이 멈추고 생명의 흐름도 정지합니다.

감정을 느끼며 호흡하는 것은 정말 중요합니다. 그것은 오래된 감정을 붙잡고 있는 신체 부위에 신선한 생명력을 불어넣어주는 것이기 때문입니다.

세 번째 차크라: 우리는 세 번째 차크라 파워 센터를 통해서 본능적으로 삶의 방향을 찾습니다. 내재된 지혜와 직관에 따라 행동하는 데는 세 번째 차크라가 기반이 됩니다. 또한 이것은 참자아와 신성에 대한 믿음과도 연관이 있습니다. 영적으로 확신이 없다면 (믿음이 없다면) 이런 불안감이 인간으로서 우리가 가진 성격에 나타나게 됩니다. 안전하지 않은 느낌, 또는 믿음의 부족은 세상에 참자아를 발현시키는 것에 대한 두려움으로 이어집니다. 그러면 상처입은 에고가 주도권을 잡게 되어 자기 비난과 두려움에 기반한 느낌과 생각에 사로잡힙니다. 성공에 대한 두려움, 행동하는 것에 대한 두려움, 자신을 믿는 것에 대한 두려움, 사랑을 선택하는 것에 대한 두려움, 이 모든 게 태양신경총에 자리하고 있는 두려움이자 영적인 믿음이 없을 때 나타나는 결과입니다.

게다가 그라운딩이 되지 않는 것과 태양신경총의 균형은 직접적인 연관이 있습니다. 그라운딩은 생명력의 에너지가 아래 방향으로 향하게 하는 것입니다. 중력을 생각해보세요. 그라운딩 에너지는 자연스럽게 아래쪽으로 움직여야 합니다. 그래야 우리의 존재가 균형 있고 차분한 느낌을 받습니다. 하지만 인생이나 어떤 상황에 대해 첫 번째 차크라에 두려움이 존재한다면 첫 번째 차크라의 에너지가 역행해서 위로 올라가거나 옆으로 가게 됩니다. 이렇게 역행하는 에너지에 반응해서 태양신경총은 상당히 많이 열리게 됩니다. 실제로 세 번째 차크라가 열려서 커지면 안정감을 느끼기 위해 그라운딩하고 에너지 코드를 연결할 무언가를 찾으려고 합니다. 이제 세 번째 차크라 파워 센터는 안전함을 느끼기 위해 연결될 무언가를 찾고 있습니다. 이 파워는 (코드^{cord}의 형태로) 안전함을 느끼기 위해 다른 사람에게 기대거나 어떤 상황 속으로 들어갑니다. 그렇지만 이는 곧 취약성을 뜻합니다. 자신의 안전과 안정감에 대한 필요를 항상 남들이 충족시켜줄 거라고 기대할 순 없기 때문입니다. 타인은 우리의 영적인 원천이 아닙니다. 타인에게 필요를 충족시켜주기를 바라며 기댈 수는 있을지라도 말입니다.

이 부위에 있는 두려움을 치유하려면 첫 번째 차크라 에너지를 아래 방향으로 그라운딩하고 세 번째 차크라를 이완해서 다시 내 안으로 돌아오게 해야 합니다. 이렇게 이완해서 돌아오면, 당신의 등 뒤에서 신의 손길을 다시 느낄 수 있게 됩니다. 당신의 영혼에게 필요했던 모든 사랑과 영적인 원천이 주어지는 것이죠. 심상화를 통해 이 연결을 만드는 것은 영적인 믿음을 구축하는 데 도움이 됩니다. 믿음이 있으면 내면의 중심이 잡히고 자신의 선택과 인간관계에서도 흔들림이 없습니다.

삶 속에서 두려움을 어떻게 다룰 것인가

살면서 느끼는 두려움을 해결하는 방법에는 여러 가지가 있습니다. 두려움을 치유하고 정화하거나 가라앉히는 에너지적인 접근 방법은 다음과 같습니다.

1단계: 성찰하기

우선 두려움을 느낄 때 어떻게 행동하고 반응하는지, 그 패턴을 한번 생각해봅시다. 두려움은 자연스러운 감정이며, 신체에서 두려움을 완전히 없애려고 애쓰는 건 현실적이지 않다는 것을 기억하세요. 두려움이 올라올 때 이를 어떻게 처리할지를 배우는 게 더 현실적인 목표일 것입니다. 두려워서 내린 결정과 두려워서 한 행동을 살펴보기 바랍니다. 치유 단계에서는 자신에게 정말로 솔직해져야 합니다. 당신을 여기까지 오게 한 것에 대해 스스로 책임을 져야 합니다. 이것은 다른 사람의 잘못이 아닙니다. 삶에서 중심을 잡고 의식적으로 명확한 선택을 하는 것은 당신의 몫입니다. 지난날 알지 못하고 한 행동이 있다면 자신을 용서하세요. 그 당시의 당신은 상황을 해결하려고 최선을 다했습니다. 아래의 문장을 읽어보면 두려움이 당신 삶에 어떻게 나타나는지 알아보는 데 도움이 될 것입니다.

♥ 나약하다는 느낌을 받기 싫어서 사람들을 밀어낸다.
♥ 내 문제를 다른 사람에게 떠넘긴다.

♥ 혼자서, 혹은 내 힘으로 무언가를 하는 게 두렵다.

♥ 절대로 그런 일은 하지 않을 것이다. (긍정적인 무언가를 뜻합니다.)

♥ 나는 스스로를 고립시킨다.

♥ 나는 다른 사람들의 일에 많이 관여한다. 그렇게 하면 내가 좋아하지 않는 내 모습을 외면할 수 있기 때문이다.

♥ 나는 성공할 수 없다.

♥ 나는 갇혀 있다.

♥ 나는 사랑이 두렵다. (사랑을 느끼는 것, 누군가에게 사랑한다고 말하는 것.)

♥ 사람을 안아주는 게 부자연스럽고, 다정한 면이 없다.

♥ 미지의 것에 대한 두려움이 있다.

♥ 어떤 상황이나 미래를 통제할 수 없을 때 불안해지고 화가 나서 주체할 수가 없다.

　이 외에도 다른 두려움을 느낄 때가 있는지 생각해보기 바랍니다.

2단계: 두려움이 느껴지는 신체 부위를 찾아서 호흡하기

　두려움이 자리 잡고 있다고 인식되는 신체 부위에 집중해보세요. 우리는 살기 위해 자동적으로 숨을 쉬지만 신체의 다양한 부위에 의도를 갖고 호흡을 불어 넣을 때 이는 치유를 위한 도구가 됩니다. 감정이 저장되어 있는 신체 부위에 집중해서 호흡을 불어 넣으세요. 체내 시스템과 장기, 세포까지도 생각해볼 수 있습니다. 팔다리와 피부도 한번 생각해보세요. 두려움에게 호흡을 불어 넣어주세요. 두려움과 연관된 어떤 이미지나 생각, 단어가 떠오른다면 거기에 호흡을 집중하세요. 어떤 것이 떠오르더라도 이를 판단하지 않아야 합니다. 자신을 판단해서도 안 됩니다. 그저 계속 호흡하면서 두려움을 관통하세요.

3단계: 심상화

심상화는 두려움의 정화에 도움이 될 수 있습니다. 감정을 심상화하거나 '어떤 것처럼 느껴지고, 보이고, 냄새가 나는' 듯한 비유적인 표현을 만들 수도 있습니다. 그 감정은 어떤 모습인가? 농도는 어떤가? 무슨 색인가? 같은 질문을 해볼 수 있습니다. 불, 먹구름, 흘러내리는 모래, 끈적이는 풀 등과 같은 답변을 얻을지도 모릅니다. 어떤 것이 드러나든 정화를 위해서 무엇을 하면 좋을지 생각해보세요. 예를 들어, 불을 어떻게 꺼야 할까요? 그 이미지와 이에 연관된 감정을 정화·변화시키기 위해서 어떤 비주얼을 만들면 좋을지 생각해보세요.

두려움이 너무 커서 연결되지 않거나 졸리거나 집중하기 힘들다면 하얀빛이나 천사가 당신을 둘러싸면서 편안하게 해주는 이미지를 불러오면 됩니다. 두려움이 언제 발생했건 간에 정말 안전하지 않은 상황이었을 가능성이 있습니다. 따라서 편안하고 안전한 느낌을 다시 만들어서 당신의 시스템을 이완시키고 두려움을 더 깊이 정화시킬 필요가 있을 것입니다.

4단계: 두려움에 말 걸기

두려움이 어디서 기인했는지 그 역사를 알아보는 게 가치 있는 일일 때도 있습니다. 하지만 그럴 필요가 없을 때도 있습니다. '왜' 그런지 이해하려고 애쓰다 보면 생각에 사로잡히고 영혼이 두려움을 떠나보내는 것을 방해하기 때문입니다. 두려움의 기원을 찾는 게 중요하게 느껴진다면 다음을 고려해보세요.

두려움을 더 잘 알고 싶다는 의도를 갖고 두려움에 말을 걸어보세요. 당신이 기자가 돼서 당신의 두려움을 인터뷰하는 것입니다. 다음과 같은 질문을 해보세요. 이 두려움은 어디에서 왔나요? 이 두려움은 나의 것인가요, 아니면 다른 사람의 것인가요? 얼마나 오래된 것인가요? 두려움이 더 필요한가요? 이제 두려움을 떠나보낼 준비가 되었나요? 그렇다면, 깊은 호흡을 한 뒤에 기다란 빛을 통해 두려움을 방출하세요. 아래쪽을 향해 지구의 중심으로 내보내세요. 지구 중심에서 두려움이 녹아 순수한 사랑으로 변하는 모습을 그려보세요.

5단계: 떠나보내기

당신은 "과거를 떠나보낸다", "지금 이 느낌을 떠나보내고 다음 단계로 넘어간다" 같은 '떠나보낸다'는 말에 분명히 익숙할 것입니다. 에너지 차원에서 떠나보내는 법을 배우는 것은 상당히 중요하며, 우리가 앞으로 나아가는 삶을 살 수 있도록 도와줄 것입니다. 특히 무언가 마음에서 떠나보내기가 힘들 때 말이죠. 그렇다면 '어떻게' 떠나보낼 수가 있을까요? 에너지 차원에서의 떠나보내기는 에너지가 통과할 출구를 만드는 것에서부터 시작합니다.

호흡에 집중해서 에너지를 움직일 수 있는 통로는 다음과 같습니다.

1. **그라운딩 코드**: 골반에서 지구 중심까지 연결합니다.
2. **정수리**: 우주로 연결되는 기둥이나 파이프라인을 열고 머리 위로 에너지를 방출합니다.
3. **빛의 물방울**: 당신 앞에 물방울을 만들고 에너지를 그 안에 넣은 후 물방울을 멀리 떠나보냅니다.
4. **몸 밖으로 배출하기**: 호흡을 내쉬면서 에너지를 체내 시스템 밖으로 내보냅니다. 몸 앞과 뒤, 모든 방향으로 배출합니다. 이 방법은 화를 내보낼 때 특히 더 효과가 있습니다.
5. **목소리를 이용하기**: 에너지를 내보내기 위해서 어떤 말을 하거나 소리를 지르거나 누군가에게 이야기를 할 필요가 있을지도 모릅니다.

6단계: 재프로그래밍하기

두려움의 반대는 무엇인가요? 당신의 대답과 다른 사람의 대답은 서로 다를지도 모릅니다. 당신이 떠올린 것이 바로 두려움을 방출하고 나서 생긴 공간을 채우는 데 필요한 것입니다. 에너지 힐링에서는 부정적인 것을 방출하고 나면 그 자리를 '항상' 긍정적인 느낌이나 이미지, 단어 등으로 채워주어야 합니다. 그렇지 않으면 부정적인 것이 자리했던 공간은 주인이 없어져 부정적인 것이 그 자리를 다시 메울 수 있습니다. 그러니 어떤 의도를 가지고 살아가고 싶은지 선언하고 그 공간에 이를 호흡으로 불어 넣어주어야 합니다. "나는 사랑이다" 또는 "나는 파워가 있다"처럼 새로운 신념일 수도 있습니다. 존재감과 역량 강화, 또는 자신의 몸 안에서 어떻게 살고 싶은지를 묘사하는 이미지나 컬러가 될 수도 있습니다. 당신의 영혼이 갖고 있는 '힘'과 당신이 두려움을 극복한 방법에 연관된 문구나 노래, 시, 어떤 표현이 있을 수도 있습니다. 이런 글들은 두려움 반대편의 삶이 어떤 모습일지 생각해볼 때 당신이 바라는 것을 반영하기도 합니다.

7단계: 행동하기

당신이 방금 방출한 두려움은 오랫동안 그 자리에 있었습니다. 따라서 새로운 의도를 가지고 살아가려면 의식적인 노력이 필요합니다. 새로운 신념과 느낌, 이렇게 달라진 상태로 살아가기 위해 어떤 행동을 할 건가요? 단계적으로 취할 행동을 종이에 적어보세요. 지금 해보는 게 좋습니다. 행동으로 옮기면서 실천해나가기 바랍니다.

영적인 깨어남의 처음 세 단계를 통과할 때는 커다란 실수를 했다는 것을 알게 될지도 모릅니다. 믿음과 사랑 대신에 두려움을 선택했기 때문입니다. 그렇더라도 너무 자책하지 말기 바랍니다. 자신이 책임져야 할 부분은 책임을 지고 두려움을 변화시키는 것을 선택하세요. 변화를 주세요. 일생을 사는 동안 많은 교훈을 얻게 될 것입니다. 극복할 수 있는 기회 또한 여러 번 얻게 될 것입니다. 죄책감과 수치심에서 치유되는 법에 대해서는 잠시 후에 다루기로 하죠.

두려움 직면하기

가슴에게 예스라고 말하는 건 당신이 그럴 준비가 되었을 때 가능합니다. 사실 오래전에 이미 했어야 할 일이었는지도 모릅니다. 생각만으로도 두려움이 일어날 수 있지만 두려움이 당신을 멈추게 했던 적이 몇 번이나 있었는지를 떠올려보세요. 당신은 누군가의 감정을 상하게 하고 싶지 않아서 당신이 원하는 것을 포기했거나, 진실한 감정을 이야기하기가 두려워서 마음속에 눌러놓았을 수도 있습니다. 사람들은 종종 두려움 때문에 자신을 파괴합니다.

우리는 두려움 안으로 걸어 들어갈 의지가 있어야 합니다. 왜일까요? 두려움을 직면하고 가장 두려운 순간에도 호흡을 계속하면서 고요함을 유지할 때, 이것이 바로 두려움을 극복하는 순간이기 때문입니다. 더 이상 두려움 그 자체를 두려워하지 않는 순간입니다. 두려움 속에서도 깨어 있기를 선택하고 있기 때문입니다. 이럴 때 변화가 찾아옵니다. 당신이 받는 것을 두려워하지 않음을 우주가 알고 있기에 가능성이 무한대가 됩니다. 두려움은 사라집니다. 가능성을 막는 두려움은 이제 존재하지 않으며 약간의 두려움이 있다 하더라도 당신은 두려움 속에 서 있는 법과 두려움이 일때 자신을 보살피는 법을 알고 있습니다.

두려움이 몰려올 때 호흡을 하면서 생명력의 에너지를 신체로 넣어주는 건 당신이 살아 있음을 신체에 알려주는 것입니다. 또다시 두려움을 느껴도 호흡과 생명력이 몸을 통과하는 바로 그 느낌으로 다시 돌아가리란 것을 몸이 기억하기 때문에, 당신은 내구력을 얻게 됩니다. 요가 수업에서 깊은 호흡과 함께 힘든 동작을 유지한 뒤에 반대되는 동작을 하고 나서 다시 힘든 동작으로 돌아가면 최대치를 넘어설 수 있는데, 이 역시 같은 아이디어입니다. 두려움, 혹은 그 어떤 감정이 몰려오는 순간에도 의식적으로 깨어 있으면서 호흡을 하면 신체는 어디로 돌아갈지를 기억합니다.

두려움은 위험하다고 경고하는 신호일 수도 있습니다. 안전한 것과 안전하지 않은 것을 구분하는 데 두려움이 도움이 될 수 있습니다. 하지만 우리는 두려움을 극복하면서 많이 성장합니다. 정말로 그렇습니다. 의식적으로든 무의식적으로든 두려움이 몰려오는 것을 느낄 때면 나는 두려움의 한 가운데로 걸어 들어갑니다. 두려움을 향해 가서 정복하려 합니다. 현존하고 호흡하면서 믿음을 가지려 합니다. 두려움을 극복할 수 있을까요? 그렇습니다. 두려움은 없어집니다. 다시 돌아오진 않을까요? 그럴 때도 있지만 강도는 전보다 약합니다. 그래서 나는 두려움이 되돌아오면 다시 그것을 정복하려고 합니다. 내가 가수이자 작곡가로 처음 무대에 서기 시작했던 때가 생각나네요. 나는 온 마음과 영혼을 다해 노래하면서 무대에 섰습니다. 잘하는지 못하는지를 평가하는 사람들 앞에 선 것이었습니다. 그때 나는 정말 두려웠습니다. 무대에서 내려왔을 때 엄청난 충격을 받은 느낌이었던 적이 많았습니다. 그래도 나는 계속 노래했습니다. 그렇게 시간이 갈수록 두려움은 사라졌고, 나는 멋진 공연을 보여줄 수 있었습니다.

두려움을 정복한다는 말은 어떤 의미일까요? 신과 연결되었음을 믿고 몸으로 이를 느끼는 것을 뜻합니다. "내 존재의 진실과 연결되었으며 나는 괜찮다"는 느낌을 받는 것입니다. 자신의 아들이

나 딸이 괜찮을 것인지, 사랑하는 사람들이 괜찮을 것인지를 걱정하는 사람들이 많습니다. 이런 걱정은 자기 자신이 괜찮다는 것을 믿지 못하는 신뢰 부족을 반영하는 것입니다. 믿음 대신 두려움을 갖고 사는 것을 선택한 것입니다. 모든 존재를 향한 신의 계획은 신과 함께 하면서 인간으로 존재하는 것을 가치 있게 여기는 것입니다. 그렇게 하는 것을 택한다면 더 큰 목적의식과 연결감을 느끼게 됩니다. 이를 선택하지 않는다면 우리는 운명을 더욱 두려워하게 됩니다. 우리의 여정과 웰빙을 실제로 지원해줄 수 있는 생명력의 에너지를 거부한 것입니다.

죄책감과 수치심

죄책감과 수치심이 나타나는 형태는 다음과 같습니다.

- ♥ 상호의존성
- ♥ 낮은 자존감
- ♥ 대립하는 것에 대한 두려움(대립하는 것에 대해 가책을 느낌)
- ♥ 원하는 것을 요구하는 게 어려움
- ♥ 필요한 것을 충족시키려고 상황을 교묘하게 조종함
- ♥ 친밀한 관계를 맺기가 어려움

에고는 우리 존재의 일부로 물질 세상에 감정적인 애착을 갖게 한다는 것을 기억하세요. 세상에 우리를 드러내 보이려면 에고가 필요하지만 에고가 주는 상처 또한 인식해야 합니다. 에고는 우리의 상처를 상기시킵니다. (매일 상처가 생각날 때도 있습니다.) 다시 말해 에고의 상처는 우리의 의식과 잠재의식의 생각을 구성합니다.

두려움과 마찬가지로 수치심과 죄책감은 에고 의식의 일부입니다. 당신은 수치심이 아닙니다. 당신은 죄책감도 아닙니다. 오히려 과거의 어떤 것에 대한 애착(때로는 미래의 어떤 것)이 이런 감정을 수면 위로 가져옵니다. 이런 애착은 당신의 패턴과 조건형성의 기저가 되었을지도 모릅니다. 당신이 죄책감이나 수치심에 기반한 선택을 하고 있다는 것을 깨닫지도 못하는 것입니다.

이번 장에서는 죄책감과 수치심이 감정적, 영적, 에너지 차원에서 당신에게 어떤 영향을 주는지 알아볼 것입니다. 또, 죄책감과 수치심을 치유하는 방법에 대해서도 논의할 것입니다.

죄책감과 수치심 구분하기

죄책감은 당신이 무언가를 잘못했기 때문에 '옳지 않다'고 느끼는 것입니다. 당신은 무언가를 하라는 말을 들었지만 하지 않았고, 그 요청에 따르지 않은 것에 대해 죄책감을 느낄 가능성이 있습니다. 죄책감은 당신을 바로잡아주는 감정입니다. 죄책감은 어떤 경험을 할 때 다른 방식으로 행동하고 싶다는 것을 알려주는 것이며 이런 면에서는 죄책감도 도움이 될 수 있습니다. 또, 죄책감은 당신이 더 진실하게 살도록 유도해줍니다. 건강한 죄책감은 "그렇게 하지 않았어야 했어"와 같이 자발적으로 일어납니다.

수치심은 당신이라는 사람이 나쁘다고 느낄 때 일어납니다. 당신이 한 일이 나쁘다는 것을 본래 알지 못했을 때, 그래서 애초에 그런 실수를 고의로 한 게 아니었을 때 이런 믿음이 생길 수 있습니다. 이는 가족이나 친구들, 또는 사회에서 유래한 것일지도 모릅니다. 당신이 공동체나 집단에 받아들여지는 느낌을 줌으로써 말입니다. '집단의 생각'에 반대한다면 곧 "나는 나쁘다"고 느끼게 됩니다. 특히 어린아이였을 때는 소속되기 위해서 집단의 생각을 받아들입니다. 생존하기 위해서 다른 사람들이 필요하기 때문입니다. 시간이 갈수록 집단의 생각은 당신의 생각이 됩니다. 그 생각에 반대한다면 수치심 또한 당신의 것이 됩니다.

수치심은 우리가 무리에 소속될 만큼 괜찮은 사람이 아니라는 두려움입니다. 소속되기를 바라는 집단에 포함되고 사랑받을 만큼 괜찮지 않다는 두려움인 것입니다. 수치심은 우리 내면의 자아(또는 상위 자아)와 에고 자아 간의 갈등입니다. 내면의 자아는 우리를 알고 우리가 어디로 가고 싶어하는지 알고 있습니다. 그러나 에고 자아는 신체적 자아의 안전을 도모하기 위해 소속되는 데 필요한 것을 하려고 합니다.

간단히 차이점을 설명하자면 죄책감은 당신이 무언가를 잘못했다고 느끼는 것입니다. 반면 수치심은 '당신이라는 사람'이 나쁘다고 느끼는 것입니다. 치유 단계에서는 죄책감과 수치심이 당신이 인생에서 내린 선택과 성장 과정에 어떤 영향을 미쳤는지 생각해보는 게 자연스러운 일입니다.

죄책감과 수치심이 신체에 미치는 영향

죄책감과 수치심은 신체에 매우 지배적인 느낌으로 다가올 수 있습니다. 당신의 직관이 무엇을 알려주고 있든, 죄책감이나 수치심이 자리하고 있다면 당신은 직관의 소리를 '결코' 듣지 않을 것입니다. 죄책감과 수치심에 우선권을 주면 이는 정말 강한 느낌이 됩니다. 이 두 가지 감정은 모두 굉장히 낮은 진동수로 당신의 영혼을 허물어버리지요.

죄책감과 수치심이 신체의 어느 부위에서 느껴지는지 살펴보세요. 가슴에서 느껴지나요? 내장에 있나요? 목구멍에서 느껴지나요? 감정적으로 자극을 받을 때면 이것이 다양한 곳에서 느껴질 수도 있습니다. 각자의 경험이 모두 다르겠지만, 죄책감과 수치심이 신체에 자리할 수 있는 부위를 아래에 설명해놓았습니다. 수치심과 죄책감을 에너지 힐링 관점에서 치유하고자 한다면 이 정보가 도움이 될 것입니다.

과거의 어떤 일에 대한 죄책감은 상체에서 느껴지는데, 주로 가슴에서 느껴질 때가 많습니다. 왜 그럴까요? 정직함이 당신을 원천과 잘 합일되도록 유지해주기 때문입니다. 합일되지 않는 일을 한다면 당신은 내면이 왜곡된 느낌을 받을 수 있습니다. 이는 죄책감을 느끼는 하나의 방식입니다. 가슴은 신체에서 의식이 자리하는 곳이며, 원천과 합일되지 않는 일을 알면서도 행할 때 이에 반응하곤 합니다.

세 번째 차크라(태양신경총)에서도 어떤 신체 감각이 느껴질 수 있습니다. 진실하지 않은 느낌의 무언가는 신체가 소화할 수 없습니다. 따라서 그 느낌을 바로잡는 행동을 하기 전까지 속이 좋지 않을 수도 있습니다. 반면 어릴 적부터 '죄의식에 사로잡힌' 사람이라면 죄책감과 수치심이 일찌감치 시작되게 한 프로그램이 하체에 자리하고 있을 것입니다. '잘못된 것을 바로잡는' 법을 발견할 때까지 그 죄책감을 세 번째 차크라에 내면화하는 것이죠.

수치심은 하체의 에너지에 가해지는 깊은 모욕입니다. 수치심은 깊은 신념에 의해 주입될 때가 많습니다. 영적, 문화적 신조(도그마)에 맞게 영혼을 조정하기 위해서입니다. 도덕과 신념을 주입시키는 방식인 것입니다. 영적으로 진보하는 영혼으로서 당신은 이런 신념이 당신에게 도움이 되는지, 아니면 수정이 필요한 것인지를 선택할 때 진실과 영적인 의식(Spiritual Consciousness)에 그 기반을 둘 수 있습니다. 에너지 힐링을 통해서도 가능합니다. 죄책감을 주거나 수치심을 느끼게 하는 게 그간 당신을 통제하는 방식이었을지 모릅니다. 하지만 앞에서 언급했듯이 '당신의' 인생을 어떻게 살고 싶은지 당신이 그 책임을 질 때, 어떤 신념을 가지고 살아갈지, 또 어떤 신념은 더 이상 당신에게 도움이 되지 않는지를 당신이 선택하게 됩니다.

치유 단계에 이르면 당신은 유대 관계에 변화를 주게 됩니다. 유대감은 가족 안에서 비롯되며 '무리'에 받아들여지기 위해서 당신이 믿는 것도 포함됩니다. 유대 관계를 달리한다는 건 다른 사람과의 관계에서 나 자신이 되는 더 건강한 방식을 발견한다는 의미입니다. 가족이나 다른 사람들과 연을 끊는다는 뜻이 아니라 나 자신을 선택하고 나를 사랑하는 법을 익히는 것이죠. 인간관계의 역학을 바꾸거나 내 것이 아닌 타인의 문제를 도맡는 상황에 변화를 주는 방식으로 말입니다.

반면에 이것은 새로운 친구를 사귀거나 경계를 형성하고 당신이 선택한 새로운 신념에 기반해서 유대감을 형성할 수 있는 사람들과 어울리는 것을 뜻할 수도 있습니다. 수치심과 죄책감을 당신 시스템 안에 자리한 감정으로 인정할 수 있다면, 당신 가족과의 유대 관계에서 가능하다고 생각지 못했던 선택을 할 수 있을 만큼 충분히 분리되는 데 도움이 될 것입니다.

예를 들어 이렇게 가정해보죠. 가족과의 유대 관계에서 나는 조용하고 착실한 아이가 되어야만 했습니다. 부모님은 감정을 다루는 법을 알지 못했고, 그래서 나는 내 감정을 표현할 수가 없었습니다. 감정을 느낄 때마다 나는 벌을 받았고 그런 감정을 갖는 게 수치스러웠습니다. 나는 집안의 평화를 깨는 일을 해서 부모님을 화나게 하면 죄책감을 느꼈습니다. 나는 내 감정을 느끼는 게 괜찮지 않다고 배웠습니다. 어떤 감정을 느낄 때면 당연히 부모님에겐 말하지 않았고, 그러다 보니 그 누가 내 이야기를 들어주고 나를 받아줄 것인지 신뢰하지 못해 상처를 입었습니다. 그러다 내가 심리치료를 받거나 삶의 어떤 시기에 도달해 내 감정을 느끼지 못하는 게 괜찮지 않은 일이라는 것을 알게 되었다고 쳐보죠. 이것은 내가 행동하는 방식, 타인과 교류하는 모든 방식을 뒤틀리게 합니다. 사람들과 관계 맺음에 있어서 나는 남을 기쁘게 해주거나 달래주는 사람이었고, 다른 사람들의 감정을 보듬어서 괜찮아지게 해주는 것이 내 책임이라고 믿었습니다. 그런 사람이 되는 게 내가 할 일이 아니라면 나는 누구일까요? 내가 중요하단 말인가요? 내게 선택권이 있고 감정을 느껴도 된단 말인가요?

수치심과 죄책감은 한 개인이 세상에 존재하는 총체적인 방식을 형성하는 데 영향을 줍니다. 수치심과 죄책감이 주는 감정적, 심리적 영향을 치유하기 시작하면 (심리치료나 다른 치유법으로 가능합니다), 당신의 영혼은 자기사랑의 관점에서 본연의 모습으로 사는 법을 선택할 수가 있습니다. 새로운 친구를 선택하고 습관을 바꾸고 더 건강한 선택을 하게 됩니다. 슬프면 울고 화가 나면 화도 냅니다!

죄책감과 수치심 치유하기

죄책감과 수치심을 정화할 때는 신체에서 이 감정이 느껴지는 곳 '어디든' 호흡을 불어 넣는 게 좋습니다. 앞에서 제시한 부위는 일반적인 지침입니다. 그러니 죄책감이나 수치심이 있다면 당신의 시스템 어디에서 느껴지는지 본인의 직관을 믿어보세요.

수치심이나 죄책감이 있을 때 화가 날 수도 있으며 이를 느끼는 게 중요하다는 것을 염두에 두기 바랍니다. 화를 다루는 방법에 대해서는 뒤에서 설명하겠습니다. 필요하다면 화를 제거할 기회가 될 것입니다.

1단계: 현실적이 되기

신체에 있는 모든 감정을 다 정화해 감정이 모조리 다 없어지게 하겠다는 생각은 접는 게 좋습니다. 그것은 가능하지 않습니다. 당신은 인간이고 감정을 느낄 것입니다. 신은 있는 그대로의 당신을 사랑합니다. 당신의 감정, 그리고 당신의 모든 면모를 말입니다. 그러니 오래된 이슈와 과거의 감정, 당신을 고통스럽게 하는 것을 떠나보내는 것에 집중하세요. 이 지침은 당신의 가슴과 영혼이 확장되는 단계를 통과하는 데 도움이 될 것입니다. 내가 스스로 묻곤

하는 말이 있습니다. "이 상황에서 내가 더 자유로워지려면 무엇이 필요할까요?" 화를 느끼는 것이 답이라면 나는 그 자극적인 기억에 대해서 할 수 있는 만큼 충분히 화를 느낍니다. 화 때문에 더 이상 나 자신에게 해를 입히지 않고 그만 용서할 수 있을 때까지 말입니다. 또 다른 기억 때문에 다시 화가 날 수도 있지 않을까요? 물론 그럴 수 있습니다. 그때도 역시 내 감정을 그대로 느끼도록 허용할 것입니다. 현실적인 내 모습을 수치스러워하지 않을 것입니다. 당신도 그러기를 추천합니다.

2단계: 성찰하고 관점을 정립하기

두려움을 다룰 때와 마찬가지로 삶에서 수치심이 당신이 행동하고 반응하는 데 어떤 영향을 미쳤는지 성찰해보세요. 가족이나 친구들과 유대감을 맺기 위해서 당신이 선택한 신념이 있나요? 깊은 당혹감이 느껴지나요? 당신이 한 행동에 대해 죄책감이 느껴져 바로잡을 필요가 있나요? '수치심'이나 '죄책감'이라는 단어가 주는 느낌에 주목하고 어떤 것이 떠오르는지 살펴보세요. 죄책감과 수치심 때문에 내리는 결정이나 행동이 있는지 관찰해보세요. 두려움을 치유할 때와 마찬가지로 치유 단계에서는 정말로 자신에게 솔직해져야 합니다. 당신을 이곳으로 이끈 것에 대해서 책임을 져야 합니다. 부모님을 비난하거나 당신에게 수치심을 주고 죄책감을 갖게 한 누군가를 비난하는 대신, 이와 연관된 감정을 느껴보세요. 진실된 감정을 느끼세요. 그러고 나서 사랑받고 받아들여지고 싶었기에 당신이 그 수치심과 죄책감을 택한 것이라는 관점에서 상황을 바라보세요. 그 당시에는 선택의 여지가 없다고 느꼈을지도 모릅니다. 하지만 지금은 있습니다. '당신이' 더 이상 그 죄책감이나 수치심을 갖지 않기로 결정하면 됩니다. 기억하세요. 영적으로 진보하는 영혼으로서 당신의 삶에서 어떻게 '존재하고' 싶은지는 당신이 선택합니다. 예전에 어떤 행동을 했건 자신을 용서하세요. 당신은 단지 사랑과 받아들여짐을 원했을 뿐입니다. 당신은 당시 삶을 살아가기 위해 할 수 있는 최선을 다했습니다.

3단계: 죄책감과 수치심이 느껴지는 곳을 신체에서 찾아 호흡하기

수치심이나 죄책감이 느껴지는 신체 부위에 집중해서 호흡해 보세요. 이것들은 신체 어느 곳에서건 느껴질 수 있지만 두 번째 차크라 부위(골반)에 집중하기를 권합니다. 이 파워 센터는 감정적인 중심과 민감성, 창의력과 관련이 있기 때문입니다. 또한 성생활과 인간관계를 담당하는 파워 센터이기도 합니다. 이 파워 센터에는 우리의 모든 인간관계, 특히 최초의 인간관계에서 얼마나 중심을 잘 잡고 진실한 감정을 느끼는지에 관한 정보가 담겨 있습니다. 죄책감과 수치심은 두 번째 차크라 부위에 영향을 미칩니다. 이런 감정이 내면화되면 당신은 자기중심을 잡지 못하거나 신체의 파워 센터 안에 자기 감정을 갖지 못한다고 믿게 되기 때문입니다. 따라서 당신은 다른 사람을 위해서 정작 자신에게 필요한 것을 포기합니다. 이 부위에서 죄책감과 수치심이 영향을 미칠 때는 당신의 창조성과 관능성, 성생활, 다정다감한 면모가 영향을 받습니다. 아주 비판적이고 비난적인 목소리를 만들어내기도 합니다. 당신 존재의 이런 부분은 당신이 양육된 방식을 반영하고 있기 때문입니다. 골반이나 꼬리뼈 부위에서 감정적인 영향을 느끼는 사람은 많지 않습니다. 하지만 첫 번째 차크라와 두 번째 차크라에는 우리가 세상에서 잠재의식적으로 작동하는 법에 관한 주요 프로그래밍이 담겨 있습니다. 골반에 집중해서 호흡하면서 오래전에 그곳에 저장된 죄책감이나 수치심을 방출하기를 권합니다.

두려움을 다룰 때와 마찬가지로 감정이 저장되어 있는 신체 부위를 겨냥해 호흡을 불어 넣으세요. 골반과 체내 시스템, 장기, 세포, 팔다리와 피부까지 생각해보세요. 죄책감과 수치심에 호흡을 불어 넣어주세요. 이 감정과 연관된 어떤 이미지나 생각, 단어가 떠오른다면 거기에 호흡을 집중하세요. 어떤 것이 떠오르더라도 이를 판단하지 않아야 합니다. 자신을 판단해서도 안 됩니다. 그저 계속 호흡하면서 이 감정을 통과하세요.

4단계: 떠나보내기

당신은 "과거를 떠나보낸다", "지금 이 느낌을 떠나보내고 다음 단계로 넘어간다" 같은 '떠나보낸다'는 말에 분명히 익숙할 것입니다. 에너지 차원에서 떠나보내는 법을 배우는 것은 상당히 중요하며, 우리가 앞으로 나아가는 삶을 살 수 있도록 도와줄 것입니다. 특히 무언가 마음에서 떠나보내기가 힘들 때 말이죠. 그렇다면 '어떻게' 떠나보낼 수가 있을까요? 에너지 차원에서의 떠나보내기는 에너지가 통과할 출구를 만드는 것에서부터 시작합니다.

호흡에 집중해서 에너지를 움직일 수 있는 통로는 다음과 같습니다.

1. **그라운딩 코드**: 골반에서 지구 중심까지 연결합니다.

2. **정수리**: 우주로 연결되는 기둥이나 파이프라인을 열고 머리 위로 에너지를 방출합니다.

3. **빛의 물방울**: 당신 앞에 물방울을 만들고 에너지를 그 안에 넣은 후 물방울을 멀리 떠나보냅니다.

4. **몸 밖으로 배출하기**: 호흡을 내쉬면서 에너지를 체내 시스템 밖으로 내보냅니다. 몸 앞과 뒤, 모든 방향으로 배출합니다. 이 방법은 화를 내보낼 때 특히 더 효과가 있습니다.

5. **목소리를 이용하기**: 에너지를 내보내기 위해서 어떤 말을 하거나 소리를 지르거나 누군가에게 이야기를 할 필요가 있을지도 모릅니다.

5단계: 당신 안의 진실한 선함과 연결되기

죄책감과 수치심을 정화할 때 알아두어야 할 점은 당신의 진정한 본성이 '선하다'는 것입니다. 앞서 언급했듯 죄책감과 수치심은 당신이 나쁜 사람이거나 무언가 나쁜 일을 했다는 각인을 남깁니다. 하지만 어린 시절에는 진실한 선함을 간직한 참된 영혼이 아주 자연스럽게 존재합니다. 어떤 수치심이 있던 간에 이는 당신이 옳은 일을 하고 싶었고 당시에는 그것이 옳은 일이었기 때문이 아닐까요? 당신이 죄책감을 느끼는 것은 내면에 선함이 있어 과거를 바로잡고 싶기 때문은 아닐까요? 당신은 내면에 진실로 선한 마음을 갖고 행동했습니다. 그 선함은 여전히 그곳에 있으며 죄책감과 수치심이 주는 고통을 완화하기 위해 당신의 영혼을 도와 필요한 부분을 바로잡으려 할 것입니다.

6단계: 용서하기

용서는 과거라는 감옥에서 당신을 꺼내줍니다. 상대가 어떤 행동으로 당신을 아프게 했건 그 사람이 처벌을 모면할 거라는 뜻이 아닙니다. 더 이상 그 상처 때문에 과거에 갇혀 있지 않겠다는 당신의 의지를 말합니다. 용서는 당신의 에너지를 자유롭게 하고 고통스러운 기억이 주는 괴로움을 없애줍니다. 또한 당신의 삶에 더 많은 자유를 허락하고 계속해서 삶을 살아가는 데 도움을 줍니다. 온전히 용서하기 위해서는 화, 죄책감, 수치심이라는 감정의 굴레에서 완전히 벗어났다고 느껴야 합니다. 용서하는 것은 상대방과의 업보로 인한 감옥에서 자신을 꺼내오고 더 이상 자신의 감정에 대해 상대방에게 책임을 묻지 않겠다고 동의하는 것입니다. 자신을 용서하고 타인을 용서하세요. 필요하다면 신에게도 용서를 구하세요. 지금 당장 용서하는 게 가능하지 않다면 2단계와 3단계로 돌아가세요. 아직도 화가 나거나 상처받았다면 용서할 수가 없을 것입니다. 그 상황에 대한 당신의 감정을 완전히 느끼도록 허용하는 기회를 자신에게 주세요. 모든 것을 느끼는 데에는 시간이 걸릴 것입니다. 감당할 수 없는 일이라면 신에게 넘기고 도움을 요청하세요. 상대를 아직 용서할 수 없다면 당신의 시스템이 떠나보내지 않고 있는 것에 대해서 스스로 용서하세요. 이렇게 인간이기에 경험하는 고통 속에서 신에게 도움을 요청하는 영적인 행위가 바로 용서입니다.

7단계: 중심이 잡힌 내 모습 심상화하기

자기중심이 잡힌 나는 어떤 모습일까요? 중심이 잘 잡힌 건 어떤 느낌일까요? 죄책감과 수치심은 가슴과 중심부, 또는 두 번째 차크라에서 정말 깊게 느껴지기 때문에 나는 내 존재의 중심에서 빛이 발산되는 모습을 심상화하기를 좋아합니다. 기억하세요. 죄책감과 수치심을 치유하는 건 몸에서 느껴지는 당신의 진실한 감정에 책임을 지면서 살기를 선택하는 것입니다. 이렇게 세상을 살아가는 건 어떤 모습일까요? 자기중심을 갖고 있는 나는 이것을 어떻게 발산할까요? 어떤 모습이건 심상화하고 그런 자신이 되세요.

8단계: 재프로그래밍하기

당신이 생각하는 죄책감이나 수치심의 반대는 무엇인가요? 당신의 대답과 다른 사람의 대답은 서로 다를지도 모릅니다. 당신이 떠올린 것이 바로 죄책감과 수치심을 방출하고 나서 생긴 공간을 채우는 데 필요한 것입니다. 에너지 힐링에서는 부정적인 것을 방출하고 나면 그 자리를 '항상' 긍정적인 느낌이나 이미지, 단어 등으로 채워주어야 합니다. 그렇지 않으면 부정적인 것이 자리했던 공간은 주인이 없어져 부정적인 것이 그 자리를 다시 메울 수 있습니다. 그러니 어떤 의도를 가지고 살아가고 싶은지 선언하고 그 공간에 이를 호흡으로 불어 넣어주어야 합니다. "나는 내 감정을 가질 수 있다" 또는 "나는 진실하다"처럼 새로운 신념일 수도 있습니다. 자신감과 자기 사랑, 또는 자신의 몸 안에서 어떻게 살고 싶은지를 묘사하는 이미지나 컬러가 될 수도 있습니다. 당신의 영혼이 갖고 있는 '힘'과 당신이 수치심과 죄책감의 상처를 치유한 방법에 연관된 문구나 노래, 시, 어떤 표현이 있을 수도 있습니다. 이런 글들은 수치심이나 죄책감 반대편의 삶이 어떤 모습일지 생각해볼 때 당신이 바라는 것을 반영하기도 합니다.

9단계: 행동하기

수치심과 죄책감은 당신이 자신을 어떻게 생각하는지에 오랜 기간 영향을 미쳤을지도 모릅니다. 당신이 삶에서 내린 결정에도 영향을 주었을 수도 있습니다. 따라서 새로운 의도를 가지고 살아가면서 자기 자신을 선택하려면 의식적인 노력이 필요합니다. 새로운 신념과 느낌, 이렇게 달라진 상태로 살아가기 위해 당신은 어떤 행동을 할 건가요? 단계적으로 취할 행동을 종이에 적어보세요. 지금 해보기 바랍니다.

이제 심호흡을 한번 해보세요. 이번 장을 읽으면서 여러 감정을 다루는 게 힘이 들지도 모릅니다. 하지만 조금만 견뎌보세요. 당신의 빛이 발산될 공간을 만들려면 이런 감정을 처리하고 탐구할 필요가 있습니다. 감정을 처리하는 데 필요한 만큼 시간을 가지세요. 필요하다면 다른 사람들과 이야기를 나누어도 좋지만 감정을 인식하고 처리하는 것을 잊지 마세요. 몇 가지 감정에 대해 더 이야기해볼 테니 계속해서 읽어주기 바랍니다.

화

처리되지 않은 화를 가진 채로 살고 있다는 것을 어떻게 알 수 있을까요? 믿기 힘들겠지만 당신은 처리되지 않은 화라는 감정을 갖고 살면서도, 이를 깨닫지 못하고 있을 수도 있습니다. 이를 알려주는 신호는 다음과 같습니다.

- ♥ 응답 대신 '반발'한다.
- ♥ 내게 필요한 것을 직접 요구하기보다 다른 사람들이 그것을 알아주기를 기대한다.
- ♥ 회피 행동
- ♥ 비판적이다.
- ♥ 원한을 품거나 경멸한다.
- ♥ 체중 문제
- ♥ 남을 탓한다, 다른 사람에게 책임을 묻는다, 간접 화법을 쓰면서 무례하게 비방한다, 수동 공격성 행동을 보인다.
- ♥ 자신과 타인에게 '벌을 주는' 행동을 한다.
- ♥ 무의식적으로 혹은 감정을 회피하려고 마음을 닫는다.
- ♥ 원망

화는 어려운 감정일 수 있습니다. 미국뿐 아니라 다른 문화권에서도 화를 적절하게 표현하거나 건강한 방식으로 표출하는 방법을 배우지 못하기 때문입니다. 대신에 아이였을 때 우리는 화를 표현했다고 벌을 받았을 것입니다. 이런 경험은 화가 정상적인 감정이며 이에 대처하는 방법이 있다는 것을 가르쳐주는 대신에 화를 내는 건 나쁜 것이라고 가르칩니다. 화를 낸다고 벌을 받거나 감정을 느끼는 게 정당하다고 인정받지 못하면 결국에는 격렬한 분노가 자리 잡게 됩니다. 이런 경험 때문에 많은 이들이 화를 억누르면서 삽니다. 적대적인 반응을 치유하려면 우리 내면에 억눌려 있는 화를 치유해야만 합니다.

화는 대개 신체적으로 위험한 상황에 처하거나 누군가 우리의 경계를 침범할 때 의식적으로 나타납니다. 대부분의 경우 우리는 무엇이 우리를 화나게 했는지 의식적으로 기억해낼 수 있습니다. 화가 난 원인을 기억할 수 없다는 건 처리되지 않은 화가 있을 가능성을 나타냅니다. 처리되지 않은 화라는 건 말에 담긴 뜻 그대로입니다. 화를 억눌렀기에 처리되지 않은 채로 남겨진 것입니다. 예를 들어 사람들이 당신을 대하는 태도 때문에 화가 나고 상처를 받았다고 쳐보죠. (어린아이였을 때 어른이 당신을 대한 태도, 또는 어제 직장 동료가 당신에게 보인 태도일 수도 있습니다.) 당신은 화가 나고 상처를 받았지만 여러 가지 이유로 화를 표현할 수가 없어서 억누르고 내면 깊숙이 화를 눌러 담습니다.

화는 잠재의식적인 방식으로 드러날 수도 있습니다. 예를 들어 신체가 트라우마를 경험할 때 억눌린 화가 나중에 수면 위로 올라올 수 있습니다. 억눌린 화는 대개 체중 증가, 인후염, 불안, 소화 불량, 궤양, 간 질환, 두드러기, 습진 등의 신체 증상으로 표현됩니다.

화는 "나 상처받았어"라고 말하는 방식일 수 있습니다. 상처를 표현할 수 없을 때 화가 납니다. 그 누구도 내 이야기를 들어주지 않을 때, 버림받은 느낌이 들 때, 거절당하거나 방치된 느낌을 받을 때 우리는 상처를 받습니다. 아이일 때 우리는 "당신이 내게 상처를 입혔어"라고 말할 수 있는 표현력이 없었을 것입니다. 그래서 대신 화를 냅니다.

방치되었을 때, 필요한 것이 충족되지 않을 때, 진심 어린 관심을 받지 못할 때, 또는 약물 중독자나 알코올 중독자인 부모, 나르시시스트 부모를 둔 아이였다면 어린 시절 느낀 화가 잠재적으로 억눌린 채 남아 있을 것입니다.

화는 '유용할 수도' 있습니다. 억압된 채 지내거나 삶에서 힘겨운 전투를 너무 오랫동안 지속해왔다면 지긋지긋한 느낌이 들기 시작할 것입니다. "이제 그만!"이라는 느낌은 실제로 화가 수면 위로 올라오는 것입니다. 영혼을 말살하는 직업이나 건강하지 않은 인간관계처럼 불쾌한 상황에 변화를 가져오는 데 도움을 주려는 목적에서입니다. 이런 상황에서는 변화의 추진에 화가 도움이 될 수도 있습니다.

화는 신체의 다양한 부위에서 느껴질 수 있습니다. 화를 느끼는 부위가 어디건 치유를 위해서는 그곳에 호흡을 불어 넣는 것이 중요합니다. 일반적으로 화는 신체 전반을 아우르는 느낌으로 움직임을 촉진합니다. 화는 '거대한' 감정이기 때문에 적극적이고 대범한 표현이 필요합니다. 커다란 신체 움직임과 호흡을 통해서 에너지를 방출할 필요가 있습니다.

오래된 화를 치유하는 방법

삶 속에서 화를 치유하는 방법에는 여러 가지가 있습니다. 에너지적 관점에서 화를 치유하고, 정화하고, 가라앉히는 방법은 다음과 같습니다.

1단계: 성찰하기

우선 화를 느낄 때 어떻게 행동하고 반응하는지, 그 패턴을 한 번 생각해봅시다. 앞서 설명한 다른 감정들과 마찬가지로 화는 자연스러운 감정이며, 신체에서 화를 완전히 없애려고 애쓰는 건 현실적이지 않습니다. 하지만 억압된 화를 방출하고 화가 날 때 이를 다루는 법은 배울 수 있습니다. 자신을 바라보고 내 몸을 관찰하세요. 사람들과 있을 때 당신은 어떤 모습인가요? 화가 나서 내린 결정과 화가 나서 한 행동을 살펴보기 바랍니다. 치유 단계에서는 자신에게 정말로 솔직해져야 합니다. 당신을 여기까지 오게 한 것에 대해 스스로 책임을 져야 합니다. 화가 가슴을 열리게 했나요? 그렇다면 아마도 그때 화를 낼 필요가 있었을 것입니다. 당신에게 치유해야 할 화가 있다는 것을 깨닫게 해주려는 것일 테지요. 다른 사람들을 비난하는 마음은 떠나보내고 당신 내면에 있는 화에 대한 책임을 지겠다는 의지를 갖기 바랍니다. 아래의 내용이 당신에게 해당하는지 생각해보세요.

- ♥ 나는 방어적으로 행동한다.
- ♥ 나는 고함을 지를 때가 많고 내 감정대로 다른 사람들에게 분풀이를 한다.
- ♥ 나는 화를 내면서 상대를 제압한다.
- ♥ 나는 고함을 지르고 큰 소리를 내고 상대의 말은 듣지 않으면서 경계를 침범한다.
- ♥ 나는 사는 게 행복하지 않다.
- ♥ 내가 처한 상황에 대해서 다른 사람들에게 책임을 묻는다.

♥ 처리하기 싫은 일은 무시하기로 한다.

♥ 공개적으로 남을 비난한다.

♥ 나는 정말 친절하지만 마음속 깊은 곳에서는 불평을 하고 비난을 한다.

♥ 나는 사람들을 판단한다.

♥ 나는 상처를 받았을 때 화를 내면서 극적인 행동을 한다.

이외에도 더 추가할 내용이 있는지 생각해보세요.

2단계: 화가 느껴지는 신체 부위를 찾아서 호흡하기

화가 자리 잡고 있다고 생각되는 신체 부위에 집중해보세요. 우리는 살기 위해 자동적으로 숨을 쉬지만 신체의 다양한 부위에 의도를 갖고 호흡을 불어 넣을 때 이는 치유를 위한 도구가 됩니다. 감정이 저장되어 있는 신체 부위에 집중해서 호흡을 불어 넣으세요. 체내 시스템과 장기, 세포, 팔다리와 피부까지도 생각해보세요. 화에 호흡을 불어 넣어주세요. 화와 연관된 어떤 이미지나 생각, 단어가 떠오른다면 거기에 호흡을 집중하세요. 어떤 것이 떠오르더라도 이를 판단하지 않아야 합니다. 자신을 판단해서도 안 됩니다. 그저 계속 호흡하면서 화를 통과하세요.

3단계: 신체 움직이기

앞서 언급했듯이 화는 신체 밖으로 이동해야 합니다. 신체를 움직여서 화의 에너지를 이동시킬 수 있는 시간과 장소를 마련하기 바랍니다. 팔을 흔들거나 다리를 들어서 발차기를 하는 것, 걷기, 달리기와 같은 운동을 하거나, 심지어 억눌린 화를 말로만 표현해도 목에서 에너지가 방출됩니다. 우는 것 또한 화를 내보내는 방법이 될 수 있습니다. 신체는 화의 에너지를 밖으로 몰아내 제거하기를 원합니다. 그러니 안에다 붙잡아두지 말고 밖으로 내보내세요.

4단계: 심상화

어린아이였을 때 당신의 모습을 심상화하는 게 도움이 될 때가 있습니다. 과거의 어떤 순간이나 장소에 있는 어린 당신의 모습을 떠올리고 자신의 화를 표현할 수 있게 허용해주세요. 예를 들어 당신이 열 살이었을 때 어떤 일로 화가 났다면 그 열 살짜리 아이가 방에서 성질을 부리는 모습을 심상화하세요. 열 살 아이였던 당신은 그 당시에 화를 표현하지 못했고 성인이 된 지금도 여전히 그 화를 표현해야 할 수도 있습니다. 이는 과거에 억눌렀던 감정을 정화하는 '아주' 좋은 방법입니다. 어린 시절과 지난날 당신의 모습을 심상화하면서 당시의 감정을 표현하도록 허용하는 것은 당신 안에 갇혀 있는 에너지를 정화하는 것입니다!

화가 너무 많이 나서 거기서 멈춰버리거나 멍한 느낌이 든다면 하얀빛이나 천사가 당신을 둘러싸면서 편안하게 해주는 이미지를 불러오면 됩니다. 두려움과 마찬가지로 화라는 감정이 언제 일어났건 간에, 그 상황은 정말 안전하지 않은 상황이었을 가능성이 있습니다. 따라서 편안하고 안전한 느낌을 다시 만들어서 당신의 시스템이 진실한 감정을 느끼도록 허용해줄 필요가 있을 것입니다.

5단계: 화에 말 걸기

화가 난 원인을 알아보기 위해서 화에 말을 걸어보는 게 도움이 될 수도 있습니다. 하지만 이미 화가 난 상태라면 이 과정이 항상 도움이 되는 것은 아닙니다. 다른 감정을 방출할 때와 마찬가지로 머리로 이해하려고 하면 생각에 사로잡혀 이를 정당화하려 합니다. 그러는 대신에 그냥 감정을 느껴보세요. 스스로에게 화를 느낄 여지를 준다면 화가 난 원인에 닿을 수 있을 것입니다. 앞서 설명했듯이 일반적으로 우리는 상처를 받았을 때 화가 납니다. 따라서 화가 난 원인을 찾으려고 내면을 깊이 파고 들어가보면 깊은 슬픔을 발견할지도 모릅니다.

4단계를 완료하고 화의 기저에 무엇이 자리하고 있는지를 이해하고 나면 더 안정된 상태라고 느낄 것입니다. 그럼 이제 다음과 같은 질문을 해볼 수 있습니다. 이 감정은 어디에서 왔나요? 이 감정은 당신 것인가요, 아니면 다른 사람의 것인가요? 얼마나 오래된 것인가요? 더 화를 낼 필요가 있을까요? 이제 화를 떠나보낼 준비가 되었나요? 그렇다면, 깊은 호흡을 한 뒤에 기다란 빛을 통해 당신에게서 화를 방출하세요. 아래쪽을 향해 지구의 중심으로 내보내세요. 지구 중심에서 화가 녹아 순수한 사랑으로 변하는 모습을 그려보세요.

6단계: 떠나보내고 용서하기

당신에게 상처를 준 사람들을 감정적, 에너지적으로 떠나보내고 용서하세요. 이것이 당신이 영적으로 자유로워지는 길입니다.

오래된 화를 치유하는 것은 너무나 오랫동안 자기 자신을 괴롭게 만든 늪에서 빠져나오는 것과도 같습니다. 화를 방출하고 몸을 움직이세요. 자신을 용서하고 모든 존재를 용서하세요. 고통 속에서, 인식하지 못한 채 저지른 타인의 행동을 용서하세요.

7단계: 재프로그래밍하기

화의 반대는 무엇인가요? 사랑? 평화? 받아들임? 너무 많이 생각할 필요 없이 떠오르는 첫 번째 대답이 무엇인가요? 당신이 떠올린 것이 바로 화를 방출하고 나서 생긴 공간을 채우는 데 필요한 것입니다. 에너지 힐링에서는 부정적인 것을 방출하고 나면 그 자리를 '항상' 긍정적인 느낌이나 이미지, 단어 등으로 채워주어야 합니다. 그렇지 않으면 부정적인 것이 자리했던 공간은 주인이 없어져 부정적인 것이 그 자리를 다시 메울 수 있습니다. 그러니 어떤 의도를 가지고 살아가고 싶은지 선언하고 그 공간에 이를 호흡으로 불어 넣어주어야 합니다. "나는 평화다" 또는 "나는 자유다"처럼 새로운 신념일 수도 있습니다. 존재감과 역량 강화, 또는 자신의 몸 안에서 어떻게 살고 싶은지를 묘사하는 이미지나 컬러가 될 수도 있습니다. 당신의 영혼이 갖고 있는 '힘'과 당신이 화를 극복한 방법에 연관된 문구나 노래, 시, 어떤 표현이 있을 수도 있습니다. 이런 글들은 화 반대편의 삶이 어떤 모습일지 생각해볼 때 당신이 바라는 것을 반영하기도 합니다.

8단계: 행동하기

사랑과 수용, 평화의 힘으로 더 완전히 들어서기 위해, 혹은 자신을 위해 어떤 의도를 세웠건, 단계적으로 어떤 행동을 해볼 의향이 있나요? 새로운 의도를 가지고 살아가려면 의식적인 노력이 필요합니다.

새로운 의도나 신념을 갖고 살면서 달라진 느낌을 받을 수 있으려면 어떤 행동이 필요한지 종이에 적어보세요. 지금 당장 해보고 행동으로 옮기면서 실천해나가기 바랍니다.

당신의 시스템 안에 있는 화를 치유할 때는 자신에게 너그러워져야 합니다. 화와 함께 하는 것에 아주 익숙해진 나머지 화가 없으면 이상하게도 외로운 느낌이 들 수 있습니다. 화가 나는 느낌이 그립기 때문입니다. 당신 존재 안에 있는 이 공간을 자신에 대한 사랑으로 채우는 것을 잊지 마세요. 당신은 치유되고 있습니다. 치유되려면 상당한 용기가 필요합니다. 살펴볼 감정이 한 가지 더 남아 있습니다. 이 감정이 가슴을 열어주는 경우가 많습니다. 깊은 슬픔을 치유하는 법에 대해 이야기할 테니 계속해서 읽어주기 바랍니다.

깊은 슬픔

깊은 슬픔이 드러나는 형태는 다음과 같습니다.

- ♥ 슬픔, 그리고 슬픔의 더 깊은 형태인 비애
- ♥ 부정 / 회피
- ♥ 우울
- ♥ 방어적인 마음

- ♥ 고립 / 사람들 밀어내기, 심지어 친절한 사람들까지도 밀 어냄
- ♥ 갇혀 있는 느낌, 또는 삶의 갈림길에 서 있는 느낌
- ♥ 친밀한 관계 또는 관계에 전념하는 것에 대한 두려움
- ♥ 자신이 거절당하기 전에 먼저 다른 사람들을 거절함

깊은 슬픔은 슬픔의 한 형태지만 가슴 차크라에서 중대한 영적 깨어남으로 가는 길이기도 합니다. 가슴에는 상호의존적으로 연관된 세 가지 측면이 있습니다. 가슴은 신체적인 측면, 감정적인 측면, 영적인 측면으로 구성됩니다. 가슴의 신체적인 건강은 감정적인 가슴과 영적인 가슴의 상태에 영향을 받을 수 있습니다. 영적인 가슴에는 당신이 이곳 지구에 있는 동안 당신 영혼이 가진 가장 깊은 소명이 담겨 있습니다. 궁극적으로 이것은 순수한 사랑을 표출하는 존재가 되는 것, 즉 사랑을 공유하고 사랑을 받는 것을 포함합니다. 하지만 가슴에 있는 감정이 처리되지 않으면 가슴의 감정적인 측면이 우리가 영적인 존재 상태로 진화하는 것을 막을 수 있습니다.

신체에 있는 깊은 슬픔

깊은 슬픔은 가슴에 자리 잡고 있는 주된 감정이지만 신체의 다른 곳에 자리할 수도 있습니다. 가슴은 깊은 슬픔 외에 다른 감정도 담고 있을 수 있습니다. 상실, 이혼, 사랑하는 사람의 죽음, 온전한 자신으로 살지 못할 때, 자신에게 필요한 종류의 사랑을 필요한 시기에 받지 못했을 때 깊은 슬픔을 느낄 수가 있습니다. 깊은 슬픔의

근원이 되는 영향이나 상처가 발생했을 때 그 슬픔을 느끼는 것은 정말 중요합니다. 슬픔을 느끼지 않고 억누르면 앞으로 더는 해를 입지 않기 위해 보호 기제가 형성됩니다.

역설적으로 보호 기제는 미래에 해를 입을 가능성에서 우리를 보호할 뿐만 아니라 살아가면서 깊은 사랑을 느끼고 받는 것을 힘들게 만드는 장벽을 형성하기도 합니다. 말할 필요도 없이 이런 동태는 당신이 상처와 고통의 느낌을 넘어 진화하는 것에 도움이 되지 않습니다. 보호 기제는 강렬한 감정이 일지 않도록 저지하기 위해 있는 것입니다. 이는 멍한 느낌이나 마음이 닫힌 느낌으로 나타날 수 있습니다. 의식적으로는 상실의 슬픔을 느끼는 게 두렵지 않을지도 모릅니다. 하지만 잠재의식 어딘가에서 작동하고 있는 운영 체제는 깊은 슬픔은 느끼기 벅찰 정도로 너무나 큰 감정이니 눌러 담아놓겠다고 말합니다.

깊은 슬픔을 느끼고 처리해서 슬픔이 두려움을 강화시키거나 당신의 직관과 목적의 명료성을 가로막지 않게 할 필요가 있습니다. 깊은 슬픔이 자리할 때는 직관을 느끼기 어려울 수 있습니다. 마치 가슴에 안개 같은 감정의 구름이 드리워진 것과 같습니다. 하지만 깊은 슬픔이 정화되면 당신의 직관이 빛을 발하며 모습을 드러냅니다.

깊은 슬픔을 치유하는 법

1단계: 호흡하기

호흡은 가슴과 폐를 통해 순환합니다. 깊은 슬픔은 가슴과 폐에 자리하고 있습니다. 깊은 슬픔을 처리하려는 목적을 갖고 의식적으로 호흡을 하면 말 그대로 폐를 씻어내서 깊은 슬픔과 고통을 없애게 됩니다.

2단계: 느끼기

고통과 상처, 화, 슬픔을 느껴보세요. 이 '모든' 것을 느끼세요. 당신은 자신의 감정을 느끼도록 허용해준 적이 없었을지도 모릅니다. 이제는 그래도 됩니다. 사실 자신의 감정을 느끼는 건 행복과 웰빙에 필수적입니다. 마술 지팡이를 흔들어서 감정이 사라지게 할 수 있다면 좋겠지만, 우리는 인간이기에 감정을 느낍니다. 속담에도 있듯이 '그곳에서 나갈 유일한 방법은 그곳을 거쳐 가는 것'입니다.

3단계: 자신을 편안하게 해주기

깊은 슬픔은 화와 다른 방식으로 방출해야 합니다. 화를 정화하려면 크고 폭발적인 움직임이 필요합니다. 반면에 깊은 슬픔은 편안함과 보살핌, 사랑으로 정화해야 합니다. 빛이 가슴 주위를 담요처럼 감싸는 이미지를 심상화하면 마음이 편안해질 수 있습니다. 실제로 담요를 가져와서 몸을 감싸고 땅에 누워 대지가 깊은 슬픔에 빠진 당신을 안아주도록 하는 것도 좋은 방법입니다. 깊은 슬픔을 느끼면서 호흡하고 필요하다면 실컷 울어도 괜찮습니다.

4단계: 타인과의 연결감 느끼기

진정으로 당신의 이야기를 귀담아 들어줄 수 있는 친구나 심리치료사를 만나 심정을 이야기하는 게 적절할 수도 있습니다. 슬픔을 처리하는 동안에는 슬픔을 느껴도 괜찮다고 인정을 받는 것이 도움이 됩니다. 어떤 감정을 느끼는지 이야기하거나 누군가 당신에게 공감한다고 느끼는 것도 감정 처리에 도움이 됩니다.

5단계: 허용하기

내 안에 자리한 감정을 그곳에 있도록 허용하는 것은 감정 처리 과정을 억제하지 않는 부드러운 방식입니다. 만약 당신이 스스로를 심판하지 않고 당신의 상처와 고통을 신께 내려놓고 기댈 수 있다면 당신은 고통을 완화시키는 가슴의 움직임을 만들어내고 있는 것입니다. 감정을 허용하려면 더 깊게 호흡하고 신에게 마음을 열어 더 많은 도움을 청해야 합니다. 깊은 슬픔의 느낌에서 벗어나는 빠른 해결책은 없습니다. 생각만으로 슬픔에서 빠져나오는 건 어쨌든 불가능합니다. 깊은 슬픔은 허용하고, 억제하려는 마음을 내려놓으며, 감정을 느끼는 과정입니다.

다음은 허용에 도움이 되는 방법입니다.

눈을 감고 앉아서 신체의 뒷부분에 집중해보세요. 등 뒤에서 빛이 폭포수처럼 쏟아져 내리는 것을 느끼면서 빛에 기대보세요. 심호흡을 하세요. 호흡하면서 가슴의 뒤쪽으로 빛이 들어오는 것을 심상화합니다. 신성한 빛이 가슴으로 들어와 당신을 지지해주는 것을 허용하세요. 호흡을 내쉬면서 고통과 상처, 깊은 슬픔을 느끼게 하는 상황 전체를 가슴의 뒤쪽을 통해서 신에게 넘겨주세요. 신에게 맡기세요. 숨을 들이마시고 가슴의 뒤쪽으로 빛을 가져오세요.

신의 도움으로 당신이 치유되기를 허용하세요. 숨을 내쉬면서 고통을 내보내고 그 고통을 신에게 넘겨줍니다. 가슴의 앞쪽이나 뒤쪽으로 고통을 방출하세요.

6단계: 재프로그래밍하기

재프로그래밍하는 것은 당신이 누구에 대해 혹은 무엇에 대해 깊은 슬픔을 느끼는지에 달려 있습니다. 어떤 상황에서는 허용하는 것이 마음을 진정시키고, 치유하고, 편안하게 하기 위해 지금 당장 필요한 전부일 수도 있습니다.

먼 과거와 연관된 오래된 슬픔을 정화하고 있다면 과거의 고통을 모두 애도한 뒤에 용기 있고 열린 마음으로, 그리고 애정 어린 가슴으로 사는 것을 택할 수도 있습니다. 이런 경우 재프로그래밍이 적합합니다.

깊은 슬픔의 반대는 무엇인가요? 당신의 대답과 다른 사람의 대답은 서로 다를지도 모릅니다. 당신이 떠올린 것이 바로 깊은 슬픔을 방출하고 나서 생긴 공간을 채우는 데 필요한 것입니다. 앞서 언급했듯이 에너지 힐링에서는 부정적인 느낌이나 이미지, 단어를 긍정적인 것으로 대체해줄 필요가 있습니다. 그렇지 않으면 부정적인 것이 자리했던 공간은 주인이 없어져 부정적인 것이 그 자리를 다시 메울 수 있습니다. 깊은 슬픔의 경우 그 느낌이 반드시 부정적이지는 않습니다. 물론 큰 슬픔을 느끼는 게 기분 좋은 일은 아니지만 깊은 슬픔은 영적인 가슴이 열리는 길이 될 수 있습니다. 인간으로서의 자아가 슬픔을 처리하고 당신의 영혼이 앞으로 살아가는 데 필요한 힘을 선택하도록 하면 영적인 가슴이 강화됩니다. 영적인 가슴이 강해지는 것은 인간의 가슴이 건강해지도록 뒷받침해줍니다.

그러니 어떤 의도를 가지고 살아가고 싶은지 선언하고 그 공간에 이를 호흡으로 불어 넣어주어야 합니다. "나는 마음이 열려 있다" 또는 "나는 가슴에 있는 직관의 소리를 듣고 용기 있게 산다"처럼 새로운 신념일 수도 있습니다. 존재감과 사랑, 또는 자신의 몸 안에서 어떻게 살고 싶은지를 묘사하는 이미지나 컬러가 될 수도 있습니다. 당신의 영혼이 갖고 있는 '힘'에 연관된 문구나 노래, 시, 어떤 표현이 있을 수도 있습니다. 이런 글들은 깊은 슬픔 반대편의 삶이 어떤 모습일지 생각해볼 때 당신이 바라는 것을 반영하기도 합니다.

7단계: 자신을 돌보기

깊은 슬픔이 정화되면 안개가 낀 듯한 느낌과 감정이 사라집니다. 그 결과 참자아와 영혼에 더 깊이 연결됩니다. 그러니 당신의 신체가 무엇을 필요로 하는지 주의 깊게 살펴보고 자신을 돌보세요. 셀프 케어는 거품 목욕이나 자기 관리보다 더 깊은 차원을 의미합니다. (자신을 가꾸는 것도 적절한 셀프 케어 방식이긴 합니다.) 자아를 돌보는 것은 가슴과 영혼, 직관에 귀 기울이고 깊은 슬픔을 처리하는 동안 자신을 돌보기 위해 필요한 것이 무엇인지 스스로에게 물어보는 것입니다. 새로운 의도를 가지고 살아가려면 의식적인 노력이 필요할지도 모릅니다. 하지만 가슴의 직관에 연결된 상태로 당신에게 필요한 것이 무엇인지 알아보기 바랍니다. 음악, 노래, 포옹, 웃음, 아니면 그저 호흡하는 게 영혼과 연결되었음을 느끼는 데 정말로 도움이 되기도 합니다.

깊은 슬픔이 진정되었다고 느낄 때 더 높은 의미와 비전^{vision}, 삶의 목적, 삶에서 당신이 처한 상황에 대한 통찰력과 함께 당신의 영혼이 드러납니다. 깊은 슬픔을 느낄 때 많은 사람들이 "왜 이런 일이 생긴 걸까요?" 하고 궁금해합니다. 중요한 것은 그 순간에는 어떤 이유도 깊은 슬픔의 느낌을 빨리 사라지게 해주지는 않는다는 것입니다. 슬픔에 빠져 애도하는 중에는 이런 질문을 해도 명확한 답을 얻을 수 없습니다. 깊은 슬픔이 지나가고 자신에게 필요한 것을 해주면서 영혼에 자양분을 공급할 수 있을 때 당신의 가슴은 성숙해지고 "왜?"라는 질문도 이해가 될 것입니다. 그러려면 시간이 필요할지도 모릅니다.

감정을 방출하는 게 중요한 이유

에너지 바디에 있는 블록의 대부분은 갇혀 있는 감정입니다. 에너지 힐링에서 감정의 '방출'은 좋은 현상입니다. 감정적인 '반응'은 당신이 고려해봐야 할 부분이 더 있다는 것을 의미합니다. 방출하는 것과 반응하는 것의 차이를 아는 게 중요합니다. 감정을 방출할 때는 평화로운 느낌과 함께 해소가 되지만 감정적으로 반응할 때는 후회, 죄책감, 여전히 해소되지 않은 느낌이 듭니다.

방출이란 무엇인가?

방출은 신체적, 감정적, 에너지적 변화가 일어난 뒤에 나타나는 과정입니다. 당신은 사는 동안 울고 소리치고 춤추고 노래하고 호흡하고 운동하면서 방출을 경험했을 수도 있습니다. 방출은 치유 작업에서 큰 부분을 차지합니다.

다음 정보는 당신이 감정을 방출하고 있을 때 더 큰 도움이 될 것입니다. 에너지 힐링을 할 때는 당신의 성장을 저지하고, 갇혀 있게 하거나, 더 이상 도움이 되지 않는 커다란 에너지를 움직이기 위해 신의 영역(Divine Realm)에서 작업을 합니다. 에너지, 세포, DNA는 모두 연결되어 있습니다. 〈양자물리학으로 본 마음〉(What the Bleep Do We Know!?)이라는 영화는 신체의 에너지에 대한 세포의 반응을 양자물리학과 연관 지어 알려줍니다. 에너지가 정화되면 치유가 일어나고 신체는 그 변화에 반응합니다. 세포가 변화하면 화학적인 구성이 차례로 반응합니다. 치유 뒤에 감정적인 변화를 몸으로 느끼게 되면 마음이 가벼워지거나 더 편안해집니다. 더 많이 정화할수록 신체에 더 큰 변화가 일어납니다.

치유가 일어나는 동안, 그리고 치유가 일어난 뒤에도 방출은 계속됩니다. 결정적인 변화의 시기가 이때입니다. 지금의 내가 있기까지 평생이 걸렸습니다. 화학적 구성의 일부가 된 에너지 블록이 신체에 있다면 한 번의 정화 세션으로는 치유가 필요한 부분의 단 한 겹만을 다룰 수 있습니다. 나는 세포에 있는 에너지가 변화한다고 앞서 설명한 바 있습니다. 이런 변화가 일어나면 치유가 필요한 다른 층이 동요하거나 신체에 저장된 기억이 수면 위로 떠오릅

니다. 감정은 세포의 구성과 조직 안에 저장되어 있기 때문에 세포
가 변화하면 감정이 방출됩니다. 놀라운 치유를 경험한 뒤 며칠간
복잡한 감정을 느끼는 건 아주 자연스러운 일입니다. 이 시점에는
방출의 과정이 정말 중요합니다. 감정을 방출하지 않으면 신체에서
그 감정이 자리하고 있는 위치에 그대로 계속 머물면서 당신이 받
은 치유의 전반적인 효과를 떨어뜨립니다.

호흡하기

방출할 때 가장 중요한 부분은 호흡하는 것입니다. 바쁘게 살다 보
면 다른 사람들과 다른 일들은 챙기면서 자기 자신은 돌보지 못할
때가 많습니다. 고요한 상태에서 깊게 호흡하세요.

호흡이 당신을 씻어주도록 하고 새로운 산소로 상쾌하게 하루
를 시작하세요. 정화에 도움이 되는 다양한 호흡법을 찾아보기 바
랍니다. 불의 호흡(Breath of Fire), 3단계 호흡(Three-part Breath), 그 외
에도 다양한 복식 호흡법이 있습니다. 호흡 과정에서 무거운 감정
과 가벼운 감정을 모두 느끼게 될 수도 있습니다.

무거운 감정: 화, 슬픔, 깊은 애도, 질투심, 의혹, 증오, 좌절, 분
함, 삶에 대한 회의, 신체의 저린 느낌

가벼운 감정: 평화, 행복, 즐거움, 사랑, 확장된 느낌, 연결감, 열
린 마음, 강인함, 영감을 받은 느낌

방출이 일어나는 방식

모든 사람이 고유의 특성을 갖고 있기 때문에 방출은 개인적인 경

험이며 다양한 방식으로 일어납니다. 자신을 존중하고, 배출되기를 원하는 무거운 감정을 정화하기 위해 할 수 있는 것을 하기 바랍니다. 또한 즐거움, 평화, 행복처럼 가벼운 감정을 거부하고 있지는 않은지 살펴보세요. 가벼운 감정을 느끼기 위해서 무거운 감정을 방출하는 경우도 있습니다.

감정을 방출하는 데 도움이 되는 활동은 다음과 같습니다. 어떤 활동이든 시작하기에 앞서 우선 의도를 세우세요. 당신이 경험하고 있는 감정이 무엇이든, 그 활동이 감정을 방출해줄 것이라고 말입니다. 감정을 최대치로 느끼세요. 감정을 완전히 느끼면 감정 에너지가 더 빨리 움직이는 데 도움이 됩니다.

♥**자연 속에 있기!** 자연과 함께 있는 건 '정말' 중요합니다. 산책로나 해변가를 걸으면 얼마나 머리가 맑아지는지 놀라울 따름입니다. 자연은 당신을 그라운딩해주고 중심과 균형을 잡을 수 있게 도와줍니다. 자연은 당신을 나머지 창조물과 연결해주지요. 당신은 창조물의 일부입니다. 우주의 일부란 말입니다! 마음을 차분하게 하는 것만으로도 상황을 바라보는 새로운 관점을 얻는 데 도움이 됩니다. 그러면 그 새로운 전망을 가지고 일상으로 돌아올 수 있습니다.

♥ 운동하기: 달리기, 자전거 타기, 걷기, 스포츠 경기하기 등

♥ 명상하기

♥ 요가하기

♥ 펀치백이나 베개를 때리면서 화, 짜증 방출하기

♥ 바다나 호수에 돌멩이를 던지면서 화, 짜증 방출하기 (소

금물이 돌멩이에 담긴 감정을 정화해줍니다.)

♥ 나를 이해해주는 친구에게 이야기하기

♥ 외출해서 재미있는 일을 하면서 좋은 시간 보내기

♥ 창의력 발휘하기!

♥ 그라운딩하기: 그라운딩 코드를 심상화하고 그것을 통해 감정을 땅속으로 내려보냅니다. 몸에서 감정이 방출되어 지구 중심에서 정화될 것이라고 의도를 세웁니다.

♥ 심호흡하기: 감정을 호흡과 함께 내뿜습니다!

♥ 치유를 위해 컬러를 이용하기: 핑크, 보라, 또는 하얀색 빛을 이용합니다. 자신에게 맞는 느낌을 주는 컬러를 쓰면 됩니다. 그 컬러의 빛으로 자신을 감쌉니다.

♥ 어딘가로 당일치기 여행 떠나기

♥ 창의력의 분출구 찾기: 음악, 춤, 노래, 그림, 조각, 만들기 등

♥ 마사지 받기: 마사지는 신체 접촉을 통해서 더 깊은 방식으로 감정에 접근하는 좋은 방법입니다.

♥ 침술: 신체에 기가 잘 흐르도록 해주면 감정을 방출하고 활력을 되찾는 것에도 도움이 됩니다.

♥ 목욕하기: 바다 소금, 허브, 또는 오일로 목욕을 하면 회복에 큰 도움이 됩니다!

♥ 플라워 에센스와 허브: 이러한 것들의 사용은 치유 과정에 도움이 됩니다.

♥ 건강한 음식: 의식적으로 음식을 섭취하지 않으면 식습관이 감정의 방출을 지연시킬 수 있습니다. 반면에 영양

가 가득한 음식은 감정이 방출되는 동안 우리의 시스템
을 지원해줍니다.

♥ 기도하기 / 의도 세우기 / 실현하기

♥ 요리하기 / 빵 만들기

감정을 방출하는 데 도움이 되는 활동 몇 가지를 소개했습니다. 이 외에도 더 많은 방법이 있지만 모든 사람이 각기 다르므로 자신의 직관에 귀 기울이고 각자에게 맞는 방법을 찾는 것이 좋습니다.

영혼을 치유하려면

감정적 차원의 치유는 과거 이야기를 통해 당신의 오래된 감정을 해소해줄 것입니다. 영혼 차원의 치유는 귀 기울여 듣고, 보살펴주고, 당신의 영혼이 요구하는 것에 주목하는 것입니다. 영혼을 보살피려면 믿음과 신뢰가 필요하며 직관의 소리를 귀담아들어야 합니다. 당신이 신과 연결된 삶을 살도록 도우려 이번 생에 여기에 존재하기로 한 당신 영혼의 선택도 고려해야 합니다.

치유 단계를 지나는 동안 당신의 영혼은 '자양분'이 필요합니다. 스스로에게 자양분을 공급한다는 건 자신의 영혼이 필요로 하는 것을 해주어서 몸이 놓아버림을 할 수 있게 돕는 것입니다. 어떤 이들은 바다에 가거나 예술을 하거나 사상가의 강연을 들으면서 자신에게 자양분을 줍니다. 당신의 자양분이 무엇이든, 그것은 당신의 영혼이 당신에게 필요한 것을 알려주는 것입니다. 영혼이 필요로 하는 것이 무엇인지 알려면 내면의 목소리에 익숙해져야 합니다. 그 목소리를 당신은 이미 알고 있습니다. 부드럽게 말하면서 내면의 방향과 지침을 주는 바로 그 목소리입니다.

하지만 에고가 직관의 목소리를 가로막을 때가 있습니다. 앞서 언급했듯이 에고의 목소리는 감정과 신념 체계가 정신을 어지럽히면서 내는 잡음입니다. 반면 직관은 신과 연결된 영혼의 목소리입니다. 에고의 소리가 직관의 소리보다 더 크다면 그라운딩이 필요합니다. 직관이 아니라 당신의 상처가 이야기를 하고 있는 것일 수도 있습니다. 그라운딩은 에너지를 이완시키고 속도를 늦추며 지구의 자연적인 진동에 연결되는 과정입니다. 그라운딩을 하면 신체가 안정됩니다. 몸이 안정되면 마음도 안정을 되찾습니다.

만성적으로 그라운딩이 되지 않는 사람들도 있습니다. 이런 경우에는 아래쪽 차크라에 깊은 치유가 필요합니다. 아래쪽 차크라에 에너지 블록이 있으면 신체에서 에너지가 자동적으로 너무 높이 올라갑니다. 오랫동안 그런 상태로 있었다면 그 느낌이 정상적인 상태일 것입니다. 그렇지만 이는 만성적으로 그라운딩이 되지 않는 상태라는 것을 의미합니다. 에너지 시스템이 만성적으로 그라운딩이 되지 않는 상태라면 영혼의 소리를 느끼기가 아주 어렵습니다. 그라운딩을 해보려고 시도해볼 수는 있겠지만, 먼저 오래된 상처를 직면하고 에너지 블록을 제거할 필요가 있지요.

그럼 그라운딩을 통해 직관에 연결되려면 어떻게 해야 할까요?

이 질문에 대한 답을 주기 위해서 지금부터 그라운딩, 직관, 믿음, 명상, 에너지 바디, 영혼의 길이라는 주제를 좀더 깊이 이야기해보겠습니다. 이런 정보는 모두 가슴의 확장과 직관과 신의 지혜에 연결되는 법을 더 잘 이해하는 데 도움이 됩니다.

그라운딩

그라운딩은 치유 및 직관과의 연결에 있어 가장 중요한 도구입니다. 인간인 우리는 자연에 있는 입자와 동일한 입자로 만들어졌습니다. 우리는 자연의 일부입니다. 자연과 더 가깝게 연결된 삶을 살수록 우리의 자연적 상태인 근원과 더 가까워집니다. 정원에서 방금 따온 재료를 직접 손질해서 먹으면 우리는 음식을 통해서 그라운딩을 하는 것입니다. 전자기기를 끄고 자연 속에서 신경계에게 휴식 시간을 준다면 이 또한 그라운딩입니다. 그라운딩은 에너지의 흐름을 어머니 지구의 리듬과 깊이 조화되게 하는 것입니다. 나는 나를 포함한 다른 사람들이 지구와의 연결이 끊어졌을 때 다시 대지로 돌아가면서 가끔 깊은 슬픔을 느끼는 것을 본 적이 있습니다.

긴장을 풀면 몸 전체가 균형을 잡습니다. 이렇게 되면 더 의식적인 선택을 할 수 있고 신체가 치유됩니다. 또, 가슴이 이완되고 조급한 마음도 사라집니다. 그라운딩은 영혼과 연결되는 방법입니다. 신체가 그라운딩되면 영혼이 몸 안에 그라운딩됩니다. 나는 의식적으로 그라운딩 연습을 할 때 내 영혼이 몸 안에 깊숙이 들어와 앉는 것을 상상합니다. 그라운딩은 다양한 방법으로 시도할 수 있는데, 이 중 몇 가지를 아래에 소개합니다.

- ♥ 내면의 속도를 늦춥니다.
- ♥ 건강하고 소화가 잘되는 영양가 풍부한 음식을 섭취해서 인체 시스템의 균형을 맞춥니다.

♥ 어머니 지구와 연결되기: 자연 속에서 휴식을 취하면서 균형을 되찾습니다.

♥ 그라운딩 코드 심상화하기 (아래 설명을 참고하기 바랍니다.)

♥ 수면

그라운딩 코드

영적 차원의 치유에서는 심상화가 정말로 도움이 됩니다. 필요할 때마다, 가능한 한 자주 심상화를 해보기를 추천합니다. 뇌의 일부분은 실제 행동과 심상화의 차이를 알지 못합니다. 따라서 심상화를 활용하면 신체에 도움이 됩니다. 예를 들어 배가 아플 때 아픈 신체 부위에 치유의 빛을 심상화해보세요. 컨디션을 바꾸기 위해서 심상화를 할 때 몸과 마음, 영혼에 어떤 일이 생기는지 살펴보세요.

그라운딩 코드도 비슷한 방식으로 활용할 수 있습니다. 그라운딩 코드는 우리를 지구에 단단히 연결시키는 에너지 선입니다. 빛의 줄기를 연상하거나 나무 기둥과도 같은 이미지에서 지구의 중심으로 뿌리가 뻗어나가는 것을 심상화하면 됩니다. 그라운딩 코드를 심상화할 때는 골반에서부터 지구 중심까지 연결된 선을 연상하면 도움이 됩니다.

심호흡을 하면서 신체를 이완시킵니다. 이와 동시에 지구의 에너지가 그라운딩 코드의 뒷부분을 통해서 올라오도록 합니다. 지구 에너지의 강력한 흐름이 당신을 채워주는 것을 느껴보세요. 대지의 에너지가 올라와 당신을 지지해주는 것을 느끼고 있으면 실제로 몸이 이완됩니다. 이것은 명상입니다. 더 많이 연습할수록 더 강하게 그라운딩된 느낌을 받을 것입니다.

그라운딩 코드는 에너지 정화와 치유 작업을 할 때 신체에서 원치 않는 에너지를 방출시키는 데 아주 적합한 통로가 되기도 합니다. 에너지 블록이 느껴지는 신체 부위에 호흡을 불어 넣으면서 계속해서 호흡합니다. 그러고 나서 그라운딩 코드를 통해 그 에너지를 아래쪽으로 방출합니다. 그라운딩 코드가 에너지를 지구 중심으로 가져가고 그곳에서 에너지는 순수한 빛으로 변합니다.

직관과 연결되려면 그라운딩을 하고 속도를 늦추는 것이 굉장히 중요합니다. 그라운딩이 되지 않은 상태에서는 정확한 정보를 얻지 못할 수도 있습니다. 마음이 급하거나 공상에 빠진 것은 모두 그라운딩이 되지 않았을 때 나타나는 현상입니다. 그러니 그라운딩 코드와 명상으로 그라운딩을 하세요. 앞서 제시한 방법이나 자기만의 방법을 써도 좋습니다.

직관

직관(intuition)은 삶 속에서 의식적으로 당신을 안내해주는 영혼의 목소리입니다. 내면의 작은 목소리, 직감, 직관적인 알아차림이라고 직관을 이해하고 있을지도 모르겠습니다. 이 모든 게 더 높은 차원의 지혜가 전달되는 것을 경험하는 방식입니다. 인간으로서 경험하는 일을 통해, 또는 그 경험 속으로 상위 차원의 지혜가 전달됩니다. 직관은 영혼과 인간의 자아 간의 소통입니다.

진정한 직관의 목소리는 고요하고 잔잔할 때 들립니다. "고요히 있으라" 혹은 "예스!" 같은 말을 할지도 모릅니다. 긴 말로 많은 정보를 주지 않을 수도 있습니다. 영혼의 메시지는 현재의 순간에 당신을 도와주기 위한 것입니다. 미래에 안전함을 느끼기 위해 알아둘 필요가 있는 모든 것이 현재의 순간에 존재함으로써 제공됩니다. 그 순간에 직관이 당신에게 말을 겁니다. 직관의 소리를 완전히 들을 수 있으려면 현재의 순간으로 와야 합니다. 그러니 깊은 내면으로 들어가 고요한 상태로 직관의 소리를 듣고 느끼는 시간을 갖도록 하세요. 내면으로 더 깊이 들어간다는 것은 직관의 발달을 의미합니다.

직관은 신체의 다양한 부위에서 느낄 수 있습니다. 가슴은 행복과 충만함에 대한 바람과 갈망을 느끼는 파워 센터입니다. 영혼은 가슴을 통해 우리를 이끕니다. 태양신경총은 직감을 느끼거나 깊이 있는 앎을 주는 곳입니다. "오른쪽 방향으로 갔어야 했다는 것을 직감으로 알았어"라는 말은 신체의 중심에서 공명하는 직관적인 '알아차림'의 예입니다. 아랫배에서 느끼는 직관은 위험하거나 무언가 잘못되었다는 신호입니다. 신체는 직관적인 정보가 전달되는 가장 좋은 지표지요. 갑자기 피곤해지거나 마음이 닫히거나 배가 아프거나 심지어 혼란스러워진다면 이는 무언가 옳지 않다는 것을 신체가 알려주고 있는 것입니다. 상황에 대한 신체의 반응과 직감에 주목하는 것이 바로 직관에 귀 기울이는 것입니다. 직관에 접속하기 위해 직관의 목소리를 들을 수 있는 곳을 알아두는 게 좋습니다.

내면 아이: 직관에서 가장 믿을 만한 측면은 당신의 내면 아이입니다. 잠재의식이 작동하는 상당 부분은 자신에게 필요한 것을

충족시키려고 하는 내면 아이 의식에서 비롯됩니다. 그러니 정말로 익숙해져야 할 첫 번째 목소리는 당신의 내면 아이의 소리입니다. 가슴이나 배 쪽에 자리한 내면 아이와 만나 그 아이가 원하는 게 무엇인지 귀담아 들어보세요. 자신에게 좋지 않은 일을 하고 있다면 당신의 내면 아이가 알려줄 것입니다! 감정적인 반응이나 신체 증상을 통해서 알려주기도 합니다. 내면으로 깊이 들어가 당신의 내면 아이가 필요로 하는 게 무엇인지 자주 물어보기 바랍니다. 관심이나 위로가 필요할 수도 있습니다. 내면 아이에게 필요한 것을 해주면 외부에서 필요한 것을 찾을 이유가 없어집니다.

가슴: 가슴 차크라는 어떤 상황에 대한 영적인 진실을 느끼는 곳입니다. 때로는 이것이 에고가 원하는 것과 상반될 수도 있습니다. "이것을 하고 싶긴 한데, 또 다른 것을 선택하고 싶은 마음도 있어"라고 말하는 사람들이 많습니다. 이런 상황이 생긴다면 내면의 소리를 들으세요. 영혼이 하고 싶은 게 따로 있지만, 사람들의 기대에 부응해야 한다고 프로그래밍되어 있는 것은 아닌지요? 당신 영혼의 목소리는 '안전'하거나 '옳은' 일을 하는 것과 상반되나요? 그 '안전'하거나 '옳은' 일은 실제로 우리가 학습한 두려움에 기반한 생각일 때도 있습니다. 어쩌면 그것은 어린 시절에 경계를 지키기 위해 필요했을지도 모릅니다. 하지만 현재의 순간을 진실하게 살고 안전해지고자 하는 그 오래된 방식이 현재에도 정말로 진실한지를 결정하는 건 당신의 몫입니다. 진실이 무엇인지 깨닫기 위해서는 에고가 하는 말과 가슴이 하는 말에 주목해야 합니다. 두 가지 목소리를 분리하세요. 그러고 나서 가슴으로 들어가 깊이 명상하세요.

가슴의 빛과 힘이 명확해질 때까지 가슴에 머무르세요. 정성과 진실한 목소리를 느낄 때까지 말입니다.

직감: 직감(gut)의 느낌은 두 번째 차크라나 세 번째 차크라로 부터 옵니다. 직감은 십중팔구 느낌으로 오지만 때로는 깊은 내면에서 들리는 목소리일 수도 있습니다. 직감은 오장육부(gut)가 주는 신호입니다. 그 느낌을 부정할 때 어떤 일이 생기는지는 우리 모두가 잘 알고 있습니다. 내장이 주는 신호를 진정 알아차리려면 영양면에서, 감정적인 측면과 에너지 차원에서 깨끗한 '내장'을 갖는 것이 중요합니다. 직감이 잠재적인 위험에서 우리를 보호해줄 때도 있지만 이 부위에 상처로 인한 두려움이 크게 자리 잡고 있다면 모든 것을 걱정하고 두려워하는 경향이 있을 것입니다. 이는 진정한 '내장'의 느낌이 아닙니다. 진짜 오장육부의 느낌은 더 깊이가 있습니다. 진실은 깊이가 있습니다. 직관을 강화하려면 '내장'을 청소해야 합니다. 건강한 소화관을 갖는 건 중요합니다. 프로바이오틱스와 소화 효소를 섭취하고 무엇보다 살아 숨 쉬는, 깨끗한 유기농 음식을 먹어야 합니다. 자연 효소가 풍부한 음식은 건강한 '장 뇌(gut brain)'와 직관에 도움이 됩니다.

신의 메시지: 신의 메시지는 영적 가이드(spirit guides), 천사, 신의 빛을 통해서 신의 영역에서 우리에게 전달되는 메시지입니다. 인식을 하고 있든 그렇지 않든, 우리는 주기적으로 신의 메시지를 내려받고 있습니다. 이 메시지를 받으려면 기도 채널이 열려야 합니다. 태어날 때부터 기도 채널이 열려 있는 사람들도 있습니다. 이런 사람들은 신의 메시지를 쉽게 들을 수 있습니다. 이런 연결 통로

가 열려 있는 건 영적 재능입니다. 그렇지 않은 사람이라면 신의 원천과 내면에 자리한 원천이 만나기 위해서 일생 동안 치유가 일어날 필요가 있습니다. 명상과 기도를 열심히 하면 연결 통로가 만들어질 수도 있습니다. 이 채널을 열어서 신의 메시지를 받는 것에 대해서는 아래에 더 자세히 설명하겠습니다.

믿음, 그리고 신과의 소통

믿음을 갖고 산다는 건 신과 관계를 맺으면서 사는 것입니다. 믿음은 영혼에 확신을 주는 영적인 근간에 관여하는 것이기에 의식을 상승시킵니다. 믿음이 있을 때 원천과 연결된 삶을 살게 됩니다. 또한 믿음은 이번 생에서 인도받고, 보호받는 느낌을 주어 당신이 혼자가 아니며 더 큰 소명에 기여하고 있다는 것을 알게 해줍니다.

믿음이 있으면 인간으로 살면서 겪는 고난에 신의 빛을 불러와 당신이 통제할 수 없는 일을 넘겨줄 의지가 생깁니다. 신의 은총을 받아서 이번 생을 혼자서 '하지' 않을 의지 말입니다. 이런 연결은 우리 몸 안에서 빛의 기둥이라고 불리는 빛의 채널을 통해 일어납니다. 이는 기도 채널이면서 신과의 소통을 경험하는 통로입니다. 이 기둥이 정립되지 않으면 영적인 파워 센터인 정수리 차크라나 가슴 차크라로 빛이 들어오지 못합니다. 그렇게 되면 부정적인 느낌, 의심, 두려움, 길을 잃은 느낌, 의미와 목적 없이 사는 느낌이 듭니다. 신과의 소통은 영혼을 당신보다 더 큰 무언가와 연결해주는 것입니다. 직관은 자기 내면의 소리를 듣는 것뿐만 아니라 더 큰 그림에 접근하는 것이기도 합니다.

빛의 기둥

우리 몸 안에 있는 빛의 기둥은 수슘나 채널로도 알려져 있습니다. 이는 척추를 따라 몸의 중심에서 흐르는 주된 경혈입니다. 정수리 차크라에서 시작해서 골반저(pelvic floor)에서 끝나며 그라운딩 코드와 합쳐집니다. 이 기둥은 우리 안에 있는 파이프라인으로, 이곳을 통해 빛이 흐릅니다. 빛의 기둥에 에너지 블록이 있거나 기둥이 휘어져 있으면 컨디션이 좋지 않을 것입니다. 자신의 고유한 빛과 본질 외에 그 어떤 것도 빛의 기둥 안에 존재해서는 안 됩니다. 하지만 깊은 차원의 핵심 이슈는 우리에게 엄청난 영향을 준 인생 경험이기에 빛의 기둥 중심부에 자리 잡고 있습니다. 치유 과정을 거치면서 핵심 이슈를 다루는 동안 감정과 에너지가 기둥 밖으로 이동하면서 신체의 주변부로 움직입니다. 이제 그것은 더 이상 핵심 이슈가 아닌 것입니다. 에너지가 기둥에서 더 멀리 이동할수록 그 이슈로 인해 느끼는 영향은 더 작아집니다.

치유를 원한다면 신성한 빛, 또는 신의 은총을 정수리에서부터 빛의 기둥을 따라 흐르게 하면 됩니다. 마치 빛으로 샤워를 하듯이 말입니다. 신의 은총을 받아서 당신 안의 빛의 기둥이 확장되는 것을 심상화하면 할수록 당신은 더 빛날 것입니다. 물론 이 과정에서 정화해야 할 감정과 상처가 드러날 수도 있습니다. 하지만 이를 통과하면 당신 안에서 빛이 자유롭게 흐를 수 있습니다.

빛의 기둥에 대한 이해를 돕기 위해서 내 경험을 이야기해보겠습니다. 내가 처음으로 몸 안에 있는 빛의 기둥을 느낀 건 콜로라도 주 볼더에 살고 있을 때였습니다. 그 당시 나는 매일 하이킹을 했습니다. 나는 플랫아이언Flatirons이라는 곳에서 하이킹을 하면서 종종 신과 대화하곤 했죠. 하지만 당시에는 그게 신과 이야기를 나누는 것이라는 것을 알지 못했습니다.

어느 날 정수리에서부터 꼬리뼈까지 강한 에너지의 흐름이 느껴졌습니다. 빛의 기둥이 가진 전능함을 알게 된 것입니다. 그러고는 신의 목소리가 들렸습니다. "매일 이것을 심상화하라. 그러면 치유될 것이다." 지금 돌이켜 보면 그때 어째서 회의적이지도 않고 "그래? 치유가 뭐 그렇게 쉬운가?"라는 생각도 하지 않았는지 모르겠습니다. 나는 아무런 의심도 하지 않았어요. 몸에서 느껴지는 빛의 기둥의 힘, 그리고 빛의 기둥과 내 관계는 말로 형언할 수 없는 것이었습니다.

그래서 나는 그렇게 했습니다. 1년 동안 매일 빛의 기둥을 심상화했지요. 나는 어렸습니다. 아마도 스물세 살이었을 겁니다. 그 해에 나는 여러 번 영적인 깨어남을 경험했는데, 그 경험들은 내가 이 세상에서 힐러가 될 수 있었던 토대가 되었습니다. 당시 신의 목소리가 명확히 알려주지 않은 것은 '치유'가 때로는 아픔을 의미한다는 것입니다. 다시 말해 고통을 느끼고, 용서하고, 두려움을 직면하고, 위험을 감수하며 불평불만을 그만두어야 한다는 말입니다. 그것은 놀랍고 대단한, 더없이 행복한 시간이 아니었지요. 만약 그랬다면 그것은 치유가 아닐 것입니다.

그러나 내겐 모든 것을 직면할 의지가 있었습니다. 내 안에 있는 빛의 기둥을 느끼면서 동시에 친구와 아주 불편한 일이 생기기도 했습니다. 어떨 때는 감정이 격앙되어 울기도 하고 깊은 감정 속으로 빠져들기도 했지요. 나는 이를 치유를 위한 방출이라고 부릅니다. 이렇게 감정을 방출하고 치유되는 동안에도 빛의 기둥은 더 강하게 느껴졌습니다. 빛의 기둥이 아주 견고해지면서 내 자세도 달라졌습니다. 척추가 더 펴지고 가슴은 올라갔지요.

이 시기에 나는 삶의 굴곡을 통과했습니다. 빛의 기둥의 이미지는 경직됨을 의미하지 않습니다. 사실 그 반대입니다. 이 기둥은 곧 빛이며 생명력의 에너지가 존재하는 곳입니다. 신체에 생명력의 에너지가 충분히 있을 수도 있습니다. 하지만 이 기둥을 신의 빛으로 채우면 지혜와 믿음이 가득하도록 신체의 배터리를 충전해주는 것과 같습니다. 더 명확하게 설명하자면, 신으로부터 에너지를 받아 당신의 몸에 넣어서 당신이 지혜롭고 강해지는 것이 아닙니다. 빛의 기둥이 정립되는 유일한 길은, 내면의 소리를 듣고 놓아버리며 신성의 힘에 내맡기는 것입니다. 당신이 종교적인 이유로 동의할 수 없는 어떤 측면이 있고, 그것 때문에 신을 두려워한다면 모든 선입견을 버리고 새로운 마음으로 신과 다시 만나야 합니다. 당신에게 신이 무엇을 의미하는지 다시 정의해봐야 하는 것입니다. 수치심과 종교적인 도그마에 연계된 측면을 방출할 수 없다면 진정으로 신성이나 영혼, 빛, 생명력, 신, 그 어떤 표현을 쓰던 간에 이를 발견하지 못할 것이기 때문입니다. 진실로 빛의 기둥을 느끼게 되면 분명 신과 연결된 것입니다. 머리로는 알 수 없지만 몸은 이 연결감을 알고 있습니다. '신'이라는 말이 여전히 불편하다면 놓아버림이 더 많이 필요할지도 모릅니다.

기도하고 빛의 기둥을 심상화하는 것은 일상 속에서 신성과 연결되는 길입니다. 이 흐름과 연결되면 인생이 훨씬 더 수월해집니다.

빛의 기둥을 떠올리면서 할 수 있는 활동들은 다음과 같습니다.

♥ 눈을 감고 빛의 기둥을 심상화합니다.

♥ 빛의 기둥이 어떻게 생겼는지 그림으로 그려봅니다.

♥ 몸의 중심부로 빛을 통과시킵니다.

♥ 원하는 차크라에 집중해서 기도하면서 이 채널이 열리는 모습을 상상합니다.

이번 주는 빛의 기둥을 강화하는 연습을 하면서 신성한 빛을 더 많이 느껴보기 바랍니다.

기도

규칙적으로 기도하면 빛의 흐름이 강해집니다. 나는 명상할 때와 같은 방식으로 기도합니다. 앉아서 기도할 때 나는 명상 상태로 들어가서 호흡을 합니다. 몸 안에서 빛의 기둥이 느껴지면 그라운딩 코드를 심상화합니다. 그러면 정수리 차크라가 열리면서 신과 연결되는 것을 느낍니다. 가슴 차크라로 호흡을 계속합니다. 그러고는 가슴이 하고 싶어하는 말을 신에게 바칩니다. 머리로 생각하지 않고 그저 가슴이 말하게 합니다. 삶에서 내게 주어진 모든 것에 감사하는 게 기도일 때도 있습니다. 어떨 땐 강인함과 치유를 기원하고, 어려움에 처했을 땐 도와달라고 청하기도 합니다. 내 고객이나 기도가 필요한 다른 사람, 때로는 지구를 위해서 기도할 때도 있습니다. 내 경우를 예로 들었지만 각자 자신에게 맞는 방식으로 기도하면 됩니다.

기도와 명상을 꾸준히 하면 빛의 기둥과 가슴 차크라가 강화됩니다. 또한 신과 굳건한 관계를 맺을 수 있고 더 높은 의식이 형성됩니다. 뿐만 아니라 직관이 진정으로 열리려면 빛의 기둥이 정립되어야 하고 이것이 신체의 모든 파워 센터를 통해 유지되어야 합니다. 이것은 기도와 빛의 의식이 몸에 스며듦으로써 가능합니다. 기도는 당신 바깥에 있는 게 아닙니다. 기도는 당신의 가슴과 영혼에서 오는 것이며 신성으로 향하는 것입니다.

기도로 이런 게 가능하다면 누구에게 기도를 하면 될까요? 신에게? 우주에게? 신성한 사랑에게? 자연스레 이런 궁금증이 생기기 마련입니다. 누구에게, 무엇에게 기도하는지는 당신과 그 대상만의 주관적인 관계이며, 당신 내면에서 이를 느끼고 경험해야 합니다. 내 경우에는 신, 우주, 신성한 사랑은 약간의 다른 진동수를 지닌 동의어입니다. 이런 표현 모두 상위 차원의 힘(Higher Power)에 접근할 수 있게 해주는 것이 공통점입니다. '신'이라는 말은 각자의 종교적인 경험에 따라 복잡하고 민감한 표현이 될 수 있습니다. 따라서 신이라는 말에 대해서 불필요한 감정적 반응이 있다면 이를 치유하기 위해 종교와 영성을 분리하는 것이 중요합니다.

영적인 연결을 위해서 사용하는 말은 지극히 개인적인 선택의 문제입니다. 어떤 말을 택할지 잘 모르겠다면 신성한 사랑, 지구 어머니, 또는 우주라는 말로 시작해보면 어떨까요. 최소한 연결감을 만드는 데 도움이 될지도 모릅니다. 이 연결감을 정립하고 잘 구축하면 직관이 놀랄 만큼 강해집니다.

명상

명상은 기도의 한 형태로 자아와 연결되는 것입니다. 명상은 다양한 방식으로 할 수 있고, 명상과 명상 수행에 관한 책도 많습니다. 명상에는 올바른 방법이나 잘못된 방법이 없어요. 나는 요가를 오랫동안 해왔기 때문에 요가 트레이닝을 하면서 배운 방식으로 명상을 합니다. 불교나 기독교 방식의 명상을 하는 사람들도 있습니다. '사랑'이라는 말을 다양한 언어로 표현할 수 있는 것처럼, 명상을 하면서 정신을 고요하게 하고 자아와 신성에 연결되는 것에도 다양한 길이 있습니다.

명상은 몸 안에서 움직이는 과도한 에너지를 잠재웁니다. 따라서 정신이 고요해집니다. 조급한 생각 때문에 명상을 할 수가 없다고 말하는 사람들이 있습니다. 이런 경우에는 그라운딩을 하거나 몸을 움직일 필요가 있습니다. 걷기 명상을 할 수도 있지요. 호흡에 집중하거나 숫자를 세는 것, 불꽃을 심상화하는 것, 유도 명상(guided meditation), 요가 니드라$^{yoga\ nidra}$, '사랑'이나 '평화'라는 말에 집중하는 방식으로 명상을 할 수도 있습니다.

명상을 해본 적이 없다면 다음의 방식을 한번 시도해보세요.

♥ 편안하고 조용한 장소를 찾습니다. 방해 요소가 없는 환경이어야 합니다.

♥ 심호흡을 하고 그라운딩 코드를 심상화합니다. 그라운딩하면서 신체가 안정을 찾도록 합니다.

♥ 눈을 감고 천천히 마음의 속도를 늦춥니다. 빛의 기둥을 심상화하면서 몸의 중심부에서 이를 느껴봅니다. 자연스

럽게 중심을 잡으면서 자세가 달라지는 것을 느낄 것입니다.

♥ 호흡하세요. 몸을 안정시키세요.

♥ 몸이 정말로 안정을 찾아 명상 상태로 들어가려면 10분 정도 걸릴 수 있습니다. 그러니 서두르지 않아야 함을 명심하세요.

♥ 눈을 감은 채로 정수리로 신성한 빛이 들어오면서 당신을 사랑으로 채워주는 것을 느껴보세요. 빛의 기둥을 사랑으로 가득 채우세요. 호흡하세요. 당신의 존재 전부가 사랑의 빛을 받게 하세요.

♥ 이 느낌을 유지하면서 가능한 오랫동안 그 자리에 머무르세요. 이 명상을 5분밖에 하지 못할 거라는 생각이 들지라도 5분 더 명상해보세요.

♥ 마무리할 때는 기도를 하거나 의도를 세웁니다. 자신을 위해, 그리고 하루를 잘 보내기 위함입니다.

♥ 순수한 빛과 광채로 당신을 완전히 채우세요.

♥ 하루의 시작이나 끝에 이 명상을 하고 치유의 빛을 받았음을 기억하세요.

에너지 바디

에너지 바디에 대해 더 잘 알게 되면 명상에도 도움이 됩니다. 의식이 내면의 존재를 그저 표면으로만 스치고 지나간다면 안정을 찾는 것, 명확한 직관과 연결되는 것이 힘들 것입니다.

신체에 파워 센터가 있다는 것을 이해하고 에너지 바디를 심상화하면 내면으로 깊이 들어가는 데 도움이 됩니다. 각 파워 센터에서 의식이 어떻게 작용하는지 알아두는 것이 좋습니다. 의식이 당신 내면의 풍경 속에 있는 이 장소를 방문하고 나면 명상을 할 때 다시 그곳으로 찾아갈 수 있습니다.

우리 몸의 피부와 장기의 표면 아래에는 에너지 바디가 있습니다. 정신적, 감정적, 영적, 신체적인 존재 상태에 관한 정보와 차크라라고 불리는 파워 센터가 이 에너지 구조를 이루고 있습니다. 차크라에는 우리가 누구인지, 세상을 어떻게 살아가는지에 대한 정보가 담겨 있습니다. 민감한 사람은 차크라의 정보를 내면으로 감지할 수 있습니다.

고대 인도의 신념에 의하면 인간의 신체는 육체적인 부분과 영적인 부분(영혼)으로 나뉩니다. 인간의 영적인 몸에는 차크라가 있습니다. 차크라는 산스크리트어로 '바퀴'나 '원반'을 뜻합니다. 수천 개의 차크라가 있지만 일곱 개의 주요 차크라는 척추부터 머리 위까지 몸의 중심선을 따라서 자리 잡고 있습니다. 차크라는 체형, 분비선의 상태, 만성적인 신체 질병, 생각, 행동과 같은 정보를 제공합니다. 고대 인도의 사상에 따르면 우주의 생명력은 정수리를 통해 들어와 아래쪽으로 차크라를 지나면서 흐릅니다. 차크라는 육체와 정신, 영혼에 영향을 주고 보살펴주지요. 차크라마다 주파수가 다르고 진동하는 속도도 다릅니다. 차크라는 각기 고유의 색과 기호, 소리가 있습니다. 각 차크라는 고유의 주파수에 맞게 독립적으로 기능해야 합니다. 차크라가 제대로 움직이지 않거나 올바르게 진동하지 않아서 균형 잡힌 주파수에서 벗어나면 문제가 생깁니다.

영혼 차원에서 치유를 할 때는 차크라를 정확하게 관찰하고 이해할 필요가 있습니다. 차크라에 어떤 문제가 있는지 알아내야 적절한 치유가 가능합니다. 에너지 치유는 어떻게 이뤄질까요? 에너지 블록이 있는 곳에 호흡과 의식을 집중하고 정화가 될 거라는 의도를 세우는 게 한 방법입니다. 하지만 휴식을 취하고 감각의 자극을 줄여 신체를 안정적이고 자연스러운 상태로 되돌리는 것이야말로 몸이 자연스럽게 이완, 치유되는 좋은 방법입니다.

차크라 관점에서 설명할 수도 있습니다. 차크라는 자연과 사람, 우주의 생명력의 에너지로부터 에너지를 받아들이고 전송합니다. 차크라가 건강한 생명력의 에너지로 충전되면 빛이 나면서 파워가 생깁니다. 차크라의 균형을 맞추고 신체를 치유하는 데 자연은 그 자체로 강력한 치유 도구가 됩니다. 자연 속에 있으면 마음이 안정되고 몸의 긴장이 풀리며 치유가 필요한 사람에게 자연의 에너지가 전달됩니다.

고대의 믿음에 의하면 힐러는 의도를 세워 모든 에너지를 활용하고 움직일 수 있다고 합니다. 하지만 치유가 일어나려면 힐러는 신의 생명력과 자연의 세계에 합일된 상태여야 합니다. 신체가 이완되면 차크라 상태가 자연스럽게 바뀌면서 중심을 찾습니다.

앞서 언급했듯이 차크라에 관한 책은 시중에 많이 나와 있습니다. 나도 《차크라를 통한 에너지 힐링》이라는 책을 썼습니다. 차크라에 대한 이해를 돕기 위해 여기서 간략히 설명하겠지만, 차크라는 방대한 주제이며 관련된 책이 많이 있으니 자세한 설명은 하지 않겠습니다.

차크라

첫 번째 차크라: 척추의 맨 아랫부분에 위치합니다. 생존 본능, 기본적인 필요성, 종족의 신념, 안전, 풍요, 신체적인 건강, 물질세계에 그라운딩하는 것과 연관이 있습니다.

두 번째 차크라: 천골에 위치합니다. 성생활, 창의성, 파트너 관계, 감정과 그 깊이를 느끼는 것, 여성적 에너지, 직관, 삶의 흐름과 함께 가는 것에 관련이 있습니다.

세 번째 차크라: 태양신경총에 자리하고 있습니다. 개인이 가진 힘, 자신감, 정체성, 사적인 경계, 인생을 소화하는 법, 힘을 다루는 법과 관련이 있습니다. 행동을 취하고 실현하고 의지를 표현하는 남성적인 파워 센터입니다.

네 번째 차크라: 가슴 중앙에 자리합니다. 사랑, 자기사랑, 연민, 평화, 신성과 합일되는 것에 연관이 있습니다. 삶의 목적, 바라고 갈망하는 것은 가슴에서 소명처럼 느껴집니다.

다섯 번째 차크라: 목에 위치합니다. 커뮤니케이션, 진실을 말하는 것, 의지와 창의성의 표현, 가능성에 대해서 '예'나 '아니요'라고 말하는 것, 듣는 것과 관련이 있습니다.

여섯 번째 차크라: 제3의 눈 중앙에 자리합니다. 직관적으로 보는 것, 심상화, 감지 능력, 삶을 살며 최고의 가능성을 보는 것과 연관이 있습니다.

일곱 번째 차크라: 정수리에서 약간 위에 자리합니다. 영적인 의식, 원천과의 연결, 삶의 흐름, 지혜, 모든 게 잘 되고 있다는 믿음과 연관이 있습니다.

빠른 치유 방법

한번은 힐러 트레이닝 프로그램을 듣는 학생이 "웬디 선생님, 빨리 치유되는 방법을 알려주세요. 이렇게 많은 내용 말고 빨리 할 수 있는 방법이 필요해요"라며 농담 어린 말을 한 적이 있습니다. 나는 웃으면서 "좋아요! 빠른 길을 알려줄게요"라고 말했습니다. 나는 이것을 치유의 지름길이라고 부릅니다. 실제로 이 세 가지를 연습하면 에너지와 오래된 카르마가 정화되고 즉각적으로 신성에 연결됩니다. 그 세 가지는 다음과 같습니다.

용서

감사

사랑

진정 참된 마음으로 이 세 가지 파워를 느낄 수 있다면 당신은 더 빨리 치유될 것입니다. 여전히 고통스럽다면 그 고통을 들여다보고 처리해야 합니다. 왜일까요? 아직도 화가 난다면 완전히 용서할 수 없고, 여전히 가슴이 아프다면 감사하지 않을 것이며 두려움이 사랑을 가로막을 것이기 때문입니다. 그러니 상처를 처리해서 용서, 감사, 사랑을 느끼거나, 용서, 감사, 사랑을 느끼는 연습을 하면 치유되는 것입니다.

어떤 식으로든 이 세 가지 행위는 신성과 연결되고 기도 채널이 열리며 신의 은총과 기쁨, 웰빙으로 가는 가장 빠른 길입니다. 용서하거나 감사하거나 사랑을 느낄 준비가 되지 않았다면 치유 방법 안내 부분을 다시 읽으면서 깊숙이 갇혀 있는 감정을 처리할 필요가 있습니다.

치유가 되었다는 것을 어떻게 알 수 있을까요?

더 큰 관점에서 보면 당신은 과연 치유가 될지를 질문할 것입니다. 우리의 의식은 진화하고 있습니다. 우리가 진화하고 삶이 진화하면서 잠재력을 최대한 발휘하며 살도록 우리를 시험하는 일에 직면하게 될 것이라는 의미입니다. 여기에 마지막 단계란 없습니다. 당신을 그 자체로 사랑하며 사는 것이 치유입니다. 온전한 당신의 모습, 미흡한 점까지도 더 많이 사랑하고 수용하면 가슴은 점점 더 확장됩니다. 이 과정은 힘들었던 과거와 상처를 달리 바라볼 수 있게 해줍니다.

살면서 상처받았던 때를 되돌아봤을 때 완전히 달라진 반응을 보인다면 치유를 경험한 것입니다. 더 이상 화가 나거나 두렵거나 기분이 상하지 않습니다. 인간에게는 감정이 있습니다. 자신의 감정과 어떻게 연결되는지가 얼마나 잘 치유될지를 결정합니다. 감정을 처리한 뒤에 과거를 돌아보는 방식에서 변화를 목격할 수 있습니다. 상처를 치유하면 내면의 강인함과 자원을 기를 수 있습니다. 완전히 다른 인생을 살 수 있게 되는 것입니다.

성찰 일지

주제: 이번 장을 읽는 동안 어떤 진전이 있었나요?

아래의 질문을 보면서 이번 장의 내용이 얼마나 유용했는지 생각해보세요.

질문에 답할 때는 간결하게 요점을 이야기하고 당시에 느꼈던 감정을 인정하세요. 과거에 대해 여전히 감정이 남아있다면 어떤 감정인지 구체적으로 말해보세요.

아래의 질문에 대해 생각해보기

- ♥ 이번 장의 내용이 도움이 되었나요? 그렇다면 구체적으로 어떻게 도움이 되었나요? 그렇지 않다면 이유가 무엇인가요?
- ♥ 감정을 풀어내는 과정을 어떻게 진행했나요? 그 과정을 묘사해보세요.
- ♥ 책에 소개된 방법을 실제로 해보면서 새롭게 알게 된 사실이나 기념할 만한 순간이 있었나요? 에너지 정화가 일어났나요?
- ♥ 어떤 이슈나 감정을 살펴볼 때 저항감이나 방어적인 태도, 혹은 두려움이 느껴지는 것을 알아차렸나요? 그렇다면 어떻게 대처했나요?

♥ 감정을 처리하는 방법을 상기시킬 필요가 있을 때 다시 이 책을 읽어볼 건가요?

♥ 이제 감정을 다루는 법을 더 잘 알게 되었습니다. 삶에 어떤 변화가 생겼나요?

8장

관조적으로 존재하기

"이제 당신이 하는 모든 것이 신성함을 깨달을 때다…. 신의 은
총이 존재하지 않는다는 불가능함에 대해 진지하게 생각해볼
시간이 왔다."

— 하피즈Hafiz

관조적으로 존재하기란 참자아 및 신성에 연결된 삶의 경험, 자신에
게 힘을 주는 대처 방법의 활용, 영적 성숙, 그리고 가슴 열림, 혼란,
치유의 단계를 통과한 후 의식의 상승을 경험하는 과정이라고 할
수 있습니다. 관조적으로 존재하는 단계에 이르면 우리는 영적으로
강인하고 신성에 연결된, 의식적인 삶을 살고 있으며 의미 있는 삶
을 사는 기술과 전략을 가진 우리 자신을 발견하게 될 것입니다.

　'관조적'이라는 말은 신과 영적으로 교감하는 상태를 묘사하기
위해 사용되었습니다. 기독교에서는 관상 기도(Contemplative Prayer),
또는 묵상의 길(Path of Contemplation)이 영적인 명상의 경험을 의미
합니다. 내게 관조적으로 존재하기란 가슴의 빛과 신성의 원천 간
의 관계를 경험하는 것입니다. 의식의 깨어남을 도와주고 유지하는

방식으로 말입니다. 이는 완벽하거나 고통이 없거나 우월하다고 느끼는 것을 의미하지 않습니다. 인간으로 살아가면서 영적인 연결을 경험하고 신과 합일되는 느낌을 받는 것, 빛을 공유하면서 타인과 세상에 도움이 되는 것을 뜻합니다.

관조적으로 존재하는 단계에서는 감정의 총합이 내가 아니며, 감정에 대한 반응도 내가 아님을 인식하고 있습니다. 가슴이 열린 상태이며 연민과 자기사랑을 느낍니다. 감정적인 자극을 받을 때 자신을 돌보는 법을 알고 있습니다. 무언가 정돈되지 않은 느낌이 들면 알아차리고 이를 바로잡습니다. 자신의 삶이 펼쳐지는 방식에 책임을 집니다. 필요한 것도 달라지는 게 일반적입니다. 물질적인 소유나 세속적인 업적보다 더 중요한 것으로 충만하기 때문에 필요한 것이 줄어듭니다. 행동에서 사랑이 묻어납니다. 해를 입히는 행동은 하지 않습니다. 그라운딩에 도움이 되는 영적인 수행을 하고 영혼을 보살핍니다. 물로 몸을 씻는 것 못지않게 에너지 정화와 치유를 위해 빛으로 내면을 샤워하는 것이 필요해집니다. 중심이 잡혔을 때와 그렇지 않을 때의 차이를 알고 있습니다. 의미와 목적으로 가득한 삶을 살고 싶어합니다.

관조적으로 존재하는 단계에서는 영적으로 열린 가슴을 경험하게 됩니다. 육체와 정신의 잡음이 사라지고 영적인 의식을 갖게 되면 가슴이 열립니다. 가슴 열림은 눈물과 기쁨, 즐거움을 자아내고, 기념하고 싶은 마음과 확장되는 느낌을 줍니다. 의식이 가슴의 중심에 닿아 은총의 빛이 들어오게 한 것입니다. 치유 단계에 있으면서 관조적으로 존재하는 단계에도 있을 수 있을까요? 물론입니다. 사실 치유는 조심스레 우리를 이 단계로 인도하면서 영적인 가슴 열림을 도와주기도 합니다. 혼란도 마찬가지입니다. 관조적으로 존재하는 단계에 있을 때 혼란이 일어날 수도 있을까요? 물론입니다. 다음은 고통스러운 가슴 열림과 감정적 혼란을 경험하고 치유를 위해 명상을 하게 된 한 여인의 이야기입니다. 그녀는 분노 대신 사랑으로 남편을 대하면서 남편을 무척 놀라게 했습니다.

캐시Kathy의 이야기

캐시의 남편은 바람을 피우고 있었습니다. 그 사실을 알게 됐을 때 캐시는 아마도 3~5개월 전부터 시작된 일이라고 생각했습니다. 남편에게 여자가 있다는 것을 알게 됐지만 캐시는 당장 남편에게 이를 따져 묻지 않기로 했습니다. 대신에 명상을 시작했습니다. 명상을 하면서 자신의 마음이 어떤지에 집중했습니다. 그녀는 자신의 고통과 결혼 생활을 되돌아보았습니다. 무엇이 잘못되었고 무엇이 옳았을까. 캐시는 자신이 느낀 배신감과 엄청난 충격에 대해 명상했습니다. 4개월 동안 이렇게 명상을 하는 동안에도 남편이 외도를 계속하고 있다는 것을 알고 있었습니다. 그럼에도 캐시는 자기 자신과의 연결을 잘 유지했습니다. 더 이상 기다릴 수 없어 남편을 대면해야 할 때가 오기 전까지 말입니다.

남편에게 외도 사실을 물었을 때 캐시는 자기중심이 잘 잡혀 있었고, 명확하고 차분했습니다. 피해자 모드가 아니었습니다. 누구를 탓하지도 않았습니다. 그저 아주 차분하게 자신이 알고 있는 사실을 이야기했고 자신이 얼마나 상처를 받았는지 남편에게 알려주었습니다. 남편에게 자기 감정을 투사하지 않고 자신의 느낌을 이야기할 수 있었습니다. 결과적으로 남편은 캐시의 차분한 모습에 충격을 받았습니다. 캐시가 이미 자기 감정을 아주 많이 처리했기 때문에 남편은 죄책감을 느꼈습니다. 방어적이 되지도 못했습니다. 방어할 게 없었기 때문입니다. 남편은 자기 행동에 책임을 졌습니다. 캐시는 자신을 위해 가슴에 머무르기로 했습니다. 그 결과 두 사람은 더 나은 결혼 생활을 위해 계속해서 노력하기로 했습니다.

캐시의 이야기는 비탄에 빠졌을 때 자신의 내면에 집중하는 게 어떤 결과를 가져오는지 잘 보여주는 예입니다. 관조적으로 존재하는 단계에서는 어떤 상황에 대처할 때 의식과 강한 직관이 작동합니다. 캐시는 내면의 소리를 무시할 수도 있었습니다. 하지만 그랬다면 더 깊은 혼란에 빠졌을 것입니다. 남편에게 감정적으로 반응하면서 충동적인 행동을 할 수도 있었기 때문입니다. 이는 고통스러운 싸움으로 이어졌을 것입니다. 대신에 캐시는 기도하고 명상하는 것을 택했습니다. 그러면서 존재하는지도 몰랐던 내면의 문을 여는 영적인 강인함을 발견했습니다. 그 결과 캐시는 자기 파워를 유지하면서 자신이 옳다고 느끼는 것을 계속해나갔습니다. 이것이 바로 영적으로 확장된 가슴입니다.

영적으로 확장된 가슴

앞에서 설명한 신성한 가슴의 개념을 기억할 것입니다. 전통적으로 가슴을 영혼의 자리라고 여기는 관점이 있습니다. 신성한 가슴의 중심에서 살 때 우리는 진실과 일치됩니다. 여기엔 상당한 책임과 규율이 필요합니다. 가슴으로 산다는 건 삶에 현존하는 모순을 직면하는 것입니다. 균형 잡힌 식습관을 갖고 있다고 생각해왔지만 실은 과식을 하고 있다는 것을 스스로 인정하는 것이 그 예입니다. 자신과 타인에게는 건강 관리를 잘하고 있다고 말하지만 실제로는 몸을 잘 돌보지 않고 있다는 것을 인정하는 것이죠. 이는 남에게는 지금 행복하다고 말하지만, 사실은 행복하지 않다는 것을 스스로 인정하는 것을 뜻합니다. 가슴으로 들어가는 것은 자신을 명확하게 볼 준비가 되어 있다는 것을 의미합니다. 그렇게 명확한 상태에서 자신과 신을 동일하게 사랑하는 것입니다. 자신과 나머지 피조물이 분리된 것이 아님을 인식할 정도로 말입니다. 이렇게 당신 안의 신성을 보게 되면 타인 안의 신성도 보입니다. 자신과의 관계가 더 깊어지고 튼튼해지면 타인과의 관계도 그렇게 됩니다.

억지로 가슴이 열리게 할 필요는 없습니다. 자기 치유를 하는 동안 자연스럽게 가슴이 열릴 것입니다. 몇 년이 걸릴지도 모르지만 가슴은 계속해서 열립니다. 그렇게 치유의 여정을 걷는 동안 깨어남의 순간을 경험할 것입니다.

에너지 관점에서 보면 신의 은총이 가슴 차크라의 뒷부분으로 들어올 때 영적으로 가슴이 확장됩니다. "이 세상에서 신이 내게 요구하는 것은 무엇일까요?", "내 진실, 소명, 삶의 목적은 무엇일까요?"와 같은 질문을 품고 명상하는 것이 바로 가슴 차크라의 뒷부분으로 하는 명상입니다. 삶의 목적과 의미가 무엇인지 마음을 열고 답을 찾을 때 신의 소명과 연결됩니다. 깊은 명상 상태에서 가슴 차크라의 뒷부분으로 신성한 에너지가 전달될 때 답을 알게 될 것임을 믿어야 합니다.

잘 베풀고 남을 잘 돌봐주는 사람은 마음이 열려 있고 너그러운 성향이 뚜렷합니다. 하지만 주고받는 게 가슴 차크라의 앞부분에서만 이루어지고, 뒷부분으로 의식이나 빛, 기도의 에너지가 들어오지 않으면 주는 사람은 에너지가 고갈되고 심지어 분한 마음이 들기도 합니다. 가슴 차크라의 앞부분으로 주는 사랑과 보살핌은 사실 조건적이기 때문입니다. 조건적인 사랑은 보상이나 대가를 기대하면서 주는 것을 말합니다. 그것을 기대해도 좋다는 뚜렷한 대답을 듣지 못했는데도 말입니다. "내가 당신에게 이런 것을 해주겠습니다. 만약 당신도 내게 무언가를 해주지 않으면 나는 억울하고 화가 날 것입니다"와 같은, 충족되지 않은 마음이 내 안에 남아 있을 것이라는 의미입니다. 가슴 차크라의 뒷부분으로 신의 빛을 불러오면 충만감을 느끼는 데 도움이 됩니다. 사랑받고 인정받기 위해 외부적인 요소를 찾을 필요 역시 줄어듭니다. 대신에 가슴 차크라 뒤쪽으로 영적인 빛을 받아 원천으로부터 공급받는 것입니다. 이렇게 충만함을 느끼면 신이 나를 지원해주고 있음을 알기에 타인에게 베풀 수가 있습니다.

영적으로 열린 가슴을 갖는 것은 자신과 타인, 영혼, 지구까지 포괄하는 사랑을 느끼는 것입니다. 영적으로 가슴이 열린 사람에게 사랑이란 삶의 동반자를 찾는 일이 아닙니다. 외부에서 만족감을 찾아 안전함을 느끼고 성공했다고 여기는 것도 아닙니다. 영적으로 가슴이 열리면 존재 상태로 사랑을 경험합니다. 이것이 곧 관조적으로 존재하기입니다.

영적인 가슴을 열어주는 명상

다음 명상을 해보면서 영적인 가슴을 여는 여정을 시작하세요.

신전에 들어갈 준비를 하듯 신발을 벗습니다.

잡다한 생각은 밖에 놔두고 가슴에 있는 신전으로 들어갈 준비를 합니다. 가슴으로 들어가는 길은 생각으로 알 수가 없고 느껴야만 합니다. 그렇다고 걱정하지는 마세요. 영혼은 그 길을 알고 있으니까요. 당신 영혼은 이미 그곳에 가본 적이 있습니다. 이번에도 다시 당신을 그곳으로 데려다줄 겁니다. 가슴 안에 존재하는 게 어떤 건지 영혼은 알고 있습니다. 영혼은 그 길을 기억하고 있습니다. 당신이 모든 두려움을 뚫고 갈 수 있도록 손쉽게 안내해줄 겁니다.

눈을 감고 명상을 시작합니다. 바깥에서 해답과 위안, 중요한 것을 찾느라 당신 영혼이 그간 얼마나 바빴는지 돌아봅니다. 영혼이 신발을 벗고 가슴의 중앙으로 걸어 들어오는 것을 심상화합니다. 영혼이 중심에 다다르면 신전의 문을 닫습니다.

그 자리에 앉습니다. 호흡을 합니다. 천천히 호흡의 속도를 낮춥니다. 신체가 안정되려면 적어도 10분 정도 시간이 걸립니다. 그러니 빨리 일어서지 마세요. 가슴 속과 만나세요. 가슴 속을 인식할 때 편안하고 친근한 느낌이 들 때까지 여러 번 이곳으로 돌아와야 하니까요.

복잡한 생각 뒤로 고요함이 채워집니다. 고요함이 파란 하늘이 되고 생각은 구름이 됩니다. 구름은 의식 안으로 들어오고 나가기도 합니다. 생각하는 것에 대해서 스스로를 비난하지 마세요. 그저 구름이 지나가듯 생각이 들어오고 나가는 것을 지켜봅니다. 시간이 갈수록 지나가는 구름은 더 적어질 것입니다.

이제 빛의 폭포수가 내려오는 것을 느껴봅니다. 빛이 가슴 차크라의 뒷부분으로 들어와 척추와 어깨뼈를 따뜻하게 해줍니다. 가슴 중앙으로 들어온 빛이 흉곽 전체를 가득 채웁니다. 빛과 신성의 존재, 사랑과 은총을 느껴보세요. 빛을 들이마십니다. 숨을 내쉬면서 가슴의 신전을 통해 빛을 확장시킵니다.

가슴의 신전에 머물러봅니다. 신전에는 여러 개의 방이 있습니다. 당신의 영혼은 눈부신 빛입니다. 영혼의 낮은 목소리는 가슴 안의 방에 울려 퍼집니다. 정말로 깊은 고요 속으로 들어가서 영혼의 속삭임이 당신이 듣는 가장 큰 소리가 되면, 당신이 가슴의 신전에 앉아 있다는 것을 알게 됩니다.

여기서부터 당신의 영적인 여정이 펼쳐지기 시작합니다. 아직 최종 목적지에 도착하지 않았습니다. 오히려 시작점에 있습니다. 이 신성한 정적 속에서 당신은 그 어느 때보다 신과 더 많이 연결되어 있습니다. 이 신전에서 당신은 신께 보답하고 감사드리며, 도의적인 신념을 바칩니다. 당신의 고통과 주어진 삶에 대한 감사를 바치기도 합니다. 이곳이 바로 영혼 차원으로 가서 당신이 진정으로 변화하고 신체를 치유하는 곳입니다.

이곳은 명상을 위한 자리입니다. 존재 상태로서 신성한 가슴이 열리려면 점진적인 성장을 통한 진화가 필요합니다. 가슴의 신전에 자주 머물면 두려움이나 걱정보다 기도에 더 깊이 친숙해집니다. 말로 하든 말로 하지 않든, 기도는 신과 직접 소통하는 것입니다. 이런 차원의 연결감을 갖고 명상하면 영적인 체력이 길러집니다. 여러 겹의 고통이 얼마나 무거운지 알지도 못한 채로 녹아 없어집니다. 이렇게 경이로운 연결 속에서 잠시라도 신성이 가슴에 닿는 건 일생의 고통이 치유될 만큼의 파워가 있습니다.

가슴의 중앙으로 들어가는 경험을 하고 나면 말을 잇지 못할 겁니다. 고요함과 호흡의 명료함을 즐기세요. 그러면서 인생을 사는 데 필요한 영적인 강인함을 자신에게 공급해주세요.

환희에 찬 가슴

관조적으로 존재하는 단계에서 영적으로 열린 가슴은 요가에서 아난다ananda라고 불리는, 환희에 찬 가슴을 경험하기에 적합한 상태입니다. 프라나prana(생명력의 에너지 또는 은총)가 가슴으로 들어오면 가슴 차크라가 가진 높은 수준의 파워를 더 강화시킵니다. 사랑, 환희, 기쁨, 유쾌함, 황홀감, 감사가 여기에 해당합니다. 지속적인 명상이나 춤, 종교 음악, 챈팅을 통해 이런 상태에 도달할 수 있습니다. 음악이나 음조, 신체를 움직이는 경험이 빛과 어우러질 때, 영혼이 적절한 위치로 이동하며 가슴은 환희로 가득 찹니다. 이는 의식의 경험입니다. 정신적인 경험이 아닙니다.

정신(또는 에고)은 가슴 차크라가 격상된 상태로 가는 것을 막을 수 있습니다. 실제로 그렇게 막는 일이 생깁니다. 우리는 좋은 일이 생길 것 같을 때 그럴 리 없다며 쉽게 이를 부정합니다. 인생이 너무 괜찮으면 불안해하기도 합니다. 살면서 기쁨을 마음껏 느끼지 않으려고 했던 적이 얼마나 있나요? 마냥 행복해했던 적이 있나요? 삶과 사랑에 빠져서 신과 모든 존재에 연결되었다고 느낀 적이 있나요? 강렬한 감정을 느끼는 게 두려워 기쁨이나 즐거움, 행복, 사랑을 마음껏 느끼지 않으려고 했던 기억이 있나요?

가슴 차크라가 가진 높은 수준의 파워에 머물도록 우리 존재를 지원해주는 환경에서 자란 사람은 많지 않습니다. 하지만 우리 영혼은 환희에 찬 가슴을 경험할 때 일어나는 진정한 행복의 상태에 있기를 갈망합니다. 영혼과 원천의 신성한 결합이 발현되어 몸에서 느껴지는 것이 바로 환희에 찬 가슴입니다. 이는 주파수로 경험하는 것입니다. 따라서 음악, 챈팅, 호흡, 종교 수행 등 생각을 건너뛰고 신체에서 직접적으로 느끼는 경험이 필요합니다.

관조적으로 존재하는 단계의 가장 큰 특징은 완전한 빛으로 사는 것, 그리고 자신의 그림자 또는 '어두운' 면을 수용하는 능력입니다. 모든 경험에 연결되는 것은 완전히 진실하게 사는 것을 의미합니다. 잠재력을 완전히 발휘하면서 타고난 권리인 이 인생을 살아가겠다고 굳은 약속을 하는 것입니다. 관조적으로 존재하는 단계에 도달하면 신성과 합치되는 삶을 사는 것에 익숙해집니다. 에고로만 사는 게 영적인 단절을 줄 뿐만 아니라 영혼이 갈망하는 충만함과 가슴으로 연결된 삶을 불러오지 못한다는 것도 알고 있습니다. 충족되지 않은 단절된 인생을 견뎌왔으니 상처의 고통에서 나와 영혼의 힘과 연결되고 치유와 온전함, 빛으로 사는 것에 전념합니다. 치유 과정에서 우리는 감정적인 경험을 잘 다루고 그 경험에서 힘을 얻는 것에 능숙해졌습니다. 자신의 경험을 완전히 깨어 있는 채로 깊이 있게 통과했고, 그렇게 깨어 있으면서 순수한 기쁨과 신성한 사랑을 느낄 수 있는 단계까지 올라갔습니다.

관조적으로 존재하는 단계에 도달하면 알게 되는 것이 있습니다.

♥ 용기: 고난을 극복했기 때문입니다.

♥ 겸손: 창피했던 경험이 있기 때문입니다.

♥ 사랑: 상실을 경험했기 때문입니다.

♥ 용서: 자유로워지는 것을 바라기 때문입니다.

♥ 기쁨: 억압에서 벗어나 성장했기 때문입니다.

♥ 자기중심을 유지하는 법: 힘을 되찾기 위해서 분노를 통과했기 때문입니다.

♥ 평화: 혼란스러운 단계에서 상처 입은 에고를 넘겨주어야 했기 때문입니다.

♥ 수용: 저항의 고통이 결국엔 "받아들이겠다"는 말을 우리 입으로 하게 만들기 때문입니다.

♥ 진실: 부정직하게 사는 건 자신과 타인에게 상처를 주기 때문입니다.

♥ 자신이 치유되었다는 것: 자기 감정을 바라보는 시각이 달라졌기 때문입니다.

삶의 목적과 의미

관조적으로 존재하는 단계에서 우리는 가슴 차크라의 가장 높은 에너지 상태인 기쁨, 즐거움, 행복, 사랑, 희열을 체현합니다. 또, 힘을 되찾고 신성과 연결된 채로 존재의 중심에 완전히 자리를 잡게 됩니다. 이런 상태에서 가슴은 자신의 재능을 세상과 나누고자 하는 갈망에 자연스럽게 우리를 연결시킵니다. 이 세상에 도움이 되고 싶어하는 것입니다. 어쩌면 "내 고유의 빛을 세상에 어떻게 표현할 수 있을까요?"라고 고민할지도 모르겠습니다. 이것은 평생 동안 궁금해할 질문입니다. 하지만 관조적으로 존재하는 단계에서는 목적과 의미가 있는 삶을 살게 되므로 스스로 이해할 수 있는 답을 찾을 확률이 높습니다. 관조적으로 존재하는 단계에 도착하기 전에 삶의 목적에 대한 질문이 생긴다면, 목적을 향한 길은 인생의 풍광을 따라 흐르는 강물처럼 구불구불할 수도 있습니다. 삶의 목적은 무엇을 하느냐와 관련 있는 게 아니기 때문입니다. 삶의 목적은 내 안의 빛을 이해하고 세상에서 빛이 되는 법을 깨닫는 것입니다.

오래된 슬픔과 화, 분노, 두려움, 또는 수치심을 아직 처리하지 못했다면 당신의 진실한 빛을 어떻게 느낄 수 있을까요? 이 모든 짐을 덜어버린 당신은 어떤 사람일까요? 자신이 어떤 사람인지 알고 있나요? 오래된 감정의 짐과 당신을 지나치게 동일시해왔나요? 내면의 빛과 함께 있는 자신을 만난 적이 있나요? 당신의 그림자가 빛을 가린다면 어떻게 목적을 찾을 수 있을까요?

진정 삶의 목적을 찾고자 한다면 참자아를 알 필요가 있습니다. 빛이 되는 게 두려운가요? 사랑이 두려운가요? 기쁨을 경험하기보다는 익숙한 슬픔을 택하고 있나요? 그런 사람들이 많습니다! 참자아의 빛을 알게 되는 것은 진실로 향하는 여정입니다. 이것은 스위치를 눌러 빛을 켜는 것과는 다릅니다. 조금씩 변화하면서 새로운 존재 상태에 익숙해져야 합니다. 치유를 경험하면서 당신이 삶에 주는 변화에 당신의 행동과 존재 방식이 익숙해져야 합니다. 참자아로 사는 게 더 편안해질수록, '삶의 목적은 당신의 빛에 도움이 되는 것'임을 더 잘 알게 됩니다. 이를 알고서, 빛을 표현하기 위해 인생에서 무엇을 '하기'로 결정하건, 이는 자유 의지의 표현입니다. 그렇지만 엄밀히 말해서 이것이 당신 삶의 목적은 아닙니다.

당신의 빛을 인식하세요! 당신 안의 빛은 어떤 모습이고 어떤 느낌인가요? 빛을 느낄 수 없다면 정화가 필요한 에너지 블록이 남아 있다는 말입니다. 감정을 알아보고 처리하는 법을 이해하려면 치유 단계로 되돌아갈 필요가 있습니다. 그렇게 하지 않고 슬픔과 화, 두려움이 남아 있는 상태에서 빛을 느끼려고 애쓰는 건 당신을 과거의 이야기 속으로 다시 빠져들게만 할 뿐입니다. 당신이 빛을 느낄 수 없다고 생각하는 이유는 수없이 많을 것입니다. 어떤 사람이나 경험을 탓할 수도 있고, 당신을 자극하는 과거의 상처를 이유로 들 수도 있습니다. 하지만 당신의 강인한 자아가 당신을 치유로 이끌고 있습니다. 그림자가 드리워진 곳에 빛을 비추고, 상처가 되기 쉬운 곳을 드러내고, 가슴이 열리게 해주면서 치유가 일어나게 해주는 것입니다. 스스로 연약하다고 느끼거나 타인을 비난하고 싶거나 감정적으로 자극을 받은 순간에는 치유 단계로 되돌아가서 자신이 느끼는 감정을 처리하는 게 중요합니다.

믿음이 중요한 이유

영적 치유를 위해서 나를 찾아오는 사람들은 의미와 목적이 있는 삶을 살고 싶어할 때가 많지만 어찌할 바를 모르면서 소외감을 느끼고 단절된 느낌을 받습니다. 그들은 이렇게 단절된 상태로 점을 보러 가거나, 책을 읽거나, 친구와 가족의 의견을 구하면서 삶의 목적과 의미를 발견하려면 무엇을 '해야' 할지 알아내려고 하지만 잘 되지 않는 경우가 많습니다. 그러나 어찌할 줄 모른 채로 갇혀 있는 것은 문제가 아닙니다. 목적과 연결되지 않는 것이 문제가 되는 것도 아닙니다. 신성한 원천의 잠재력에 대한 인식이 부족해서 어려움을 겪고 있는 것입니다. 삶에 대한 질문이 있을 때 답을 외부에서 찾으려고 하면 우리가 원하고 필요로 하는 답을 가져다줄 원천과 연결되어 있지 않은 것입니다. 직관, 오장육부의 느낌, 인내, 그리고 의지력이 있으면 누구든 어려운 시기를 통과할 수 있다는 것을 나는 아주 잘 알고 있습니다. 하지만 인생에는 힘든 시기를 통과하는 것 말고도 다른 일이 많이 생깁니다. 엄청난 인생의 난관을 극복한 사람들조차도 그 이상의 무언가를 원합니다. 믿음을 갖고 더 많이 찾으면 원하는 게 더 많이 우리를 찾아옵니다. 그러면서 가슴이 열리는 경험을 하게 되고 치유 과정을 통해 영혼의 목적과 의미를 알게 됩니다.

삶의 목적을 발견하는 길에서 가슴 아픈 일을 겪을 수도 있다

영적인 도움이 필요해서 나를 찾아온 여성이 있었습니다. 삶의 목적과 의미를 찾기를 간절히 원했습니다. 정말로 마법처럼 한 남자를 만났는데 이 남자와 오랜 기간을 함께 할 것인지 알고 싶어했습니다. 나는 답을 알지 못했습니다. 신성이 작용하고 있다 해도 개인적인 선택의 여지가 있었기 때문입니다. 따라서 미래를 알 수 없었습니다. (자기만의 직관적인 감각을 계발하는 것이 정말로 중요한 이유가 이것입니다.) 그 남자와의 관계가 어떻게 될지는 정말로 그 여성에게 달려 있었습니다. 내가 뭐라고 할 수 있는 문제가 아니었습니다. 하지만 두 사람 사이가 아주 좋아 보였기 때문에 계속 만나보면서 관계가 어떻게 발전하는지 보라고 말해주었습니다. 이와 동시에 여자의 가슴 차크라에 치유가 필요하다는 이야기도 나누었습니다. 가슴 차크라가 닫혀 있어 가슴이 갈망하는 것을 느끼지 못하고 있었기 때문입니다.

몇 개월 뒤에도 이 여성은 그 남자와의 관계가 잘 유지될지 확신이 없었고 결국 관계를 끝내기로 했습니다. 나에게 화가 났다고도 했습니다. 그 남자에게 이끌림을 느꼈고 남자를 그렇게 마음속 깊이 들어오게 한 적이 한 번도 없었기 때문입니다. 여자는 마흔다섯 살이었고 장기 연애를 해본 적이 없었지만 원하고는 있었습니다. 그녀는 가슴이 열리게 해달라고 요청했습니다. 삶의 목적을 발견하기 위해서였습니다. 가슴이 닫혀 있으면 가슴이 찢어지며 열리게 하는 삶의 경험을 하게 됩니다. 애인과 헤어져서 가슴이 아프든, 실직을 하든, 사랑하는 사람을 잃었든, 어떤 경험인지는 중요치 않습니다. 영혼이 앞으로 전진하기로 명확한 결정을 내렸다면 그렇게 할 것입니다. 이 여성은 앞으로 나아가는 게 순조로운 항해를 뜻하는 건 아님을 의식적으로 알 필요가 있었습니다. 마음 아픈 일은 내면에 있는 섬세한 영혼과 만나기 위해 가슴이 찢어지면서 열리는 것입니다. 감정적으로 괜찮아지지는 않더라도 큰 그림을 보면 발전이 있다는 것을 알고 나자 여자는 자기 감정을 느끼는 것을 허용할수 있었습니다. 울고 베개를 던지고 차 안에서 소리를 지르기도 했습니다. 올라오는 감정을 처리하는 데 필요한 게 무엇이든 할 수 있게 되었습니다. 내가 모든 사람을 다 도와줄 수는 없습니다. 하지만나는 이 여성에게 자기 감정을 다루는 데 필요한 도구를 알려주었습니다. 그 후에 어떻게 됐는지는 모르지만 나는 그 여자의 가슴이확장되고 행복하기를 기원합니다.

신과 나누는 감정적 친밀함

삶의 목적과 의미는 삶의 모든 경험에서 신과 긍정적인 감정적 친밀함을 나누는 것으로 해석될 수 있습니다. 경험의 일부가 아닌 전부 말입니다. 이런 친밀함은 삶이 어떤 고난을 주더라도 힘든 감정을 감사히 받아들이겠다는 굳은 의지를 갖는 것을 말합니다. 성장하고 더 강해지는 데 도움이 되기 때문입니다. 고난과 어려움의 세세한 요소들에서 벗어나 높은 곳에서 아래를 내려다보면 자기 모습을 바라보면서 웃을 수 있습니다. 이렇게 보면 우리는 자기 삶의관중이 됩니다. 상을 받은 드라마를 보는 관중 입장에서 자신을 응원합니다. 이 드라마에서 우리는 주인공입니다. 이런 관점에서 보면 가끔 우리가 얼마나 지나치게 극적이고 터무니없는지도 쉽게볼 수가 있습니다.

신과 나누는 감정적 친밀함은 말로 하지 않는 신체적인 경험일 수도 있습니다. 가슴으로 느끼는 경험이자 수행입니다. 내 경우에는 유도 명상과 심상화가 신과 감정적 친밀감을 나누는 것에 도움이 되었습니다. 아래의 명상은 신성의 에너지가 몸 안에서 움직이는 것을 느낄 수 있게 유도해줍니다.

눈을 감아봅니다. 아름다운 천사의 빛을 심상화합니다. 눈부신 금색과 하얀색 빛이 정수리로 들어와 복잡한 생각을 씻어냅니다.

빛이 내려와 머릿속을 이완시키면서 생각을 내보냅니다. 목 차크라로 빛이 내려오면서 어깨를 이완시켜줍니다. 어깨뼈가 등 쪽으로 내려가고 가슴은 올라갑니다.

호흡합니다. 호흡에 힘이 실립니다. 아주 부드럽게 빛이 가슴으로 들어옵니다. 감정이 느껴지거나 저항감이 들 수도 있습니다. 어떤 느낌이든, 이는 당신의 영혼과 빛의 흐름 사이의 에너지입니다. 그러니 계속 호흡하세요. 울고 싶으면 우세요. 당황스럽거나 창피할지도 모릅니다. 턱이 굳게 닫혀 있더라도 인내심을 갖고 호흡하면서 저항감을 통과합니다. 계속 호흡하세요.

결국엔 저항감이 잦아듭니다. 자아와 신 사이에 있는 이 파이프라인을 통해서 빛과 연결되어 있는 느낌이 듭니다.

이 느낌이 지속될까요? 꾸준히 수행한다면 지속될 것입니다. 사실 이 에너지가 몸으로 들어오면 의식이 상승됩니다. 삶에서 다른 선택을 하는 것이 더 쉬워질 정도로 말입니다. 이렇게 심상화한다고 해서 인생에 더 많은 것이 주어지는 건 아니지만, 더 높은 주파수의 사랑을 느끼기로 선택했으니 변화가 일어날 수 있습니다. 당신이 원하는 방식으로 인생을 창조하는 것에 책임을 지면 타인의 좋은 점이 보이고, 건강한 사람들을 당신 삶 속으로 끌어당기며 조화로운 삶을 살게 됩니다. 이런 건 밖에 나가서 찾아내야 하는 게 아닙니다. 가슴이 신의 은총을 받으면 나타나는 일입니다.

관조적으로 존재하기는 수월한 단계인가?

수월할 때도 있고 그렇지 않을 때도 있습니다. 이 단계도 고유의 어려움이 있습니다. 이 단계에서는 세상의 고통에 더 많이 감응합니다. 아마 예전에는 무감각했을 것입니다. 하지만 관조적으로 존재하는 단계에 오면 세상에서 일어나는 고통스러운 일에 괴로워하고 참된 영혼이 빛을 발할 때면 즐거워합니다. 관조적으로 존재하는 단계에서는 영적인 원천을 공급받는 것이 깨어 있는 삶을 사는 데 필요한 수행법이라는 것을 기억하기가 더 수월해집니다. 당신이 혼자가 아니라는 것도 알고 있습니다. 따라서 상처 입은 에고는 그 힘이 약하며, 더 품위 있고 힘 있게, 상처를 드러내고 사랑하면서, 더 진실하게, 더 많이 용서하며 온전하게 살아갑니다.

아직 이 단계에 오지 않았다고 해서 의기소침할 필요는 없습니다. 관조적으로 존재하기가 마음에 와닿지 않아도 괜찮습니다. 당신이 이상한 게 아닙니다. 지금 당신이 어디쯤 있는지 따스한 마음으로 바라봐주면 좋겠습니다. 치유에는 시간이 걸립니다. 필요할 때마다 이 책의 치유 방법 안내 부분을 다시 읽어보는 것도 좋습니다. 어느 부분이든 다시 읽으면서 그 단계에서 자신에게 필요한 도움을 받았으면 합니다.

　당신은 힘 있는 존재이며 이 땅에 온 목적이 있다는 것을 이해하는 데 이 책이 지침서가 되기를 기원합니다. 자신의 여정을 영적인 관점에서 보기를, 신이 일상의 한 부분이 되기를 바랍니다. 당신의 상처나 과거의 이야기가 당신 자체인 건 아닙니다. 당신은 영적으로 진보하는 영혼이며, 그렇기에 언제든 과거를 치유하고 이 땅에 온 목적을 이룰 능력이 있습니다.

성찰 일지

전화할 때마다 "잘 지내?"라는 말 대신 "요즘 마음이 어때?"라고 물어보는 친구가 있습니다. 여러분에게도 이런 질문을 하고 싶습니다. 가슴 열림과 혼란, 치유 단계를 통과한 지금, 아래의 질문에 대해 생각해봅시다.

요즘 마음이 어떤가요?

_____

_____

자신에 대해 알게 된 점이 있나요?

_____

_____

계속해서 알게 되는 것은 무엇인가요?

_____

_____

더 나은 인생을 위해서 어떤 변화를 주었나요?

_____

_____

놓아버린 건 무엇이고 더 많이 하고 있는 건 무엇인가요?

_____

_____

자신에게 영적인 원천을 공급하기 위해서 매일 하고 있는
것은 무엇인가요?

_____

_____

자신의 직관을 어떻게 대하고 있나요?

_____

_____

감정적, 개인적, 영적인 성장을 계속하려면 삶에 무엇이 필
요한가요?

_____

_____

현재 당신 삶의 목적은 무엇인가요? 일생에 걸친 목적이
아니라 지금 이 순간의 목적 말입니다.

_____

_____

사랑이라는 말은 지금 당신에게 어떤 의미인가요?

_____

_____

요즘은 사랑을 어떻게 대하고 있나요? 당신의 삶에 사랑을
들여놓고 있나요? 그렇다면 어떤 방식으로 들여놓았나요?

_____

_____

영적으로 열린 가슴을 갖고 사는 것은 당신에게 어떤 의미
인가요?

_____

_____

가슴 의식(Heart Consciousness)이란 당신에게 무엇을 뜻하
나요?

_____

_____

가슴으로 치유하기

이 책을 모두 읽은 당신, 앞으로 어떻게 확장된 가슴으로 세상을 살아갈 계획인가요? 예전에는 진실하게, 가슴과 빛으로 사는 게 사회적으로 용인되지 않았습니다. 그래서 세상을 그렇게 살아가는 건 두려운 일이었습니다. 어쩌면 진실을 말했다고, 혹은 자기 본연의 모습 그 자체에 대해서 모욕을 당하고 비난을 받고 상처를 입었을 것입니다. 그러나 이제 시대가 바뀌었습니다. 사람들의 의식이 성장하면서 진실을 추구하고 있습니다. 지금은 더 용기 있게, 확장된 가슴으로 세상을 살라는 '부름'을 받고 있습니다.

어떻게 하면 그렇게 살 수 있을까요? 어떻게 하면 과거를 놓아버리고 정신뿐 아니라 에너지까지도 현재의 순간을 빛과 함께 살 수 있을까요? 더 이상 빛을 두려워하지 않으려면 어떻게 해야 할까요? 더 이상 사랑을 두려워하지 않으려면 어떻게 해야 할까요? 지구상에서 일어나고 있는 급속한 변화에 맞춰 당신의 시스템이 업데이트되려면 '당신' 내면에서 어떤 패러다임의 전환이 필요한가요? 우주는 모든 존재가 자아와 가슴의 확장으로 더 완전히 들어서기를 요청하고 있습니다. 어떻게 그렇게 할 수 있을까요?

이 책은 당신의 치유와 가슴 확장의 여정을 도와주는 내용으로 가득합니다. 하지만 책을 읽기만 하고 치유 도구를 적용해보지 않는다면 효과가 없을 것입니다. 이 책을 읽으면서 나중에 다시 읽고 자신에게 적용해봐야겠다고 생각한 부분을 체크해두었나요? "정말로 해야 하지만 좀 무서워", "나중에 할 거야"라고 생각했나요? 이제 행동을 해야 합니다. 영적인 깨어남의 4단계를 거치는 동안 자신을 위해서 할 수 있는 것, 또는 빛과 확장된 가슴으로 세상을 사는 것이 더 수월해지도록 할 수 있는 것 열 가지를 생각해봅시다.

당신이 실천할 '의지'가 있는 것 열 가지를 적어보세요.

1. _____

2. _____

3. _____

4. _____

5. _____

6. _____

7. _____

8. _____

9. _____

10. _____

당신이 경험한 어려움이 영적인 가슴을 열어주는 통로가 될 수 있다는 것을 이 책을 통해 알게 되었을 것입니다. 어려움 그 자체만으로 통로가 열리는 것은 아닙니다. 어려움 뒤에 치유가 일어나면서 열리게 됩니다. 혼란이 하는 역할과 치유 과정을 통과하는 방법에 대해서도 배웠습니다. 도움을 요청하고, 자신이 혼자가 아니라는 것을 알며, 치유 과정에 도움이 되는 커뮤니티와 연결되는 게 치유의 성공 요인입니다. "친구가 조금 도와줘서 그럭저럭 잘 지내요." 여러분도 그렇지 않은가요? 깊은 변화와 성장, 치유의 과정에서는 모두가 도움을 필요로 합니다. 혼자서는 못하겠다면 이는 '정상'입니다. 우리 모두는 타인의 성장에 도움이 되는 선물 같은 무언가를 해줄 수 있습니다. '당신'도 인생 경험에 비추어 타인에게 무언가 해줄 수 있습니다. 당신의 이야기가 누군가에게는 꼭 필요한 조언이 될지도 모릅니다.

나는 당신의 위대함을 알아볼 수 있습니다. 당신이 자신의 위대함을 볼 수 있으려면 도움이 필요할지도 모른다는 것도 알고 있습니다. 나는 비슷한 여정을 걷고 있는 사람들을 만날 수 있도록 독서모임, 워크숍, 트레이닝을 열고 있습니다. 또, 당신의 치유에 필요한 더 많은 자료와 방향을 제시해주고 싶습니다. 내 웹사이트 SchoolofIntuitiveStudies.com를 방문해도 좋습니다. 이 책을 읽은 소감도 궁금합니다. 아래에 내 연락처가 있으니 이 책에서 어떤 도움을 받았는지, 어느 부분이 도움이 안 되었는지, 어디서 막혀 더 이상 진도가 안 나갔는지 알려주기 바랍니다. 여러분의 피드백을 받으면 무척 반가울 것입니다.

웬디 드 로사

Info@SchoolofIntuitiveStudies.com

SchoolofIntuitiveStudies.com

모든 일이 다 잘 되기를 기원하며, 여러분의 가슴이 열리는 여정에 축복을 가득 보냅니다.

신의 가호가 있기를,

— 웬디 드 로사